선비, 철학자 그리고 화담 서경덕

선비, 철학자
그리고
화담 서경덕

황광욱

심산

들어가는 말

화담 서경덕은 일반인에게는 황진이의 마음을 빼앗은 풍류객의 모습으로 읽히고, 한국 사상을 공부하는 사람들에게는 한 번은 그의 글을 읽어보지 않을 수 없는 철학자이다. 여기서도 서경덕의 다양성이 엿보인다. 서경덕은 백성의 입에 오르내리며 여전히 살아 있고, 학자들의 글감으로도 여전히 생생하다. 학자들의 머리와 백성의 마음을 모두 얻은, 그런 면에서 흔치 않은 인물이다.

그래서인지 서경덕에 대한 연구물은 철학 사상 부분과 문학 방면에서의 접근으로 대별할 수 있다. 이 글은 그런 분류에서 한 발짝 벗어나있다. 어떤 사람의 사상과 행적을 전체적으로 조망하고 평가하는 것이 평전이라면, 이 글이 그 기준에 들어맞는지는 모르겠다. 다만, 서경덕을 이것저것의 분류 틀에 얽매이지 않고 자유롭게 얘기해보고 싶었다.

먼저 서경덕 자신이 자신의 일생을 말해준다면 어떨까 하는 생각이 들었다. 서경덕의 삶에 대한 객관적 평가가 아니라 서경덕 자신의 회고를 듣고 싶었다고나 할까? 그래서 서경덕이 자신의 삶을 지금의 나에게 얘기하는 것과 같이 서술해보았다.

서경덕의 사상이 식자층의 머리와 글을 통해 오늘에 전해지고 있다면, 서경덕 이야기는 백성들의 입에서 입으로 전해져왔다. 정작 서경덕 자신은 은거하다시피 살았던 인물이지만 그의 이야기는 전국 방방곡곡에서 생산되고 윤색되었다. 20세기 초에 들어 고전 소설의 형태로 이야기가 모이기도 했고, 현대에 들어서도 소설의 주인공 혹은 문학적 모티브로 살아있다. 어떤 이야기가 전해오고 있는지를 살피면 백성들에게 서경덕이 어떻게 이해되었는지, 혹은 서경덕에 빗댄 백성들의 소망을 조금이나마 알 수 있을 것 같아 엮어보았다. 또한 서경덕 이야기의 대체를 보고자 고려대학교민족문화연구소에서 출간한 연강학술도서 한국고전문학전집의 『서화담전』을 현대 언어로 각색하여 보았다.

다음으로 서경덕과 뜻을 같이했거나 정감을 나누었던 사람들을 정리해 보았다. 은거하듯이 살았던 서경덕이기에 교류를 나눈 사람들의 수가 많지는 않지만, 신분과 사회적 처지라는 면에서 보면 다양한 면이 엿보인다.

서경덕은 일생을 개성에서 지낸 것으로 보인다. 그리고 서른세 살 때, 약 6개월에 걸쳐 전국을 유람한 자취가 있다. 곧 서경덕의 장소는 개성과 전국 유람으로 대별할 수 있다. 개경의 여러 장소와 전국 명승 가운데 글을 남긴 곳은 서경덕에게서는 어떤 의미가 부여되었을 것이다. 해서 그 글을 살피면 서경덕의 생각 한 조각이라도 얻어들을 수 있는 것 같아 따로 서술했다.

서경덕은 매우 가난하게 살았기에 그가 지닌 물건이 많지 않았던 것 같다. 서경덕의 글감에서 사물을 찾아보면 도죽장, 부채, 복숭아나무, 소나무, 국화, 도마, 붓, 옷, 거문고 정도이다. 이 가운데 서경덕은 도죽장, 부채, 거문고를 귀히 여긴 것으로 보인다. 해서 도죽장, 부채, 거문고에 대한 서경덕의 글을 잘 살펴보면 서경덕의 사상이나 삶의 한 모퉁이라도 엿볼 수 있을 것 같아 분석해보았다.

어떻게 살았는지, 누구와 교류했는지 살폈으니 그 다음에는 어떤 사고를 했고, 세계를 어떻게 바라보았는지에 대한 궁금증이 생기지 않을 수 없다. 소위 말하는 서경덕의 철학 사상인데, 이 부분은 많은 학술 논문이 발표되었기 때문에 여기에서 중언부언하지 않았다. 다만, 서경덕을 이야기하면서 그의 사상을 말하지 않을 수 없기에 그의 사상을 대체로 구성해 보았다.

글을 숭상한 조선이라는 분위기에서 보면, 다른 학자에 비해 서경덕이 남긴 글은 소략하다고 할 정도이다. 그래도 지금의 학술 논문에 해당하는 글이 11편, 상소문 2편, 편지글 4편이 있고 그 외에 문학적 글인 시와 명, 부 등을 합해 82편이 있다. 이 글은 모두 『화담집』에 실려 있고, 『화담집』을 역주한 것도 있기에 쉽게 접할 수 있다. 여기서는 서경덕의 글 가운데 사상적으로 가장 주목받는 글 7편을 쉽게 읽을 수 있도록 번역하여 모아

두었다. 그 외의 서경덕의 글은 소재에 따라 이 책의 이곳저곳에서 소개하였다.

이렇게 글이 맺어진다. 그래도 서경덕이라는 사람을 알게 되었다고 할 수 없다. 한 사람을 어떻게 다 알겠는가. 특히 대철학자를 말이다. 다만, 서경덕이라는 철학자가 어떤 삶을 살았고, 누구를 만났고, 무슨 생각을 했고, 어떤 사물에 의미를 두었고, 어디를 갔고, 사람들에게 어떤 사람으로 비추어졌는지에 대한 궁금한 면이 한 조각이라도 해소되었으면 하는 바람이다. 서경덕의 시를 이끌어 이 책의 소개 글을 마치려 한다.

제목 없음

눈에 발을 드리우고 귀를 꼭 닫아도
바람에 흔들리는 소나무 소리, 계곡 흐르는 소리는 떠들썩하네.
나를 잊는 경지에 이르면 만물이 만물이 되어
마음이 이르는 곳마다 저절로 맑고 따스하다네.

인천의 우거에서 후학 황광욱 씀.

目次

나, 서경덕의 일생

손이 가는 대로 쓰기

내가 나의 이야기를 하려니 민망하고 부끄럽다. 하지만 나도 내가 어찌 살았었는지 잘 모른다. 내 몸은 이미 보이지도 않고 잡히지도 않는 상태로 돌아갔다. 지금 남은 것은 나의 사상과 나에 대한 타인들의 기록과 기억이다. 기억은 믿을 것이 못 되고, 기록 또한 온전히 신뢰할 수는 없다. 믿지 못할 것이 기억이지만 그렇다고 기억이 전혀 쓸모없는 것도 아니다.

기억은 구체적이고 세세한 사실은 아닐지라도 어떤 이미지를 담거나 의미 부여를 통해 구성되고 전해지는 것이기 때문에, 그 기억이 나를 형상화하는 데 분명 도움이 될 것이다. 기록은 기록자의 사고 체계와 관점을 벗어나기 어렵겠지만, 기억보다는 사실에 가까울 수 있으므로 사건이나 사실의 재구성에 중요한 토대가 될 수 있다.

내 이야기를 하는 나 또한 누군가의 기억과 기록에 의거하면서도, 말하고 있는 나의 사고와 관점에서 벗어나지 않을 것이며 색과 맛이 다른 기억의 이미지를 만들게 될 것이 분명하다. 분명히 말해둘 것은 이 이야기는 픽션도 아니지만 그렇다고 해서 완전한 논픽션도 아니다. 픽션이 아니기에 기승전결의 구조나 딱히 반전이랄 것이 없으며, 논픽션이 아니기에 상상과 허구가 허용될 것이다. 어떨 때는 머리가 가는 대로, 어느 곳에서는 가슴이 가는 대로 혹은 손이 가는 대로 쓰는, 그야말로 두서를 잡을 수 없이 쓴다는 것을 에둘러 고백한다.

가족에 대한 기억들

나는 고려가 망하고 조선이 건국된 지 97년 후에 태어났으니 아직 고려의 유풍이 생생한 시기이기도 하다. 더욱이 고려의 수도였던 개경[개성]에서 살았으니, 개경은 조선이 고려의 역사 지우기에 심혈을 기울였다고 해도 다른 곳에 비해 고려의 그림자가 짙었을 것이 틀림없다. 그러니 나는 고려의 관습과 조선의 제도 사이 어디쯤엔가 있었을 것이다.

조선은 학자 혹은 관리가 되는 길이 고려보다 개방되어 있기는 하지만, 고려의 권력이 문벌에 집중되었던 것처럼 조선도 가문이라는 뒷배가 한 개인의 삶의 길에 밑그림이 되었다. 그런 면에서 보면 나는 가문이랄 것도 없거니와, 있다손 치더라도 가문의 밑그림과는 다른 삶을 살았다. 왜냐하면 내가 알고 있는 나의 아버지, 할아버지, 증조부 모두 학자라고 할 수 없으며 내가 아는 나의 후손 또한 이렇다 할 학자의 길을 간 것으로 보이지 않는다.

증조부는 고려 말과 조선 초에 걸쳐 사셨을 것이다. 이름이 부자가 되고자 하는 열망이 절절하게 읽히는 득부(得富)인 것으로 보아 어지간히 가난했던 모양이다. 물론 벼슬도 하지 못했기에 의례상 붙여주는 존칭인 학생(學生)의 신분으로 살다 가셨다. 하지만 당성 서씨의 시조라는 면에서 보면 벼슬은 없으나 기개와 강단이 있었을 것이다.

조부의 이름은 순경(順卿)이시다. 증조부가 재물을 좇고자 이름을 지었다면 조부의 이름에는 벼슬을 하고자 하는 소망이 담겨있다. 그래서인지 조부는 조선 시대 초기 진용교위의 부사용을 지내셨다. 부사용은 종9품

무관직이다. 증조부가 벼슬이 없었던 것에 비하면, 말단이었지만 벼슬자리를 차지하신 것이 조부의 공이라면 공이라고 하겠다. 하지만 종9품의 녹봉이란 것이 혼자 몸이라면 모를까 처자와 함께 지내기에는 턱없이 모자랐으니 가난마저 벗어난 것은 아니다.

아버지의 이름은 호번(好蕃)이시고 조부보다 한 등급 높은 종8품 무관인 수의부위를 지내셨다.

할아버지에 대한 사람들의 기억은 믿음직한 이웃이었던 것으로 보인다. 종9품의 녹봉으로는 살아가기 어렵고 땅뙈기 하나 없는 가난한 집안이니 남의 집 논을 빌려 경작할 수밖에 없었다. 비단 우리 할아버지뿐만 아니라 당시 백성들의 일반적 생활이었을 것이다. 가난은 사람을 비굴하게 만들기 쉽다. 하지만 할아버지는 가난 때문에 정직함을 버리시지는 않았던 듯싶다. 워낙 정직하게 땅세를 받치니 땅 주인이 할아버지가 주는 대로 받았다고 하니 말이다.

아버지에 대한 사람들의 기억은 덕있는 사람이었던 듯싶다. 내가 스물여덟 살이던 1516년[중종 11년]에 개경에 큰불이 나 불길이 가깝고 멀고를 가리지 않고 퍼져나갔었다. 그 불길이 우리 집이라고 피해갈 리가 있겠는가. 불길이 우리 초가지붕에 미치려 하자 아버지는 "평생 감히 옳지 않은 일을 하지 않았습니다!"라고 향을 사르며 하늘에 기도하셨다. 하늘이 그에 감응하셨는지는 모르겠으나, 어찌 되었든 그때 바람이 불어 초가지붕을 날려 버리니 불길이 우리 집으로 옮겨붙지 않았다고 한다. 이에 사람들은 여러 대에 걸쳐 덕을 쌓은 것에 하늘이 감동한 것이라며 좋은 말을 해주었다.

사실 증조부와 조부는 개성에 사셨던 것이 아니고 경기도 개풍군 남쪽의 풍덕이라는 곳에 사셨고, 아버지가 개경에 살던 보안(保安) 한씨(韓氏)에게 장가들면서 개경에 터를 잡아 살게 되었다. 말하자면 아버지는 처가

살이 비슷한 것을 하신 셈인데, 이는 조선 시대라는 관점으로 보면 눈살 찌푸릴 수 있겠으나 고려 시대의 풍습으로 보면 그리 못될 것도 없다.

나의 윗대는 큰 벼슬을 하신 것도 아니고, 부유한 것도 아닌 셈이다. 그렇다고 내가 그런 상황을 서운해하거나 신세 한탄을 한 것은 더더욱 아니다. 가문이 내 삶의 터를 잡아주지 않았고, 가문으로부터 받은 것도 없으니 가문으로부터 얽매일 것도 또한 없다. 그래서 나는 가문이라는 뒷배 또는 기반을 가진 사대부 혹은 선비들보다 생각에 있어서, 삶에 있어서, 행동에 있어서 더 자유롭고 열려있을 수 있었는지 모른다. 그런 면에서 빈한한 가문에 고맙다고 해야 할지도 모르겠다.

나의 후대도 나의 윗대만큼이나 벼슬과 돈으로부터 가깝지는 않았던 것 같다. 나는 열아홉에 태안 이씨와 혼인하였다. 그리고 내 나이 스물둘에 첫째 아들 응기를 낳았다. 응기는 장예원의 사의가 되었는데 이는 정5품의 관리다. 윗대보다 벼슬은 조금 높아진 셈이다. 응기보다 다섯 살 아래의 딸이 있는데 이름은 초로이다. 초로는 평범한 선비인 유경담에게 시집갔다. 부끄러운 얘기지만 나는 두 번째 부인이 있었고 그녀와의 사이에서 2남을 두었다. 내 나이 서른여덟에 응봉을 낳았고, 마흔다섯에 늦둥이 응귀를 낳았다. 첫째 아들 응기는 1남 4녀를 낳아 나에게 손자를 안겨주었다. 응기가 낳은 나의 첫째 손자의 이름은 우신인데, 우신 위의 누나 둘은 평범한 선비에게 시집갔다. 응봉도 나에게 손자 두 명을 안겨주었는데 손자의 이름은 춘학과 운학이다. 초로는 나에게 1남 2녀의 외손자를 안겨주었다. 외손자 익은 장이원의 습독이 되었는데 이는 종9품직이었다. 큰 외손녀는 군인인 윤복에게, 작은 외손녀는 강호선에게 시집갔다. 참, 나는 두 명의 동생이 있는데 형덕은 두 살 아래이고, 숭덕은 다섯 살 아래다. 세간에는 도술을 잘하기로 소문난 전우치가 형덕의 친구이며, 내가 장가갈 때 전우치가 나의 함을 져 주었다고 소문이 나 있기도 하다.

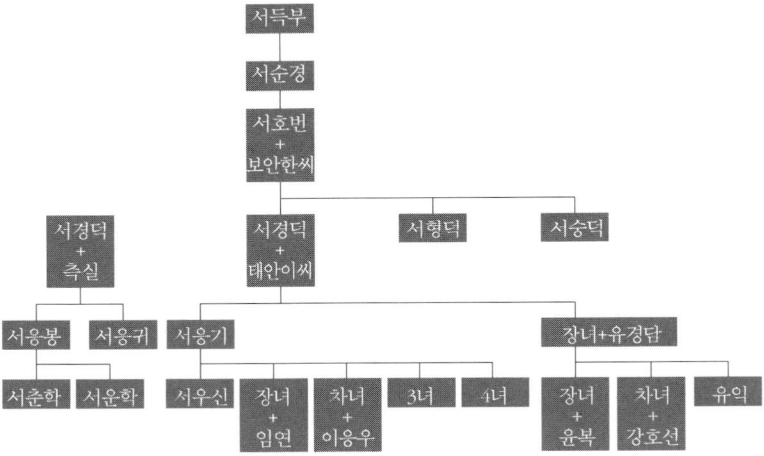

〈서경덕 가계도〉

이상이 내 가족 애기다. 정말로 평범한 조선의 가난한 백성 또는 선비 집안이다. 가난하였기 때문에 남의 논을 경작하였고, 벼슬이라 해 보았자 첫째 아들 응기만 정5품의 중간 관리였을 뿐 말단의 무관직이 대부분이었다.

나는 이런 평범함이 좋다. 체면 차릴 일이 없으니 이웃과 허울 없이 지낼 수 있고, 내 배가 고프니 배곯는 백성의 서러움도 알 수 있으며, 부역에 끌려다니는 고통도 알 수 있기 때문이다. 그래서 백성들은 다른 학자들보다 나를 친근하게 여기는지도 모른다. 나에 대한 많은 이야기가 백성들 사이에서 회자하고 있는 것을 보면 말이다.

나의 스승과 제자들

흔히들 나에 대해 스승 없이 스스로 깨우쳤다[자득(自得)]고들 말한다.

"나는 어려서 어진 스승을 얻지 못하여 공부하는 데 시간을 많이 보냈다. 배우는 사람은 나의 공부를 본받지 마라."는 말을 제자들에게 한 적도 있다. 혼자 하는 공부가 매우 힘들며, 때로는 잘못된 길로 접어들 수 있음을 스스로 경계한 것이기도 하다. 꼭 직접 얼굴을 맞대고 가르침을 받아야 스승인 것은 아니다. 맹자가 말하지 않았던가. 옛사람을 벗할 수도 있으며, 직접 가르침을 받지 않아도 스승으로 삼을 수 있다고.

하지만 나도 얼굴을 맞대고 직접 배운 스승이 있다. 열네 살 때쯤 되었을 때 고을의 훈장님에게서 글을 배웠다. 그 훈장님에게 『상서』 수업을 받다가 '일 년은 삼백 일' 이라는 구절에 이르러 그 뜻을 여쭈었다. 그런데 훈장님께서 머뭇거리시면서, "이에 대해 제대로 아는 사람은 세상을 통틀어도 매우 드물다."라고 하셨다. 본인은 잘 모르겠다는 고백이다. 나는 훈장님의 이 고백이 매우 고마웠다. 만약 훈장님이 어설프게 설명하였다면 나의 학문은 그것에 그쳤을 것이다. 훈장님의 고백은 나로 하여금 어떤 문제를 깊이 파고들어 정밀하게 생각하는 습관을 갖도록 만들었다. 그것 때문에 사람들은 나는 사물을 깊이 탐구[격물(格物)]하여 자득했다고 말하고는 한다. 그 말이 틀리지는 않는다. 그 사건 이후 나는 깊게 생각할 줄 알게 되었고, 6년 정도 식음을 잃을 정도로 사색에 빠지기도 했으니 말이다. 그 이야기는 나중에 할 것이고, 여기서는 시골 훈장님이 나의 스승임을 밝혀두고자 한다.

시골 훈장님을 제외하고는 직접 가르침을 받은 사람은 없다. 그러나 나는 책을 통해 여러 성현을 스승으로 삼았다. 세상을 바라보는 인식 방법은 소옹을 통해 배웠고, 천지의 구성과 변화 원리에 대해서는 장재에게서 배웠다. 그리고 학문의 목적을 명확하게 제시해 준 주희를 해와 별처럼 우러를 수 있는 스승으로 여겼다. 소옹, 장재, 주희의 학문은 공자와 맹자에 뿌리를 두고 있으니 공자와 맹자를 나의 학문의 출발이고 목적지로 삼고 있음은 두말할 나위 없을 것이다.

공자는 삼십에 비로소 서게 되었다[삼십이립(三十而立)]고 하셨는데, 나도 서른쯤 되었을 때 나름대로 학문적 깨달음을 얻었다. 어떻게 소문이 났는지는 모르겠으나 이즈음 나를 찾아오는 사람들이 있게 되었다. 우선 김안국 선생을 소개해야겠다. 김안국 선생과 내가 만난 것은 내 나이 스물다섯 때이다. 김안국 선생은 나보다 열한 살 많은 서른여섯이었고 감찰 업무를 맡은 서슬 퍼런 관청인 사헌부의 장령을 맡고 있었다. 선생은 나보다 나이가 많았음에도 늘 나를 존대해주었다. 게다가 나를 조정에 두 번이나 천거해주셨으니 나의 정신적 동지이자 후견인이라고 하겠다. 또 시를 주고받으며 정신적으로 소통했던 선배로 심의 선생이 있다. 심의 선생은 나보다 열네 살이나 많았고 이조의 좌랑을 역임했다. 또 한성부윤을 지낸 박우 선생도 나보다 열세 살이나 많았지만 나를 존중해주신 분이다. 김안국, 심의, 박우 세 선생은 스승이라고 할 수는 없지만 내가 지칠 때면 그늘이 되어주었고, 삶의 방향을 잡아가는 데 굳센 믿음을 주신 분들이기에 늘 감사하고 있다.

나의 제자 가운데에서 가장 선배는 우의정을 지낸 민기이다. 민기는 김안국 선생에게도 배웠는데 나와 김안국 선생 사이의 연락을 도맡아 했다. 사실 민기와 나는 열다섯 살밖에 차이가 나지 않기 때문에 민기는 제자라기보다는 동학이라고 하는 편이 옳다. 나보다 세 살 아래인 장가순도 동학이라고 하겠다. 장가순은 벼슬을 하지 않은 선비로 지냈으나 매우 해박하고 나와 뜻이 잘 맞았다.

나보다 스무 살 남짓 아래의 학자들을 비로소 제자라고 할 수 있겠다. 제자들을 나이순을 기억해보면 다음과 같다. 나보다 스물네 살 아래인 이중호가 제일 나이가 많았고, 그보다 한 해 아래로 박지화와 홍인우가 있다. 홍인우보다 세 살 아래로 박민헌, 그보다 한 살 아래로 이지함, 허엽,

차식이 있다. 민순은 차식보다 세 살 아래이고, 민순보다 네 살 아래로 박순과 서기가 있다. 서기보다 여섯 살 아래의 남언경, 그보다 한 살 아래의 정개청이 있고, 정개청보다 일곱 살 아래의 홍성민이 있다. 이들은 나에게 직접 배운 제자들인데, 제일 선배 이중호와 막내 홍성민의 나이 차이가 스물다섯 살이나 난다. 이 외에도 여러 제자가 있다.

나의 제자들은 매우 다양하다. 여기서 다양하다는 표현은 그들의 출신이 다양하다는 측면과 그들의 삶이 다양하다는 의미를 모두 포함한다. 나는 제자를 받아들이는 데 신분을 고려하지 않았다. 그래서인지 선비와 학자는 물론이고 평민, 상인, 노비 그리고 황진이 같은 여인이 찾아오기도 했다. 그러다 보니 그들 삶의 모습도 다양할 수밖에 없다. 학문으로 일가를 이룬 인물도 있고, 정치적으로 업적을 쌓은 인물도 있다. 또 백성을 위해 헌신한 인물, 후학 양성에 전념한 인물, 기인 같은 행적을 남긴 인물도 있다.

내가 이 세상을 떠나고 30년쯤 뒤에 정치적 입장에 따라 학자들이 동인과 서인으로 양분되었는데, 나의 제자들은 각각의 처지에 따라 동인 혹은 서인에 참여한다. 예를 들면 허엽은 동인의 영수가 되었고, 박순은 영의정을 지내면서 서인을 이끌었다. 그러나 모든 제자가 붕당에 관여한 것은 아니다. 박지화 같은 제자는 동서 어느 쪽에도 가담치 않았다. 즉 나와 나의 제자들은 학문 공동체로 엮인 것이지 정치 공동체라고 할 수는 없다.

나는 선비이기에 현실 문제에 관심이 없지는 않았지만 그렇다고 해서 정치 참여를 추구한 것은 아니었다. 나는 정치색이랄 것이 없었던 셈이다. 그래서 나의 제자들은 더 자유롭게 자신의 정치적 색채를 발휘할 수 있었는지도 모르겠다. 나의 제자들을 모두 자세하게 소개할 수는 없으니 이 가운데 몇을 골라 따로 소개하기로 하겠다. 그리고 나의 제자의 제자들도 있으니 내가 모르는 학자들이 더 많을 것이다.

나의 일생

『화담집』에 보면 나의 일생이 연대순으로 정리되어 있다. 여기서는 그것을 통해서 내 이야기를 풀어나가기로 한다.

먼저 태몽이다. 태몽 이야기라는 것은 사실이냐 아니냐보다는 흥미 또는 의미 부여에 무게가 있기 마련이다. 내 태몽 이야기도 마찬가지이다. 나의 태몽은 어머니가 공자의 사당에 들어가는 꿈을 꾸고 나를 잉태했다는 것이다. 이에 의하면 나는 변명의 여지없이 유학자여야 한다. 공자의 사당에 들어갔으니 말이다. 태몽만 보면 나의 사상에 대해 도가적 특징이 있다든지 혹은 유학의 정통이 아니라든지 하는 것은 어긋나는 평가일지 모르겠다. 어찌 되었든 나는 1498년[성종 20년] 2월 17일에 개성의 화정리에서 태어났다.

어머니의 태몽 덕분이었는지 나의 어린 시절에 대한 사람들의 기억은 그리 나쁘지 않다. '총명, 지혜, 떳떳함, 정직, 어른의 말을 받들어 믿음' 등이 나에 대한 평가였다. 총명과 지혜는 지적 능력을 뜻하는 것일 게고, 떳떳함과 정직은 내면의 의지를, 어른의 말을 받들어 믿음이라는 표현은 행동거지의 특이점을 말하고 있는 것 같다. 이때가 일곱 살[1495년, 연산군 1년] 즈음인 것 같다. 일곱 살이니 누가 왕이 되었고 그 왕이 어떤 사람인지에 대해 관심도 없었을 것이다.

내가 열 살 되던 해[1498년, 연산군 4년]에 그 왕이 무오사화를 일으켰다. 좋은 정치를 꿈꾸던 뜻있는 선비들이 참화를 당했다. 선비들이 정략에 의해 죄도 없이 죽임을 당하는 것도 통탄할 일이지만 선비로서의 기상과 기운이 쇠퇴하게 된 것은 더욱더 슬픈 일이다. 그로 인해 선비들은 자신이 공부하고 있는 사람이라는 것을 드러내기보다는 서원을 중심으로

침잠했다. 숨어든 것은 몸이지만 정신마저 놓아버린 것은 아니다. 선비들은 서원을 중심으로 더욱 탄탄하게 이론을 갈고닦아 학문과 정치를 더욱 공고하게 엮고 있었다. 물론 그때 나는 열 살이었으니 사화의 파도로부터 어떤 영향도 받지 않았겠지만, 사화의 가혹함과 부당함을 전혀 몰랐을 리는 없다. 공부하는 사람들이 숨어들고, 어른들이 수군거리는 것을 들었을 테니 말이다.

종8품 무관직인 아버지의 녹봉으로는 먹는 문제가 모두 해결되지 못했다. 열 살 남짓에 불과했지만, 장남이었던 나는 무언가 하지 않을 수 없었다. 한겨울이야 어찌할 수 없지만, 생명이 움트는 봄날은 축복이었다. 나는 광주리를 들고 들녘으로 나가곤 했다. 여기저기 새순이 돋아나는 봄나물은 뜯기 위해서다. 봄에 올라오는 잎은 못 먹을 것이 없다. 먹거리가 있고, 그것을 취할 수 있다는 것 자체가 즐거움이었다. 그런데 봄날은 식물뿐만 아니라 곤충, 새들도 새로운 생활을 시작한다. 어느 날 나는 논두렁에서 종다리 둥지를 발견했다. 어미와 아비 색깔을 닮은 갈색 알이 대여섯 개 정도 있었다. 그날 이후로 나는 늘 그곳을 찾았다. 어미와 아비가 번갈아 품기를 열흘쯤 되니 알을 깨고 나오는 새끼들의 부리가 먼저 보였다. 새끼들은 앞다투어 부리를 벌리고 있었는데 부리가 어찌나 큰지 몸은 보이지 않는 것 같았다. 어미와 아비가 부지런히 먹이를 물어다 준 지 6일째쯤 되었을 때 새끼들은 제법 날갯짓을 했다. 처음에는 땅에서 한 마디 정도 날아올랐다. 다음 날은 두 마디, 그리고 또 다음 날은 세 마디 날아올랐다. 다음 날부터는 한 마리 두 마리씩 힘차게 날더니 둥지를 떠났다. 나는 종다리가 알에서 나와 조금씩 날다가 하늘 높이 올라 둥지를 떠나가는 과정을 지켜보느라 나물 뜯는 것을 잊어버리고 빈 광주리로 집에 돌아가기 일쑤였다. 이때의 일화를 두고 훗날 사람들은 내가 어려서부터 격물 또는 이치를 탐구[궁리(窮理)]하는 자질이 있었다는 증거라고 말하곤 했다. 사실 나는 종다리가 귀여워서 살피기 시작했지만, 어린 종다리가 날아오르게 되는 것을 보면서 새는 어떻게 날 수 있을까를 생각하며 지켜보았다. 혹자는 봄날에는 땅의 기운이 상승하여 그 기운을 타고 날게 된다고 하였지만, 나는 그런 현상보다는 그 현상의 원리와 의미가 더 궁금했었다.

내가 살던 개성 근처 황해도에 나보다 세 살 아래인 장가순이 살고 있었다. 장가순은 어려서부터 총기가 매우 뛰어나 어린 공자라고 불렸다. 내가 열두 살, 장가순이 여덟 살 때인 1500년[연산군 6년] 6월이었다. 고을의 원님인 유순정이 장가순의 기특함을 듣고는 장가순을 불렀는데, 장가순에게 손님의 예를 갖추지 않았다. 장가순은 여덟 살, 유순정은 마흔두 살이었으니 그도 그럴만했다. 그런데 장가순은 유순정이 손님을 불러놓고 예를 갖추지 않았다고 꾸짖었다. 유순정이 기가 막혀 위아래의 예도 모르냐고 장가순에게 응대하자, 장가순은 예에도 경중이 있음을 모르고 어찌 선비를 이렇게 하대하느냐고 유순정에게 응대했다. 유순정은 더 대답할 수 없었다. 장가순을 기특하게 여긴 유순정은 종종 관청의 연회에 장가순을 초청했는데 좌중의 선비들이 찬탄해 마지않았다. 훗날 유순정과 함께 연산군을 몰아낸 공으로 정국공신 1등이 되는 박원종이 아홉 살의 장가순을 연산군과 대면케 했다. 다음은 연산군과 아홉 살 장가순의 대화이다.

연산군 : 예부터 백성을 얻기도 하고 잃기도 하는 제왕이 있는 까닭은 무엇인가?

장가순 : 기질을 함양하고 덕성을 훈도하면 온 백성이 자신의 본질인 사랑[인(仁)]으로 돌아갈 것이고, 이와 반대로 하면 온 백성은 원망으로 돌아

갈 것입니다. 어진 사대부를 응접한 밝은 임금은 요순이며, 환관 궁인과 친했던 용렬한 임금은 걸주입니다.

연산군 : 나는 어떤 임금인가?

장가순 : 요를 행하면 요이고 걸을 행하면 걸입니다. 전하께서 그 행실을 스스로 돌아보실 일이지 저에게 물을 필요는 없을 것입니다.

연산군 : 참으로 해동의 명사로다. 어린 공자라는 칭호가 지나치지 않도다.[1]

장가순과 처음 만났을 때의 일화가 기억난다. 우리는 서로에 대해 소문으로 듣고 있었다. 하지만 내심까지 아는 것은 아니었다. 해서 내가 장가순에게 "나는 그대가 무엇을 숭상하는지 모르고, 그대 또한 내가 숭상하는 바를 모르오. 지금 서로 시험해보는 것이 어떻겠소?"라고 하니 그가 응했다. 우리는 각자의 손바닥에 글을 써서 보이기로 했다. 나는 의리(義理)라고 썼다. 그런데 장가순도 나와 똑같이 썼다. 이에 우리는 도의로써 서로 사귈 것을 다짐하고 자주 왕래하며 학문을 논하게 되었다. 앞의 연산군과의 일화도 그 후에 장가순에게 듣게 되었다. 인근에 이런 인물이 있다는 것은 나에게 큰 복이었다.

다시 내 얘기로 돌아가 보자. 나는 열 살 남짓부터 글을 읽은 것 같다. 체계적 교육 과정을 거치거나 독선생 밑에서 공부한 것은 아니다. 이렇게 저렇게 글을 읽었을 뿐이다. 독서량이 많은 것도 아니었다. 그런데 열네 살[1502년, 연산군 8년] 때였다. 개성에 학동을 모아 글을 가르치던 훈장님이 계시다기에 찾아가 『상서』를 수업받았다. 사실 열네 살에 『상서』를 읽는 것은 좀 이른 편이다. 그러니까 나는 그 이전에 『대학』, 『논어』, 『맹자』, 『중용』 정도는 이미 읽은 것이다. 앞서 얘기했지만, 그 훈장님은 글을 가르쳤지 의미를 가르치실 정도는 아니었다. 그 후로 나는 선생에 기대기보다는 깊게 사고하는 방법을 택하였고 그것이 나의 학문 방법으로 자리 잡게 되었다. 아니, 학문의 방법을 넘어 나의 공부에 있어 큰 특징이 되었다. 그러나 고백하자면 사색의 방법이 좋은 것만은 아니다. 좋은 면은 남의 글을 읽고 외우는 것에 그치지 않고 진리를 스스로 깨우쳐 온전히 나의 것으로 할 수 있다는 것이다. 하지만 그 과정은 피곤하고 힘들기 그지없다. 어떤 경우는 스승의 가르침을 듣고 쉽게 알 수 있는 것을 놓치기도 하기 때문이다. 훗날 율곡 이이는 나의 사색 공부에서 좋은 면을 인정해주었다. 하지만 이이도 퇴계 이황과 마찬가지로 스스로 깨우친 것에 치우쳐있어 원만하지 않다고 나를 비평하기도 한다. 주희의 철학으로 세계를 이해하는 이황과 이이의 눈으로 보면 사색에 몰두한 것을 나의 한계점으로 볼 수도 있을 것이다.

폭정을 하던 연산군이 물러나고 중종이 왕이 되던 해[1506년]에 나는 열여덟 살이 되었다. 이때부터 나는 본격적으로 사색에 몰두했다. 그 계기는 『대학』 1장의 '지식을 지극히 함은 사물의 이치를 궁구함에 있다.'는 구절에 있었다. 『대학』을 처음 읽은 것이 아니었지만 그날은 그 구절에서 충격을 받았다. 책을 읽는 독서와 사물의 이치를 탐구하는 격물 공부. 이 두 가지 공부 가운데 격물을 우선해야 한다는 깨달음이었다. 입으로만 글을 읽는 독서가 되지 않기 위해서라도 격물을 먼저 해야 한다고 깨달은 것이다.

사물의 이치를 궁구한다는 것이 구체적으로 이렇게 저렇게 해야 한다는 규칙이 있는 것은 아니다. 또 사물이란 물건뿐만 아니라 사건도 포함된다. 사건은 사람의 일이다. 즉 사물은 자연과 인간사를 포함하는 개념이다. 사물의 이치를 궁구한다는 것은 자연의 원리를 파악한다는 것과 인간사의 이치를 규명하는 것 모두를 말한다. 유학, 특히 성리학은 자연의 원리 파악이라는 면을 도외시하는 것은 아니지만 인간사의 이치 규명에 더 무게를 두고 있다. 유학은 인문적이고 질서 잡힌 인간 사회를 지향하고 있으니 당연한 일이다. 나 또한 자연의 원리 파악보다 인간사의 이치에 관심이 더 많다. 하지만 다른 유학자에 비하여 자연의 원리 파악에도 많은 관심을 두고 공부한 것은 사실이다. 그래서인지 훗날의 혹자는 나의 사상을 근원보다 현상[기수(氣數)]에 치우쳤다고 비평하기도 하고, 더 훗날의 혹자는 나를 자연 철학자로 평하기도 한다. 하지만 그것이 온전히 옳은 평가는 아니다. 자연의 원리는 알지 않으면 안 되는 것이지 그것이 학문의 목표나 지향해야 할 바가 되지 못하기 때문이다. 자연의 원리에 비추어 인간사의 질서를 확립하고 실현하고자 하는 것이 유학의 궁극 목적이고, 나 또한 유학자의 범주를 벗어나 있지 않기 때문이다. 어찌 되었든 『대학』의 그 구절에 촉발되어 만물의 이름을 벽에 써 붙여놓고 사색에 몰두하기 시작했다.

열아홉 살[1507년, 중종 2년] 때, 태안 이씨를 부인으로 맞아 장가들었는데, 결혼한 것이 나의 공부에 이런저런 변화를 가져온 것은 아니었다. 그리고 그 이듬해 스무 살[1508년, 중종 3년] 때에는 "내 나이 스물이 되었으니 이제부터는 같은 허물을 두 번 짓지 않으리라!" 라고 다짐했다. 그 후로 사색에 더더욱 몰두하였다.

나는 하나의 사물을 궁구해 그 이치에 통해야만 또 다른 사물을 궁구하였다. 만약 궁구하지 못하게 되면 음식을 먹어도 맛을 몰랐고, 길을 가다가도 길을 잃기 일쑤였고 화장실에 들어갔다가 소변보는 것을 잊고 그냥 나오기도 할 정도로 사색에 잠겼다. 여러 날을 뜬눈으로 지새우기도 했는데 때로는 깜빡 잠든 꿈속에서 궁구하지 못했던 이치를 통하기도 했다. 옛사람들이 공부에 전념하다가 겨울에는 화로, 여름에는 부채를 잊고 살았다는 말이 거짓이 아니었다. 나 또한 밤낮과 추위와 더위를 묻지 않고 방안에 앉아 사색에 몰두했다. 그러다가 급기야 병이 나고 말았다. 몸이 상한 것도 상한 것이지만 사색하지 않으려 해도 그럴 수 없게 되는 지경에 이르렀다. 그렇게 5, 6년이 지나니 벽에는 사물의 이름을 써 붙여놓은 종이가 겹겹이었고 궁구하지 않은 사물이 없는 듯했다. 그제야 사물과 사건의 이치의 근원에 거의 다다른 것 같았다. 훗날 나의 제자 박민헌은 이를 두고 다음과 같이 말했다.

> 대개 옛사람의 격물치지는 『대학』의 가르침에서 말미암았고, 선생의 격치는 본성의 묘에서 말미암았다. 겉으로 보면 같지 않은 듯하지만 그 핵심은 홀연히 같은 곳으로 돌아갔다. 그 까닭은 무엇인가? '이치는 하나[이일(理一)]'이기 때문이다. 선생은 스스로 믿음을 가진 연후에 사서, 육경, 『성리대전』 등의 책을 읽었는데 그 책을 보기 전에 격물치지하여 알아낸 바와 꼭 들어맞았다.[2]

나는 사색을 하기 전에 몸가짐부터 단정히 했다. 맹자가 기운과 의지는 서로를 키운다고 했듯이 몸과 정신이 둘로 갈라지는 것이 아님을 알고 있었기 때문이다. 나는 늘 "바르게 앉지 않는다면 생각을 하나로 할 수 없고, 생각을 하나로 하지 않으면 격물할 수 없다."는 것을 마음에 새기고 그것을 실천했다. 또한 "생각하고 또 생각하면 귀신도 통한다."는 옛사람의 말을 믿었다. 물론 귀신에 통하는 것이 아니라 마음이 스스로 통하는 것이지만 말이다. 앞서 잠깐 말했듯이 내가 사물과 사건을 격물하는 것은 자연의 세계를 규명하는 것에 이르고자 함만은 아니었다. 왜냐하면 격물은 자신의 본성을 알고 하늘을 알기 위한 공부이기 때문이다.

스물두 살 때[1510년, 중종 5년] 큰아들 응기가 태어났으나 나의 사색은 그치지 않았고, 스물다섯 살 때[1513년, 중종 8년]가 되어서 그동안의 공부에 하나의 매듭을 짓고자 '동지를 노래함[동지음(冬至音)]', '천지조화의 기틀[천기(天機)]'을 지었다. '동지를 노래함'은 존재와 현상의 근원을 밝히고 어떻게 살아갈 것인가에 대한 다짐이었고, '천지조화의 기틀'은 자연과 인간사의 궁극 원리를 엿본 것에 대한 노래이다. 여기서 잠시 그 노래를 다시 읊어보겠다.

동지를 노래함 冬至吟

땅속 깊은 곳에 양기가 불어옴에 우렛소리 크게 나고 陽吹九地一聲雷
기가 황궁에 응하면 이미 타버린 재가 움직이네. 氣應黃宮已動灰
우물 속 샘 맛은 오히려 담박한데 泉味井中猶淡泊
땅속의 나무뿌리 비로소 싹이 움트네. 木根土底始胚胎
돌아옴[복(復)]을 알 수 있다면 진리는 멀리 있지 않고 人能知復道非遠
설령 세상이 바뀐다 해도 다스림은 돌아오네. 世或改圖治可回
넓고 큰 공부의 요점은 실천에 있으니 廣大工夫要在做
그대는 점차 변화하여 벗이 오게 하라. 君看馴致至朋來

이

하늘의 도는 항상 흐르고 변하니 天道恒流易
이 몸은 더욱더 늙어갑니다. 悠悠老此身
앳된 얼굴은 나이와 함께 시들어가고 韶顔年共謝
줄어가는 귀밑머리는 날로 더욱 늘어가네요. 衰鬢日復新
예를 돌이켜도 석 달을 지키기 어렵고 復禮難三月

그릇됨을 알지만, 어느새 또 새봄입니다. 知非又一春
앳된 양기도 점점 자라갈 것이니 稚陽看漸長
착하게 되려면 옛 모습대로 하지 말아야겠지요. 爲善勿因循

천지조화의 기틀 天機

벽에 하도(河圖)를 발라놓고 壁上糊馬圖
삼 년간 거적 속에서 묻고 또 물었습니다. 三年下董幃
세계가 처음 시작하던 때로 거슬러 가보면 遡觀混沌始
음양오행을 누가 떨쳐 드러냈을까요. 二五誰發揮

오직 주고받는 곳에 따라서만 惟應酬酢處
하늘의 기틀이 환하게 내다보이네요. 洞然見天機
태일(太一)은 움직임과 고요함의 등뼈이고 太一幹動靜
온갖 변화는 북극성을 따릅니다. 萬化隨璇璣

음양 풀무가 후우 바람내고 吹噓陰陽橐
천지의 사립문은 열렸다 닫혔다 闔闢乾坤扉
해와 달은 서로 오고 가고 日月互來往
바람과 비는 흐리고 또 개입니다. 風雨交陰暉

강함과 부드러움은 얼키설키 서로 끓어오르고 剛柔蔚相盪
떠도는 기는 꽃잎처럼 흩날리며 游氣吹紛霏
만물은 저마다 모양을 이루어 品物各流形
널리 퍼져 세상을 가득 채웁니다. 散布盈範圍

꽃과 풀은 스스로 푸르고 붉고 花卉自青紫
짐승과 새는 저절로 달리고 나는데 毛羽自走飛
누가 그렇게 하는지 알지 못하니 不知誰所使
현묘한 주재는 그 기미를 보기 어렵습니다. 玄宰難見幾

인(仁)으로 드러나고 작용에 감추는데 顯仁藏諸用
넓으면서도 은미함을 누가 알겠는지요. 誰知費上微
보려할 때 볼 수 없고 看時看不得
찾을 곳에서 찾아도 오히려 아니네요. 覓處覓還非

만약 사물을 미루어 나갈 수 있다면 若能推事物
시작과 끝이 희미하게나마 드러나겠지요. 端倪見依俙
활시위는 대장 깃발로부터 당겨지고 張弩發由牙
제후의 깃발은 교룡이 그려진 방울 달린 붉은 깃발을 사용합니다. 三軍麾用旂

소를 다스림은 응당 외양간으로써 하고 服牛當以牿
말을 길들임은 응당 고삐로써 합니다. 擾馬當以鞿
법도는 멀지 않으니 伐柯卽不遠
하늘의 기틀이 어찌 나를 벗어나 있을까요. 天機豈我違

사람사람이 모두 날마다 쓰고 있으니 人人皆日用
목마르면 마시고 추우면 옷 입는 것과 같지요. 渴飮寒則衣
가까이서 도의 근원을 얻고 있지만 左右取逢原
근원처는 문득 알기 어렵네요. 原處便知希

온갖 사상은 끝내 하나에 도달하고 百慮終一致
각기 다른 길도 마침내 한가지로 돌아오겠지요. 殊途竟同歸
앉아서도 온 세상을 알 수 있으니 坐可知天下
어찌 부모를 벗어날 필요가 있을까요. 何用出庭闈

봄이 돌아오면 낳고 살리는 사랑이 베풀어짐을 보고 春回見施仁
가을이 되면 위엄이 펼쳐지는 것을 알 수 있으며 秋至識宣威
바람 끝에는 달이 밝게 떠오르고 風餘月揚明
비 뒤에는 풀 향기가 짙어집니다. 雨後草芳菲

보건대, 하나는 둘과 한 쌍이고 看來一乘兩
사물마다 기대고 서로 의지하니 物物賴相依
그윽한 하늘의 기밀을 꿰뚫는다면 透得玄機處
빈방에 앉아있어도 빛이 납니다. 虛室坐生輝

두 시를 다시 읊으니 부끄럽기도 하지만 스물다섯 살이었다는 것을 생각한다면 대견하기도 하다. 그 해에 사헌부 장령이었던 김안국 선생, 승문원 박사인 신광한 선생을 만나게 되었다. 그 만남 이후로 우리는 서로 시를 주고받았다. 특히 김안국 선생은 대선배이자 나의 후견인임을 자처해주셨다. 크게 낫지도 못한 나를 인정해주고 대우해주셨으니 감사할 따름이다.

스물여섯 살 때[1518년, 중종 11년]에 개성에 큰불이 났었고, 아버지의 치성으로 화를 면한 일화는 앞에서 얘기했다.

서른 살 때인 1518년[중종 13년]에 조광조 선생이 훈구대신들의 반대에도 불구하고 현량과를 설치하였고, 그 이듬해 내 나이 서른한 살 때[1519년, 중종 14년]에 현량과를 시행하였다. 연산군 시절에 핍박받았던 선비들은 현량과에 대한 기대가 컸다. 기존의 과거제는 선비들이 실천궁행을 소홀히 하도록 만들어 참다운 인재 선발에 한계가 있었고, 훈구 세력들의 부패와 전횡을 막고 이상 정치를 실현하기 위해서라도 인품과 재능을 지닌 인재가 필요했다. 현량과가 시행되자 서울은 서울대로 지방은 지방대로 곳곳의 숨은 인재를 추천하기에 이르렀고, 그 가운데 절차를 거쳐 120명을 선발하여 경복궁의 근정전으로 모이게 했다. 이때 김안국 선생이 나를 천거해주셨고, 120명 중에서도 첫 번째로 이름이 올랐다. 하지만 나는 관료나 정치인이 될 생각을 해 본 적이 없었다. 6년에 걸친 격물 공부를 통해 이제야 학문적 성취를 미미하게나마 엿볼 수 있게 되었지만 학문에 대한 갈증은 오히려 더해갔다. 조정에 발을 들여놓으면 전혀 다른 내가 될 것이고, 그런 삶을 사는 내가 나다운지를 고민해보았다. 나는 관료가 될 수 없는 성품임을 깨달았고, 관료가 아닌 학자로서의 삶이 나의 길이라고 여겼다. 나를 추천해주신 김안국 선생, 추천된 나를 배려해주신 신광한 선생께는 송구하였지만 나는 근정전으로 나아가지 않았다.

뒤에 120명 가운데 최종적으로 28인이 선발되었다고 했다. 나는 그들의 재능이 나라에 좋게 쓰이기를 기원했었다. 그런데 그해 11월 훈구 세력들의 반격을 받은 조광조는 탄핵당하였고 그때 최종 선발된 선비들도 조광조 일파로 몰려 투옥되고 말았다. 그리고 그 이듬해 현량과는 폐지되고 말았다.

나는 공부에 더욱 매진했다. 20대가 격물과 사색에 전념했다면 30대가 되면서부터는 독서에 더 몰두했다. 일찍이 이해하지 못하였던 것을 독서로 깨달은 것이 많았다. 책 속에 있는 성현들의 은미한 말과 깊은 뜻은 이해하기 어려웠다. 하지만 "알 수 없는 것은 누구도 알 수 없다."고 했듯이 누군가 알았다면 나도 알 수 있을 것이 분명했다. 그즈음에 지은 시가 '만물이 있음[유물(有物)]'인 것 같다. 이 시를 두고 근원을 탐구한 것이라고 평가하기도 하지만, 나는 있음[유(有)]을 강조하고 싶었다. 있음은 있지 않은 적이 없다. 세계 혹은 세상은 있음의 연속이지 없음의 전개가 아니다. 그런 의미에서 나는 도가의 허(虛)나 불가의 공(空)에 찬동하지 않는다. 다시 한 번 시를 읊어보겠다.

만물이 있음 有物

물(物)이 오고 또 와도 다 오지 않으니 有物來來不盡來
옴이 가까스로 다한 것 같아도 또 좇아 나온다. 來纔盡處又從來
오고 또 옴은 본래 시작 없음으로부터 오니 來來本自來無始
묻노니 그대는 처음에 어느 곳에서 왔는가. 爲問君初何所來

이

물이 있음에 가고 또 가도 다 가지 않으니 有物歸歸不盡歸
감이 가까스로 다한 것 같아도 아직 다 가지 않았다. 歸纔盡處未曾歸
가고 또 가서 끝까지 가도 감은 마치지 않으니 歸歸到底歸無了
묻노니 그대는 마침내 어느 곳으로 돌아가는가. 爲問君從何所歸

혹자는 이 시의 핵심을 '어느 곳'이라고 보고 그것에 관심을 가지고 이 시를 읽는다. 하지만 나는 '오고 감'이 더 매력적이라고 생각했다. 어느 곳은 정지이고 확정이지만, 오고 감은 운동이고 변화이다. 내가 엿본 진리의 세계, 우리의 세상은 한순간의 정지도 없다. 정지인 듯해 보이는 것도 운동의 한 양태로서의 정지일 뿐이다. 그 변화와 운동의 힘이 어디에서 나오며, 변화하고 운동할 수밖에 없는 원리가 무엇인지가 나의 평생 공부가 되리라고 예견한 것이다.

현량과에 추천되고 사양하고 하는 과정에서 후배 민기가 나와 김안국 선생과의 연락을 도맡아 주었다. 한번은 민기가 부채를 들고 왔다. 유난히 더운 여름을 잘 지내라는 김안국 선생의 배려와 관심이었다. 그 부채를 받고 김안국 선생의 은혜에 몸 둘 바를 몰랐고, 한편으로는 영감이 떠올라 시를 짓기도 했다. 그 시는 별도로 소개하기로 하겠다. 어찌 되었든 천거과 파동은 정치 혹은 관료로서의 삶에서 나를 더 밀어내었다. 그리고 한편으로는 오랜 공부로 인해 상한 몸을 추슬러보고 싶기도 하고 또 이곳저곳 누비며 아름다운 산하와 그 산하에 기대어 사는 사람들의 모습을 보고 싶기도 했다.

서른세 살[1522년, 중종 17년]이 되어서야 나는 여행길에 오를 수 있었다. 꽃피는 4월에 길을 떠나서 만산홍엽의 9월에 집으로 돌아왔다. 개성에서 출발해 충청 내륙의 속리산, 전라의 변산, 그리고 전라와 경상을 감싸 안은 지리산, 동해와 강원을 잇고 있는 금강산을 거쳐 다시 개성으로 돌아왔다. 여행길에 어찌 감흥이 없었겠는가. 산수가 아름다운 곳에서는 일어나 춤도 추었고, 때로는 어찌할 수 없이 넘치는 소회를 글로나마 흘려보냈다. 여행길에 남겨 둔 시가 몇 편이 있는데 이는 다른 곳에서 소개하겠다. 이 여행과 관련하여 몇 가지 얘기가 전해진다. 우선 속리산에서 내가 성제원, 조식, 이지함과 만나 여러 날을 함께 지냈다는 것이다.

성제원이 속리산에 은거하며 편안하고 고요히 가야금과 독서로 자족하며 살고 있었다. 조식이 찾아와 방문하니 성제원이 나아가 왼쪽에 앉았다. 조식과 성제원은 초면이었으나 마치 오래된 친구 같았다. 서경덕과 이지함도 찾아와 여러 날 함께 즐겼다.[3]

하지만 당시의 성제원은 열일곱, 조식은 스물하나, 이지함은 여섯 살이었다. 이로 보면 여섯 살의 이지함이 그 멀고 긴 여행길에 나와 동행했을 리는 없다. 그리고 나보다 열일곱 아래인 성제원, 열세 살 아래인 조식과 함께 여러 날을 지냈을 개연성은 높지 않다. 물론, 명망 있는 후학들이었으니 지나는 길에 찾아보았거나 혹은 그들이 나를 초청했을 가능성이 전혀 없는 것은 아니다. 이 일화는 좀 더 규명이 필요한 듯하다. 그리고 내가 지리산에서 신선을 만났다거나 금강산 가는 길에 식량을 해결했다거나 하는 등의 얘기도 있다. 특히 지리산에서 신선을 만났다는 얘기는 제자인 차식이 그의 아들 차천로에게 해준 얘기다. 당시의 차식은 이지함과 동문으로 여섯 살이었으니 나의 여행길에 동행하지 않았을 것이다. 차식이 어떤 경위로 그런 얘기를 아들 차천로에게 하게 되었는지는 모르겠다. 글재주가 뛰어난 차천로가 자기 아버지의 스승인 나를 기이하다고 우러러보아 창작한 것일 수도 있고, 한창 호기심이 많고 이런저런 상상을 많이 하는 여섯 살의 동기인 차식, 이지함, 허엽 등이 그런 상상을 하며 사실인 양 여겼는지도 모르겠다. 어찌 되었든 나는 여행을 통해 우리 강산을 밟았다는 것에 큰 보람을 느꼈고, 사람들은 나에 대한 이런저런 이야기를 생산할 수 있게 되었으니 나름대로 의미가 있었던 여행이었다.

여행에서 돌아온 나는 마치 숙제를 마친 기분이었다. 그래서 홀가분하고 기쁘게 학문에 전념했다. 이즈음에 개성에서 장사하고 있던 황원손과 평범한 백성인 이균이 찾아와 배움을 청했다. 처음에는 가르칠 자신이 없어 물렸으나 거듭 방문하여 청하니 부끄러움을 무릅쓰고 함께 글을 읽기로 했다. 둘은 생업에 전념하는 사이에 짬을 내어 자주 나를 찾아주었다. 황원손과는 성거산에 함께 오르기도 했는데 그때 감회가 있었는지 시를 지은 것이 아직 남아 있다.

금신사 뒤 봉우리에 올라 登金神寺後峯作

가장 높은 곳을 가고자 가파른 봉우리를 오르다가 欲窮高處陟危峯
고개 들어 위를 바라보니 높기가 그지없네. 仰面彌高高不窮
하늘 높은 것으로 말하면 오히려 높지 않지만 若語天高猶未極
내 발이 바로 높은 곳을 밟고 있음을 비로소 알겠네. 始知足底是高蹤

아직 봉우리에 이르지는 못했어도 봉우리에 이르려고 오른 만큼은 분명 올라와 있다는 것을 말하고 싶었다. 함께 등반한 제자들뿐만 아니라 나 자신을 위로하는 말이기도 하다. 또 한 번은 허름한 내 입성이 안쓰러웠는지 황원손과 이균 두 학생이 옷을 보내주기도 했다. 둘은 학식이 뛰어나다고 할 수는 없지만 정겨운 마음은 누구에게도 못지않았다. 특별하게 가르침을 준 것도 아닌데 스승이랍시고 세심하게 살피는 것에 대해 부끄럽기도 하고 고맙기도 하여 시를 써서 감사를 전하고 싶었다.

두 학생이(이균 · 황원손) 옷을 보내준 데 감사하며 謝二生 李均 黃元孫 贈衣

구름 숲에 숨어 사는 선비 있어 雲林有逸士
높은 뜻 알아주는 이 없어도 高義無人知
도의 맛을 곱씹으며 咀嚼道中味

긴 굶주림도 근심하지 않네. 不憂腹長飢

수놓은 비단으로 마음을 꾸미고 錦繡裝其內
몸에는 온전한 옷 걸치지 않아 身上無完衣
굶주림과 추위는 세상에 짝할 이가 없지만 飢寒世無比
도리어 부잣집 아이를 비웃네. 翻笑富貴兒

눈 쌓인 집에서 홀로 시를 읊조리니 孤吟雪屋下
움츠린 몸이 얼어붙은 거북이 같은데 縮身如凍龜
사귀는 아랫사람 이생이 있어 下交有李生
옷을 벗어 그것을 주려하네. 鮮衣願與之

도타운 뜻을 어찌 거절할 수 있겠는가 厚意安能拒
그것을 받아둠이 마땅하리. 留之惟得宜
사람 된 성품이 자애롭고 착하며 爲人性慈良
효성스럽고 삼가며 말에는 거짓이 없네. 孝謹言不欺

일찍이 어머니의 병 깊음을 근심하다 嘗患母病篤
똥을 맛보고 하늘에 조아리며 슬피 울었네. 嘗糞叩天悲
황생 또한 평범하지 않아 黃生亦殊凡
본바탕이 뛰어나게 총명을 얻었네. 穎悟得天資

두 학생이 내게 가장 잘 대해주니 兩生最善余
자주 와서 서로 어울렸네. 數數來相隨
고마운 뜻을 글로 써 聊敍相厚意

소중하게 시로써 감사드리네. 珍重贈以詩

서른여덟 살 때[1526년, 중종 21년]에 둘째 아들 응봉이 태어났다. 앞서 얘기했던 친구 장가순을 처음 만난 것도 이때다. 장가순은 황해도 봉산에 거주하고 있었다. 이즈음부터 개성 유수나 교수 등 개성의 명망 있는 분들이 나를 방문하기 시작했고 나 또한 그들과 학문적 혹은 때로는 정감적 교류를 굳이 마다하지 않았다. 그들과 교유하면서 주고받거나 그때그때 소회를 풀어놓은 시 몇 가지가 전해진다. 그러나 나는 사람을 찾아 만나는 것을 즐기는 성품은 아니다. 더욱이 가문도 변변찮고 벼슬도 하지 않은 변방의 선비에 지나지 않은 나였기에, 나를 찾아주는 개성 유수나 교수 또는 선비들을 고맙게 생각했다. 그렇다고 해서 내가 그들에게 부끄러울 일은 추호도 없었다. 나는 나의 삶에 있어 부끄러움이 없었으며 남의 학문이 아니라 나의 학문을 하고 있었기 때문이다.

마흔한 살 때[1529년, 중종 24년] 선친의 삼년상을 마쳤다. 공부하는 선비라면 누구나 마찬가지겠지만, 삼년상은 부모에 대한 그리움을 표하는 것이면서 동시에 공부에 전념하는 기회이기도 하다. 나는 더욱 독서에 전념할 수 있었고 이때 소옹과 장재 등의 철학을 깊게 탐색할 수 있었다.

마흔두 살[1530년, 중종 25년]. 차식은 어려서부터 시와 서에 능통한 수재였다. 몇 년 전부터 내게 찾아와 이런저런 심부름을 하며 함께 공부했다. 차식은 나와 지냈던 소소한 이야기들을 그의 아들 차천로에게 전해주었고 차천로는 그것을 기록해두었다. 허엽 또한 나와 지냈던 일화를 그의 아들 허균에게 전해주었고 허균도 몇 가지 기록해두었다. 차천로와 허균의 기록은 이야기를 적어둔 것이기 때문에 사실과 부합하는지 잘 모르겠다. 하지만 이야기의 의미는 있다고 생각된다. 이야기의 기록이라는 것이 일상보다는 특이한 것이 소재가 되고 윤색되기 마련이지만, 이야기에서 전하려고 하는 이미지는 분명 있다. 차천로와 허균이 전하는 나에 대한 이야기는 신선을 만났다든지, 오랫동안 먹지 않고도 잘 견딘다든지 하는 신기한 것들이다. 내게 그런 이미지를 투영시켰다는 것이 흥미롭다.

마흔세 살[1531년, 중종 26년]. 개성의 관리, 학자들이 자주 나를 찾아왔고, 후학이랄 수 있는 제자들이 조금씩 늘어났다. 그것을 본 어머니가 굳게 결심하였는지 어렵게 말씀하셨다. 아마, 그전부터 마음에 품으셨으리라. 혹시나 아들의 삶에 누가 되지 않을까 염려하여 주저하시다가 가까스로 말씀하였을 것이다. 과거에 응시하라고. 나는 벼슬살이를 하고 싶지 않았지만, 몇 년 전에 아버지를 여위었으니, 어머니의 소원이나마 들어주겠다는 생각에 생원시에 응시하였다. 물론 합격하였다. 이때 나와 함께 합격 명단에 이름을 올린 조언수는 4년 후에 별시 문과에 급제하여 청렴결백한 관리로 이름이 났고, 지충추부사까지 올랐다. 그가 "나의 합격 명단에 서경덕이 있으니, 영광이로다!"라고 했다. 나 또한 그와 함께 이름이 오르내리게 되었으니 영광으로 여긴다.

마흔네 살[1532년, 중종 27년]에 아들 응귀가 태어났고, 마흔다섯[1533년, 중종 28년]에 여러분들과 함께 담소도 나누고 토론할 수 있도록 화담 계곡에 자그마한 정자를 짓고 서사정이라고 이름을 지었다. 제법 주변 경치와 어울려 운치가 좋았다.

마흔아홉[1537년, 중종 32년] 때 스물한 살의 차식이 진사가 되었으니 기특한 일이다. 쉰하나[1539년, 중종 34년]에는 스물세 살의 이지함이 찾아와 배움을 청했다. 이지함은 명망 있는 가문의 자손인데 학문에 대한 열정이 있었으며 백성을 사랑하는 마음이 넘쳐 보였다. 이지함과 허엽, 차식은 동갑으로서 호형호제하며 의기를 투합했고, 네 살 위인 박지화를 선배로 깍듯하게 대했고, 한 살 위인 박민헌을 형님으로서 상대했다.

쉰두 살 때[1540년, 중종 35년]에 대제학으로 계셨던 김안국 선생께서 나를 조정에 또 천거해주셨다. 20여 년 전에 추천해주셨으나 나가지 않았음에도 불구하고 또 추천해주셨으니 몸 둘 바를 모를 지경이었다. 그러나 고마운 것과 나의 삶은 별개의 문제였다. 나는 나의 삶을 살고자 하였을 뿐이다. 벼슬자리를 버렸다는 소문이 어떻게 떠돌았는지는 모르겠으나 이즈음 개성의 이름난 예능인 황진이가 방문했다. 벼슬도 버리고 가난하게 사는 선비인 나와 교양과 절조를 지닌 천하 미색의 예능인 황진이와 만남은 세간의 관심거리였을 것이다. 그 이야기는 사람들의 흥미와 의미가 덧붙여지고 윤색되어 여러 가지 형태로 지금도 전해지고 있다. 이야기는 이야기로서의 의미가 있으면 된다. 그것이 사실이냐는 다음 문제이다. 나는 황진이를 제자 가운데 하나로 맞는 것에 특별한 의미를 두지 않았지만, 결과적으로 보면 나는 황진이를 통해 고고하지만 고리타분하지 않은, 열려있는 선비의 이미지를 얻게 되었다. 황진이 또한 예능인이지만 훌륭한 선비의 제자라는 명성을 얻었으니 서로에게 나쁜 만남은 아닌 셈이다. 황진이는 거문고를 매우 잘 다루었다. 듣기로는 황진이의 어머니가 거문고의 명인이라고 하는데 확인할 길은 없다. 황진이와 나는 간혹 서로의 거문고 연주를 듣거나 함께 연주하기도 했다. 그때쯤에 거문고에 명(銘)을 붙여 거문고를 탐색했던 것 같다. 여기서 그 명을 다시 보자.

줄 없는 거문고에 새기는 글 無絃琴銘

거문고로되 줄이 없으니 몸[체(體)]은 두고 쓰임[용(用)]을 버렸도다. 琴而無絃 存體去用

진실로 쓰임을 버린 것이 아니니 고요함이 그 움직임을 머금었도다. 非誠去用 靜其含動

소리 있는 데서 듣는 것이 소리 없는 데서 듣는 것보다 못하고 聽之聲上 不若聽之於無聲

형체에서 즐기는 것이 형체 없음에서 즐기는 것보다 못하다. 樂之形上 不若樂之於無形

형체 없음을 즐김으로써 그 오묘함을 얻고 樂之於無形 乃得其徼

소리 없음을 들음으로써 미묘함을 얻는다. 聽之於無聲 乃得其妙

밖으로는 있음[유(有)]에서 얻고 안으로는 없음[무(無)]을 깨달고 外得於有 內會於無

그 가운데서 즐길 것을 생각하나니顧得趣乎其中

어찌 줄 위의 공부를 일삼겠는가. 奚有事於絃上工夫

이

줄은 쓰지 않고 줄이 줄 됨을 쓴다. 不用其絃 用其絃絃

궁상 밖의 운율에서 나는 그 근본을 본다. 律外宮商 吾得其天

소리로써 즐김은 그 소리가 소리됨을 즐김이니 樂之以音 樂其音音

귀로 그것을 듣는 것이 아니라 마음으로 그것을 듣는다. 非聽之以耳 聽之以心

저 종자기야, 어떻게 내 거문고를 들을 수 있으리오. 彼哉子期 曷耳吾琴

거문고에 새기는 글 琴銘

그대가 가락을 치니 내 마음이 즐겁도다! 鼓爾律樂吾心兮

다섯 곡조가 어울려도 음란함이 드러나지 않도다! 諧五操毋外淫兮

절도로서 어울리니 하늘의 순서와 맞도다! 和以節天其時兮

통달로서 어울리니 용모가 봉황이도다! 和以達鳳其儀兮

이

조화로움을 뜯으니 돌아가는구나, 요순으로! 鼓之和回唐虞兮

사특함을 씻어내니 무리가 하늘과 더부는구나! 滌之邪天與徒兮

높고 넓은 곡조 어느 사람이 들을까! 操峩洋人孰耳兮

번거로운 듯 간략하니 여운이 있구나! 繁而簡有餘味兮

'줄 없는 거문고에 새기는 글' 은 존재의 근원을 탐색한 것이고, '거문고에 새기는 글' 은 묘한 쓰임을 표현한 것이다. 줄이 있는 것만이 거문고가 아니라 줄이 없어도 거문고다. 줄이 있는 거문고는 그 상황 속에서 쓰임을 다할 것이고, 줄이 없는 거문고는 온갖 소리의 가능태를 머금고 있으면 되는 것이다. 있음과 없음의 경계, 너와 나의 경계가 명확한 것은 아니다. 그리 보면 예능인과 선비라는 경계도 흐릿해질 수 있다. 물론, 예능인과 선비는 모두 사람이다. 그렇기에 선비로서의 사람, 예능인으로서의 사람의 본분이 있다. 황진이와 나는 예능인과 선비가 아니라 사람과 사람으로 만날 수 있는 것이다.

이때는 황진이만 나의 방문을 두드린 것이 아니었다. 여러 명이 나를 찾아왔는데 그 가운데 박순의 방문이 기특했다. 당시 열여덟 살이었던 박순은 이미 진사에 합격하여 명성이 대단했으나 그에 만족하지 않고 나에게 수업을 받고자 찾아왔다. 고맙고 또 고마운 일이 아닐 수 없다. 지금 생각건대 나는 쉰이 넘어서면서 비로소 뜻이 참되어졌고 모든 일에 있어 순서와 절차를 막힘없이 행할 수 있게 되었던 것 같다. 박순은 내가 그에게 이런 얘기를 했다고 전한다. "나는 어려서 어진 스승을 얻지 못하여 공부하는 데 많은 시간을 보냈다. 너희들은 나의 공부 방식을 본받지 말라.", "어진 사람이 비록 행동을 매우 잘 제어한다고 해도 본 곳이 분명하지 않으면 끝내 그저 그런 사람에 그치게 될 뿐이고 퇴보를 면할 수 없음을 명심하라." 후에 허엽은 동인의 영수, 박순은 서인의 지도자가 되었으니 나의 문하에서 동인과 서인의 수장이 모두 나온 셈이다.

홍인우도 잊지 못할 후학이다. 홍인우는 배움을 청하고자 먼 곳에서 나를 직접 찾아왔다. 오랜 기간 함께 공부하지는 않았지만, 공부에 대한 그의 열정은 아무리 칭찬해도 넘치지 않는다. 홍인우는 나와의 만남을 기록해두었는데, 그 내용이 그의 유고인 『치재유고』에 전해지고 있다. 그의 문장을 옮겨 보겠다.

2월. 송도[개성]에 가서 드디어 꽃 못[화담]에서 처사 서경덕을 방문하였다. 서너 칸 초가가 숲속에 자리 잡고 있었는데 그것이 주된 거처였다. 나는 그가 나의 이름을 알지 못할 것이라 여기고 소개하는 글을 쓰기 위해 붓을 청하니 "빨리 들어오시오. 빨리 들어오시오."라고 했다. 서로 재배하고 방안에 마주 앉아 말을 나누었다.

"제가 학문에 뜻이 있으나 향방을 알지 못하여 헤맨 지 여러 해입니다. 공께서 학문이 돈독하시고 힘써 행하여 고명한 경지에 들었다는 것을 듣고 얼굴을 뵙고서 평생의 미혹을 열어젖히고자 했으나 그러지 못하고 있다가, 오늘에야 마주 앉아 말을 나누게 되니 오래된 계획을 풀 수 있게 되었습니다."

"나의 명성은 모두 헛된 것이고 그대의 도를 구하려는 뜻이 참된 것입니다. 어찌 감히 알고 있는 것을 모두 말하지 않겠습니까."

내가 선천, 후천, 이기, 체용, 종시의 이치를 물으니 자세히 분석하고 밝게 해석함이 마치 대나무를 쪼개는 것과 같았다. 또 처신하고 마음 세우는 요점을 물음에 대답해 주었는데 모두 내가 겪어보지 보지 못한 것이고 알지도 못하는 것들이었다.

"선생께서 세상에 난 것은 우연이 아닙니다. 임금을 잘 섬기고 백성에게 혜택을 주는 것이 선비의 직분입니다. 옛날 군자는 세상의 강상을 바로잡는 것을 자신의 소임으로 여겼으니, 도를 얻어 감히 혼자만 선할 수 없기 때문이 아니겠습니까. 혹 보물을 품고 세상을 피해 숨어 살아 벼슬에 나가지 않는 사람이 있다면 옳지 아니하겠습니까?"

"선비의 출처는 하나가 아닙니다. 혹은 그 도를 행할 수는 있지만 때가 맞지 않아 도를 끌어안고 근심 없이 지내는 사람이 있고, 혹은 백성들이 비록 새롭게 될 수 있지만 자신의 덕이 새로워지지 못하여 분수를 헤아리고 자처하는 사람도 있습니다. 또 위로 밝은 임금이 계시고 자신의 학문을 시험해볼 수 있으나 산림에서 자유롭게 자신이 즐기고자 하는 바를 좇는 사람도 있고, 자신의 덕이 새롭게 되지 못하였지만 백성들이 잘못에 놓인 것을 앉아서 볼 수 없어 부득이 세상에 나가는 사람도 있습니다."

"그렇다면 선생께서도 이들 가운데 하나에 해당할 것이니 원하건대 그것을 듣고자 합니다."

선생은 빙그레 웃으며 한동안 있다가 답하였다.

"평생 성현의 글만 읽고 세속에서 높이는 과거 공부는 익히지 않았습니다. 두 번이나 벼슬자리에 나가지 않았으며, 나이가 쉰 살에 이르도록 오랫동안 도시와 떨어져 있었으니 뜻이 이미 이와 같습니다. 감히 바라지 않습니다. 감히 바라지 않습니다."

그 용모가 고고하고 의관은 위엄이 있었다. 이미 산야의 노옹이 되었으니 진실한 은군자다. 나를 이끌고 화담을 감상케 했는데 이른바 세상과 떨어진 아름다운 곳이었다. 휘파람 불며 배회하다 인사하고 물러났다.[4]

8월 개성, 초엿새. 일찍 화담 선생의 집으로 향했다. 집은 탁타교 옆에 있는데 바람과 비를 겨우 가리는 정도였다. 버드나무 그늘 시원한 곳으로 나를 이끌어 앉혔다. 내가 「하도」, 「낙서」, 「태극도」를 배우고자 하여 사양하지 말기를 청하니 좋다고 대답했다. 잠깐 동한 중정(中正) 두 글자에 대해 토의하다 마침 문묘에 제사 지내는 일로 인해 강론을 다 하지 못하게 되었다.

초아흐레. 화담 선생이 나의 객사로 와서 드디어 「하도」, 「낙서」, 「태극도」 및 『정몽』 두 편을 배웠고 평생토록 품은 바를 토론하며 아쉬움을 달랬다. 선생이 "산림에서 나고 자라 토론할 동지를 얻지 못하였는데 그대가 지난봄에 방문해 주시니 마음이 매우 기뻤습니다. 그런데 지금 또 이같이 절차탁마하니 그대가 진정한 나의 벗인 줄 생각지 못했습니다."라고 말했다.

십이 일. 화담 선생을 방문하여 『정몽』 「천도」에서 「대심」편까지 배웠다. 선생이 말했다.

"이것이 장재가 끌어낸 신묘한 내용인데, 처음 공부하는 사람이 깨달아 얻을 수 없습니다. 내가 말하는 바도 모두 문자상의 찌꺼기일 뿐입니다. 긴요한 것은 모름지기 정밀하게 생각하여 스스로 얻는 것입니다."

"만약 김안국 선생께서 벼슬을 하라고 하면 어찌 처신하겠습니까?"라고 내가 물었다.

"분수와 역량을 헤아려보니 비록 작은 관직이라도 감당하지 못하겠습니다. 요행히 발탁을 받는다면 짐짓 명을 받고 감당할 수 없으면 또한 물러남이 옳겠지요."라고 말했다.[5]

나와 홍인우는 스물다섯 살이 넘는 나이 차이가 있었지만, 나는 그를 하대하지 않았다. 나의 후견인인 김안국 선생도 그의 인품과 학문에 대한 열정을 높이 사고 있었다. 게다가 나에 대한 기록을 자세하게 남겨주었으니 고맙다고 하지 않을 수 없다. 홍인우가 고향으로 돌아가고 그해 겨울에는 박민헌 등 제자들과 함께 『대학』, 『혹문』을 강론했다.

쉰셋[1541년, 중종 36년]에 나는 박민헌을 홍인우에게 보내 서로 벗하기를 권했다. 박민헌은 지난겨울 강론할 때 내가 한 말이 인상 깊었던 것 같다. "문자에 드러나 보이는 의리는 모두 옛사람의 말초일 뿐이다. 긴요한 것은 스스로 깨닫는 데 있다."는 나의 말을 홍인우에게 전했다.

쉰네 살[1542년, 중종 37년]. 당시 스물일곱 살이던 박민헌이 자신의 자(字)를 바꾸고자 나에게 요청했다. 수차례 사양하였지만 거듭되는 요청을 이길 수 없었다. 그래서 스스로 힘써 노력하라는 의미를 담아 이정(頤正)이라고 자를 지어주었다.

쉰다섯[1543년, 중종 38년] 때는, 당시 스물일곱 살의 차식이 과거에 급제하여 군수가 되었다. 나의 제자들 여럿이 관직에 있게 되었다.

쉰여섯[1544년, 중종 39년] 때는 나에게 큰일이 많이 생겼다. 먼저 후릉 참봉의 직이 내려졌다. 앞서 두 번이나 조정에 추천되었으나 나가지 않았었다. 이제는 추천이 아니라 명이 내려온 것이다. 이번에도 나가지 않았다. 벼슬이라는 것이 내게는 조금도 어울리지 않기 때문이다. 나는 나의 삶을 살고자 감히 중종 대왕께 사직소를 올려 뜻을 밝혔다. 그해 겨울 중종 대왕께서 승하하셨다. 중종 대왕이 왕위에 오르실 때 나는 열여덟 살이었고, 내 나이 쉰여덟에 중종이 승하하셨으니 학자로서의 나의 삶은 중종 대왕의 치세와 함께한 셈이다. 당시에는 임금의 상에 유생이 어떻게 상복을 입어야 하는지 분명하지 않았다. 나는 임금의 상에 상복이 없음을 개탄하였고, 옛날의 법도에 근거해 자최의 상복을 석 달간 입었다. 이 해에 나의 건강이 급속도로 악화되었다. 젊어서 사색하는 데 오랜 기간 몰두하여 몸을 상한 것이 큰 원인인 것 같다. 이에 내가 깨달은 바를 남겨야 한다는 사명감이 들었다. 허나 많은 말을 할 필요는 없었다. 성현의 말이 이미 경전에 있었고 선배 학자들이 주석을 했으니, 그들이 설파하지 않은 것만 지으면 되니까 말이다. 그리하여 「원리기」, 「이기설」, 「태허설」, 「귀신사생론」 등 네 편을 초하였다. 이것을 박민헌, 허엽 등에게 주었다. 문장은 서툴지만, 성인이 전하지 않은 핵심에 이를 수 있으니 잃어버리지 말고 후학에게 전하여 중국과 여러 나라의 먼 곳까지 두루 퍼지게 하면 우리나라에 학자가 나왔음을 알게 될 것이라고 일렀다. 이해 5월 5일에 박민헌의 안부에 답하는 편지를 쓰기도 했다.

쉰일곱[1545년, 인종 원년] 윤 정월 대보름에 홀로 일어나 전날 읽은 소옹의 글을 보고 감회가 일어 시를 적어 보았다.

주역을 보다 우연히 수미음을 짓게 되어 『주역』을 공부하는 여러 사람에게 보임 觀易 偶得首尾吟 以示學易輩諸賢

화암[화담]은 소옹처럼 시 읊기를 좋아하지 않지만 花巖不愛邵吟詩
요부[소옹]의 지극한 논의에 대해서는 노래합니다. 吟到堯夫極論時
하나가 열려오지 않으면 만물도 없으니 一未開來無混有
둘이 사귀는 곳에서 비로소 물과 불이 생깁니다. 二能交處坎生離

정신을 수면처럼 하면 하늘의 마음을 얻을 수 있고 神於水面天心得

버드나무에 부는 바람을 맞으면 오동나무에 걸린 달을 알 수 있겠네요. 易向柳風梧月知

가을 강과 봄 연못 경치가 얼마나 멀까요. 秋洛春潭景何遠

화암은 소옹처럼 시 읊기를 좋아하지 않습니다. 花巖不愛邵吟詩

또 한 수

관물(觀物) 공부가 충분하면 觀物工夫到十分

해와 별 높이 걸려 나쁜 기운 걷어낼 수 있으니 日星高揭霽披氛

스스로 큰 기운을 좇아 가슴속에 기르면 自從浩氣胸中養

본성대로 자연 속에 있으니 어지러움이 풀립니다. 天放林泉解外紛

지금 돌이켜 보니 죽음을 예견하는 시 같아 보인다. 말 그대로 본성을 좇아 세상 어지럽지 않게 살아왔다고 돌이켜 보는 것 같다.

당시 대상의 복제에 임금의 상복에 관한 법이 쓰이지 않았고, 졸곡 후에도 모두 검은 관을 쓰고 일을 보았다. 이에 옛 제도에 합하지 않는다고 여겨 예경의 학설을 인용하여 상소문을 지어 바르게 고칠 것을 극론하고자 했다. 허나 이 상소문은 올리지 못했다. 그해 7월 인종 대왕이 승하했다. 나는 자최를 석 달간 입었다. 일찍이 인종 대왕이 나와 정렴에게 편지를 써서 정승의 지위에 두고자 하였으나 그러지 못했다는 말이 전해지지만 확인할 방도는 없다.

쉰여덟[1546년, 명종 1년]. 재작년부터 병상에 누워있는 날이 점점 많아졌다. 7월 7일 나는 몸을 씻고 싶었다. 주위의 도움을 받아 화담으로 가서 목욕했다. 누군가 물었다. "선생님. 지금 생각은 어떠하십니까?" 그도 나의 마지막을 알고 있었던 모양이다. 나는 "죽고 사는 이치, 그것을 안 지 오래되었으니 생각이 편안하다."고 답하였다. 그리고 나는 눈을 감았다.

나의 몸이 떠난 후

그렇게 나는 쉰여덟 여름에 떠났다. 몸은 떠났지만, 나에 대한 추모와 기억마저 완전하게 사라진 것은 아니었다. 홍인우는 나의 부음을 듣고 다음과 같이 슬픔을 적고 있다.

> 아아 슬프다. 한 나라의 불행이로다. 철인이 죽었으니 우리 학문이 다시 쇠하게 되었다. 내가 의지하고 돌아갈 바가 어디인가. 나 같은 어리석은 사람이 다행히 경자년에 문하에 두어 번 왕래하였으니 어찌 평생의 소원을 이루지 않았겠는가. 언제가 다시 가르침을 받는 대열에 끼어 어둠에 헤매는 마음을 깨우치고자 하였지만, 참으로 행실이 돈독하지 못하고 입지가 확고하지 못하여 도를 구하려 품은 뜻이 끝내 굽어지고 내던져져 물에 뜬 것 같은 근심이 지금까지 이르렀다. 버릇없는 사람의 죄가 어찌 다함이 있겠는가. 아아, 그만두어라! 하늘이 우리나라 사람을 돕지 않음이 이에 이르렀으니 통곡하여 무엇하랴![6]

나의 죽음을 이렇게 슬퍼해 주는 이가 있으니 나는 아직 죽지 않은 것이나 크게 차이가 없다. 특히 내가 죽고 난 후 7년이 지난 1552년[명종 7년] 10월 3일에 박민헌으로부터 『화담유고』를 얻어 보았다는 홍인우의 기록으로 보아 나의 글이 나의 사후 얼마 되지 않아 편찬된 것으로 보인다. 앞서 말했듯이 나의 제자들은 나의 사후에 더욱 많은 활동을 한다. 정계로 진출하여 각각 서인과 동인을 이끌기도 했다. 또 이황, 이이와 논변을 하여 한 편으로 나의 사상을 창조적으로 계승하였고 또 한 편으로는 조선 성리학의 심화를 가져오는 계기를 만들기도 했다. 또 다양성을 지닌 나의 제자들은 각자의 삶에서 각자의 색깔을 드러내었다. 혹은 상인으로 혹은 기인으로 또는 양명학이나 도가 사상에도 관심을 두기도 했다.

나의 직전 제자들이 아니더라도 나에 대한 추모와 관심이 끊어지지는 않았다. 1566년[명종 21년]에 사신으로 중국에 간 윤근수는 조선의 학문을 얕잡아 보는 중국학자에게 나와 조광조 선생이 있음을 알렸다고 한다. 또 선조 대왕 초에 중국 사신이 조선의 뛰어난 학자를 묻자 이황이 조광조, 김안국 그리고 나를 들었다고 한다. 이후 그런 일은 자주 있었던 모양이다.

1572년[선조 5년]에 조정기가 계를 올려 "서경덕은 학행과 교육으로 세상에 이름난 선비인데 명종 때 벼슬을 추증할 때 관리들이 다만 생전에 참봉 9품이었다는 것에 근거하여 좌랑으로 증직하니 사람들이 미흡하다고 느꼈습니다."라고 했다. 이에 선조 대왕은 "그 덕행을 논하지 않고 역임한 관직의 높고 낮음만으로 기준으로 삼으니 이것은 진실로 옳지 않다."고 하였다.

1573년[선조 6년]에는 윤근수 등이 계를 올려 "서경덕이 비록 학문은 수(數)를 주로 했지만 그 덕행과 학술은 앞선 선비보다 높았는데 다만 좌랑에 증직되었습니다. 청하건대 다시 증직하여 주십시오."라고 하였다. 유희춘이 "서경덕의 학술은 수를 주로 하였는데 정호와 주희에 에 대해 소옹과 채원정과 같습니다. 그래서 이황이 그 적절하지 않음을 논했습니다. 그러나 도덕의 실천은 있었습니다."라고 하였다. 나의 학문에 대한 성격 규정과 작위에 대한 논의가 계속되고 있었음을 알 수 있다. 이때 개성 유수 남응운 등이 나의 옛집에 사당을 세우고 나를 배향하기 시작했다. 내 몸이 없어지고 20여 년이 흘렀으나 나를 잊지 않아 주니 참으로 감사할 일이다.

1575년[선조 8년] 5월. 조정에서 나의 증직에 대한 논의가 있었다. 임금이, "서경덕의 저서는 기(氣)와 수를 많이 논했으나 수신의 일은 언급하지 않았으니 이것은 곧 수학이 아닌가? 그 공부에 의심 가는 곳이 많다."고 했다. 부제학 이이가 "서경덕의 공부는 진실로 초학자가 본받을 만한 것이 아닙니다. 그의 학문은 장재에게 나왔으며 그 저서가 성현의 뜻과 일치한다고 말할 수 있을지 신은 알지 못하겠습니다. 다만 이른바 세속의 학자들이 성현의 학설을 모방하여 자신의 학설인 양 말만 하고 마음속에 얻는 바가 없지만, 서경덕은 깊이 생각하고 멀리 보아 자득의 묘가 많이 있으니 진실로 말로 하고 글로 쓰는 학문이 아닙니다."라고 했다. 이에 임금이 허락하여 명령을 내려, '대광보국 숭록대부 의정부우의정 겸 경연감 춘추관사'로 증직하고, 시호를 내려 문강(文康)이라 하였다.

1585년[선조 18년]. 나의 신도비가 묘에 세워졌다. 박민헌이 찬하고 서예로 소문만 뛰어난 석봉 한호가 글씨를 쓰고 남응운이 새겼다.

1605년[선조 38년]. 박민헌, 허엽 등이 나의 사후 얼마 되지 않았을 때, 나의 글을 모아 간행했던 것을 화재로 잃어버렸다. 은산현감이었던 홍방이 여기저기 수소문하여 다시 출간하였다.

1609년[광해군 1년]. 홍이상과 마을의 선비들이 내가 머물던 화담에 사당을 세우고 나와 함께 박순, 허엽, 민순 등을 함께 배향했다. 이제는 나뿐

〈화담 서경덕 묘와 신도비〉 개성시 용흥동

만 아니라 나의 직전 제자들도 세상을 떠나고 재전 제자들에 의해 추모되었다.

1614년(광해군 6년). 사당에 화곡서원(花谷書院)이 사액되었다. 경기 지역의 선비들이 문묘에 종사해줄 것을 상소하였다. 당시에 영상이었던 이항복(李恒福)도 나를 문묘에 종사하자는 건의를 올렸으나 본격적으로 거론된 것은 아니었다.

1693년[숙종 19년]에 숙종 대왕이 송도에 행차하였다가 예관을 보내 화곡서원에 제사 지냈다. 내 몸이 없어진 지 150년이 지나도 왕이 기억해주니 감사하기 그지없다.

1740년[영조 16년]에 영조 대왕도 송도에 행차하였다가 예관을 보내 화곡서원에 제사 지내주셨으니 두 왕으로부터 배향을 받는 영광을 얻었다.

1773년에 착수하여 1782년에 완성되는 청나라 최대의 학술 사업으로 발간된 『사고전서』에 조선의 학자로는 유일하게 『화담집』이 실렸으니 나의 학문적 업적과 독창성을 국제 학계에서 인정받았다고 해도 될 듯하다. 대학자인 이황과 이이 외에도 많은 학자와 관리들이 나를 추모하는 글을 남겨주었는데 일일이 열거하지는 않겠다.

20세기 들어와서도 나에 대한 논의는 꾸준히 있었다. 한국철학사나 유학사에 있어 나의 위치가 가볍지는 않다고 평가해주었기 때문이다. 특히 동양철학이나 한국철학을 하는 학자 중에는 나의 사상에 대해 관심을 갖는 분들이 많은 것 같다. 석사학위 논문은 약 30여 편, 박사학위 논문은 5편이다. 그리고 연구 논문은 꽤 많이 제출되고 있다. 나의 사상을 유물론적으로 해석하고 있는 북한에서는 나를 선구적 학자로 높이 평가하고 있기도 하다.

나의 손으로 직접 남긴 글이 많이 전하고 있지 않은 것이 아쉽다. 몇 편 되지 않는 나의 글을 토대로 이렇게나 많은 연구를 하는 것에 대해 감사하고 한편으로 위대한 후손이라고 칭찬할 수밖에 없다. 내가 아무리 글을 잘 쓰지 않는 성향이라고 해도 감흥을 담은 시, 주고받은 편지, 또는 공부하다 정리한 글도 있을 것이다. 분명 있을 것이다. 그것이 발견되어 나의 사상에 대한 자세한 내용과 다양한 측면이 밝혀졌으면 하는 바람이다. 후학들의 학문적 성취가 있기를 소망한다.

[부언] 당성 서씨 족보를 찾아서

이 글은 원래 당성 서씨 문중 사람들을 대상으로 쓴 글이지만 화담 선생의 가계(家系)를 이해하는 데 도움이 될 수 있을 것으로 판단되어 필자의 동의를 얻어 여기에 싣는다.

서남수(전 교육부장관)

"'당성 서씨' 도 있나요?"

"본관이 어떻게 되시나요?"

"당성입니다. 당성(唐城) 서가입니다"

"아!? 당성 서씨도 있습니까?"

이런 대화를 수없이 많이 나누었다. 공직 생활을 마칠 때까지 우리 가족 외에는 당성 서씨 본관을 가진 사람은커녕 당성 서씨라는 본관을 아는 사람조차 만나지 못했다.

본관이 다른 서씨 성을 가진 사람들도 마찬가지였다.

"달성(達城) 서씨가 아니고요? 저는 본관이 이천인데, 달성 서씨, 대구 서씨, 부여 서씨 정도만 알고 있었습니다." 이런 식이었다.

그래도 당당하게 말했다.

"네, 제 본관은 분명히 당성입니다. 하! 하!"

화담 할아버지, 당성 서씨 문중의 등불

당당할 수 있었던 것은 화담 할아버지 덕분이었다. 당성 서씨는 알지 못해도 화담 할아버지를 모르는 사람은 거의 없었다.

"화담(花潭) 서(徐) 경(敬) 자 덕(德) 자 할아버지가 먼 윗대 어르신입니다. 말하자면 저는 서화담(徐花潭) 선생 후손입니다."

"아! 그러시군요! 서화담 선생의 후손이시라면 대단한 명문가 출신이시군요! 하! 하! 하!"

상대방은 큰 웃음으로써 당성 서씨 본관을 몰랐던 민망함을 대신하며 화담 할아버지에 대해서는 더 큰 친근감을 표시했다.

누이 한 분은 더 난감한 일을 겪기도 했다. 중학교 시절 새 학년이 시작되면서 서씨 성을 가진 담임선생님이 관심을 보이셨다.

"너는 어디 서씨냐?"

"당성 서씨요!"

"에이! 당성 서씨가 어디 있냐! 네가 잘못 알고 있는 거다. 부모님께 다시 여쭈어봐라."

"아니에요! 저는 분명히 당성 서 가입니다!"

"어허! 그놈 참!"

"당성 서씨가 있다는 걸 증명할 수 있습니다!"

"그래? 어디 증명해 봐라!"

누이는 교장실로 달려갔다. 청소할 때 보았던 그곳의 인명사전을 가져와 화담 할아버지를 찾아 보여드렸다.

서경덕(徐敬德)

본관은 당성(唐城), 자(字)는 가구(可久), 호(號)는 복재(復齋)이다. 송도(松都,

개성의 옛 이름) 화담(花潭) 부근에 서재를 짓고 학문에 전념하여 화담이라는 별호로 더 알려져 있다. ……

담임선생님은 더 이상 아무 말씀도 하지 않으셨다. 그렇지만 누이는 선생님의 차가운 시선을 학년 내내 견뎌야 했다. 어쨌든 우리 가족에게는 화담 할아버지가 곧 족보였다.

내가 교육부장관으로 있을 때 언론과 인터뷰할 기회가 여러 번 있었다. 그때마다 내 본관이 당성이고 화담 할아버지가 선대 조상이라는 사실을 밝혔고 일부 신문에는 이것이 기사화되기도 했다. 마음속으로는 그런 보도가 나가면 혹시 당성 서씨 종친회나 같은 본관을 가진 문중 사람과 연결될 수 있지 않을까 기대했다. 그 기대는 실현되지 않았다.

고향 개성에 두고 온 '족보'

부모님은 광복 직후 개성에서 월남하셨다. 정확하게는 개성시에서 북동쪽 방향으로 38선 바로 이북에 있는 경기도 개풍군 영남면 용흥리(龍興里)에서 사셨는데, 월남 후 피난 생활을 거쳐 서울에 정착해 사셨다. 용흥리는 화담 할아버지가 태어나 사시던 곳이며, 꽃들이 연못에 가득 비치던 화담(花潭)이 있었던 곳이며, 지금도 화담 할아버지 묘소가 있는 곳이다.

부모님은 '족보'를 고향에 두고 오신 것을 두고두고 후회하셨다. 월남한다는 사실을 감추기 위해 가재도구는 말할 것도 없이 솥단지와 남은 밥까지 그대로 남긴 채 몸만 빠져나왔기 때문에 '족보'를 가지고 나올 수 없으셨단다.

나는 당성 서씨 족보를 찾아드리기 위해 틈틈이 많은 노력을 기울였다.

인터넷에서 이곳저곳 탐색해보기도 하고, 국립중앙도서관을 포함해 여러 족보 도서관을 찾아보기도 하고, 족보 전문가에게 자문도 해보았다. 그러나 어디에서도 당성 서씨 족보를 찾을 수 없었다.

지금 와서 생각하니 찾지 못한 것이 당연하다. 당성 서씨 문중 사람 전체를 기록한 족보, 즉 '세보' 라고 불리는 책자 형태의 족보는 아마도 만들어진 적이 없었던 것 같다. 그렇다면 부모님께서 고향에 두고 오셨다는 '족보' 는 무엇일까? 그것은 활자로 인쇄된 족보가 아니라 직계 조상에 대해서만 간략하게 기술한 '가승(家乘)' 또는 가승보(家乘譜)를 말씀하셨던 것으로 보인다.

그것이 족보이든 가승보든 왜 그렇게 소중히 여기셨을까? 그것을 갖고 오지 못한 것을 왜 그토록 안타까워하셨을까?

'가승보' 가 전해지지 않은 당성 서씨 '화곡파'

당성 서씨 문중에는 '풍덕파', '강화파', '화곡파' 세 파가 있다. 화담 할아버지의 손자인 우신(佑申) 할아버지는 슬하에 행건(行建), 행검(行儉), 행민(行敏) 삼 형제를 두셨는데 이 세 분 형제의 후손들이 각각 풍덕파, 강화파, 화곡파를 이루게 된다.

맏아드님이신 행건 할아버지 후손들은 개성시에서 남서쪽 방향에 있는 개풍군 대성면 풍덕리에 살았기 때문에 풍덕파라는 명칭이 붙은 것으로 보인다. 강화평화전망대에서 바로 건너다보일 정도로 강화에서도 가까운 이곳 풍덕리는 우리 당성 서씨 시조이신 득부(得富) 할아버지도 사셨던 곳이기 때문에 우리 문중과는 인연이 특별히 깊은 곳이다. 따라서 풍덕파는 당성 서씨 문중의 장손파라고도 할 수 있는데, 문중 사람 중에서 파주에 거주하는 서광수 님은 우여곡절 속에서도 대대로 전수해온 오래된 '화담집' 을 지금도 소중하게 간직하고 있다. '화담집' 이 족보 역할을 해온 셈이다.

둘째 아드님이신 행검 할아버지의 후손들은 강화에서 살아왔기 때문에 강화파라고 불린다. 지금도 강화군 하점면 이강리에는 삼십여 호에 가까운 가구가 당성 서씨 집성촌을 이루고 살고 있다. 38선 인근에 있는 경기도 개풍군의 풍덕리와 용흥리에 각각 살던 풍덕파와 화곡파가 6 · 25 전란으로 인해 뿔뿔이 흩어질 수밖에 없었다는 사실을 감안하면 현재 당성 서씨 집성촌은 아마도 강화가 유일할 것으로 보인다. 현재까지 확인된 바로는 강화파가 당성 서씨 세 파 중에서 후손이 가장 많은 최대 문중이라고 할 수 있다.

'화곡파' 는 개풍군 영남면 용흥리(龍興里)에 살았던 셋째 아드님 행민 할아버지 후손들에게 붙여진 명칭이다. 화곡(花谷), 즉 꽃이 가득 피어있는 골짜기는 꽃들이 물에 가득 비치는 화담(花潭)이 있는 곳, 즉 화담 할아버지가 사셨던 곳이며 용흥리의 옛 이름이기도 하다.

화곡리는 풍덕리에 살고 계시던 화담 할아버지의 부친이신 호번(好蕃) 할아버지께서 결혼과 동시에 처가가 있는 이곳으로 이주하면서 당성 서씨와 인연을 맺게 된 곳이다. 당시 논농사에 필요한 물을 공급하던 우물이 있었다는 뜻의 화정리(禾井里)라고도 불렸는데 용흥동의 또 다른 옛 이름이기도 하다.

화곡파의 가승은 현재 전해지지 않는다. 그것은 아마도 나의 증조할아버지이신 석준(錫俊) 할아버지의 파란만장한 인생과 연관되어 보인다. 작고하신 내 아버지께서 들려주셨던 말씀에 따르면, 증조할아버지께서 아주 어렸을 때 마을에 전염병이 돌아 많은 동네 사람들과 함께 부모님 두 분 모두가 갑자기 돌아가셨고, 하루아침에 고아가 된 증조할아버지는 서른다섯 살이 될 때까지 결혼하지 못할 정도로 어렵게 사셨다고 한다.

그나마 다행인 것은 우리 증조할아버지가 누구의 후손인지는 동네 사람 누구나 알고 있었다는 사실이다. 그 덕분에 증조할머니의 친정아버지께서 "신랑감이 비록 조실부모해서 집안이 가난하고 나이가 많다고 해도 화담 선생의 후손이라면 딸을 시집보내도 좋다"고 허락하셔서 늦게나마 가정을 이룰 수 있었다고 한다. 증조할아버지는 그렇게 어렵게 성장하고 늦게야 결혼했으면서도 슬하에 5남 2녀를 두고 여든까지 사셨을 정도로 말년은 비교적 다복하셨다. 증조할아버지께도 화담 할아버지가 곧 족보였던 것이다.

이런 저간의 사정을 미루어 생각하면 증조할아버지는 아주 어렸을 때 부모님이 갑자기 돌아가셨기 때문에 가승보를 제대로 전해 받지 못했을 가능성이 크다. 그것을 한스럽게 여기신 내 조부 인달(仁達) 할아버지께서는 젊은 시절의 내 아버지 연국(連國)을 데리고 당성 서씨가 많이 살고 있던 강화도를 방문하셨고, 마침내 강화파 문중의 도움을 받아 가승보를 복원했다고 한다. 그 가승보가 부모님이 고향에 두고 나온 것을 못내 아쉬워하시던 바로 그 '족보'였던 것이다. 그 복원은 대략 1940년 전후의 어느 시점에 이루어진 것으로 추정된다.

풍덕파와 강화파의 가승보는 여러 형태로 전승되어 왔지만, 화곡파의 가승보는 이처럼 실종된 상태이다. 80여 년 전에 일부 복원되었던 그 가승보조차 사라진 상태이기 때문에 행민 할아버지와 우리 증조할아버지이신 석준 할아버지 사이의 조상님들을 지금으로서는 확인할 길이 없다. 나중에 어디에선가 화곡파의 가승보가 발견되거나 그것을 간직하고 있는 문중 사람이 나타나기를 바랄 뿐이다.

문중 사람과 처음 만나다

한국고전번역원은 2016년 5월 28일 토요일 성균관대학교에서 '화담 서경덕의 사상과 문학' 을 주제로 학술대회를 열었다. 화담 선생의 철학을 재조명하고 화담 선생을 소재로 한 다양한 설화와 문학에 대해 학문적으로 토론하는 뜻깊은 행사였다.

논문 발표와 토론이 모두 끝났을 때 한 분이 손을 들어 발언권을 요청했다. 그분은 신문에서 이 학술대회 개최에 대한 기사를 읽고 화담 할아버지가 속한 '남양 서씨' 문중을 대표해서 참석했다고 밝히며 화담 선생을 주제로 한 학술대회를 개최한 한국고전번역원에 감사를 표한다는 요지의 인사를 했다. 나는 반가우면서도 한편 실망스럽고 또 의아했다.

"화담 선생에 관한 학술대회에 왜 당성 서씨 문중이 아니고 남양 서씨 문중에서 참석했을까?"

학술대회를 마친 후 저녁 식사 자리에서 인사를 나누었다. 서정수 박사님이었다. 명함을 주고받고는 조만간 다시 만나 이야기를 나누기로 하고 헤어졌다.

알고 보니 서정수 박사님은 당성 서씨 문중 분이었다. 우리 가족이 아닌 사람으로는 처음 만나는 문중 사람이었다. 서 박사님으로부터 당성 서씨와 관련된 많은 정보와 자료를 전해 받을 수 있었다. 아울러 서완수, 서양원 님 등 여러 강화파 문중 분들도 소개받았고, 풍덕파의 서광수 님도 함께 방문해서 만났다.

이분들로부터 당성 서씨 문중과 족보에 대한 많은 내용을 파악할 수 있었다. 특히 남양 서씨 세보 그리고 관련 참고자료집은 크게 참고가 되었다. 그것들을 통해 당성 서씨 문중의 전체적인 윤곽을 확인하고 우리 가족을 포함한 화곡파와의 관계도 세밀하게 이해할 수 있게 되었다. 실제로 이분들의 말씀과 그 자료들이 없었다면 이 글을 쓰는 것부터 불가능했을 것이다.

남양 서씨 세보 속의 당성 서씨

1998년에 편찬 · 발간된 남양 서씨 세보는 원래의 남양 서씨 세계(世系)뿐만 아니라 '화담공파(花潭公派)' 라는 이름으로 당성 서씨 세계도 포함하고 있다. 실제 이 세보는 서정수 박사, 서완수 교수 등 당성 서씨 강화파 분들이 적극적으로 참여하여 편찬된 것이다. 어찌 된 일인가?

남양 서씨 세보와 참고자료집에 따르면, 남양 서씨 문중은 득부 할아버지가 당성 서씨로 분파되어 나간 후에도 당성 서씨 세계를 그 가승보에서 제외하지 않고 함께 기록해왔다. 예를 들면 남양 서씨 가승보에는 득부 할아버지부터 그 증손 화담 할아버지를 거쳐 그 손자 우신(佑申) 할아버지와 그 슬하 행건(行建), 행검(行儉), 행민(行敏) 삼 형제까지도 모두 기록되어 있다.

반면 당성 서씨 문중은 분파 후 당성 서씨들만의 독자적인 가승보를 기록하고 전수해왔다. 당성 서씨 가승보에서는 남양 서씨에 관한 내용을 거의 발견할 수 없다.

이런 점을 감안하면 남양 서씨 문중에서는 처음 세보 편찬에 착수했을 때부터 당성 서씨 문중을 포함하려고 했을 것이다. 특히 학문과 명성이 매우 높으신 화담 할아버지는 남양 서씨 문중에서도 가문의 일원으로 삼기를 원했을 것이다.

한편 당성 서씨 강화파도 어느 시점에서인가 남양 서씨 문중과 다시 통합하기로 한 것으로 보인다. 아마도 대략 일제 강점기나 광복 직후의 시기로 추정된다. 당성 서씨 강화파는 현재 호적상 남양 서씨로 되어 있는데 언제부터 그렇게 했는지는 불확실하다. 그럼에도 불구하고, 서정수 박사에 따르면, 이들 중 많은 분들은 어린 시절 부모님으로부터 "너는 당성 서 가다"라는 말씀을 들으며 자랐다고 한다.

당성 서씨 강화파가 남양 서씨와 통합하기로 한 것은 이해할 수 있는 측면이 없지 않다. 당성과 남양 모두 원래 지금의 경기도 화성을 일컫는 동일한 지명이고 당성 서씨가 당초 남양 서씨에서 분파되었다는 사실도 명확하며 또 남양 서씨나 당성 서씨나 매우 작은 문중이기 때문에 문중을 통합하는 것이 여러모로 더 낫지 않겠느냐고 생각할 수 있다. 특히 경제적으로 여유가 충분하지 않던 시절에 당성 서씨만의 독자적 족보를 만드는 것이 어려운 여건이라면 남양 서씨와 함께 만드는 것이 더 낫다고 판단했었을 수도 있다. 아울러 당성 서씨 풍덕파와 화곡파 문중도 미약했고 또 이들과의 교류가 거의 이루어지지 않던 상황이었던 점도 감안할 필요가 있다.

남양 서씨와 당성 서씨는 인구가 얼마나 되나?

2015년 인구센서스 결과에 따르면 남양 서씨는 1,725명, 당성 서씨는 불과 104명에 지나지 않는다. 다만 2000년 인구센서스에서는 남양 서씨는 2,246명, 당성 서씨는 4,978명으로, 1985년 인구센서스에서는 남양 서씨는 13,650명, 당성 서씨는 760명으로 각각 나타나 있다. 이렇게 일치하지 않는 이유를 인구센서스 담당 부서에 문의한 결과 아마도 조사 방법상의 차이 때문일 것이라는 정도의 답변만 돌아왔다.

2015년 인구센서스는 주민등록을 기준으로 한 것이기 때문에 행정적으로는 가장 확실한 수치로 보인다. 반면 2000년이나 1985년 인구센서스는 조사원이 직접 물어서 조사한 것이기 때문에, 일제 식민통치와 6 · 25 동란 그리고 급속한 사회 변동 과정에서 다양한 이유로 본관을 잃어버린 사람들의 기억 속에 잔존해 있던 원래의 본관을 반영한 것일 수도 있다.

실제로 2015년 인구센서스를 보면, 달성 서씨(407,431명), 이천 서씨(199,792명), 대구 서씨(97,866명), 부여 서씨(17,145명), 장성 서씨(10,137명), 연산 서씨(7,510명), 남양 서씨(1,725명), 절강 서씨(758명), 당성 서씨(104명) 등 비교적 알려진 서씨 본관 이외에도 한양(287명), 인천(266명), 경주(238명), 밀양(183명), 전주(175명), 김해(158명), 나주(145명), 의주(120명) 등 많은 새 본관들이 있다. 더 나아가 100명이 채 안 되는 본관을 가진 사람들도 총 3,892명에 이를 정도로 서씨의 본관은 매우 다양해졌다.

이들 중 상당수는 어떤 사유로든 원래의 본관을 찾을 수 없어 취적이나 주민등록 당시의 거주지를 본관으로 삼은 사람들일 가능성이 크고 그들 중에는 원래는 당성 서씨가 본관인 사람들도 있을 것이다. 아마도 그것이 1985년 인구센서스나 2000년 인구센서스보다 2015년 인구센서스에서 당성 서씨의 인구수가 크게 줄어든 한 가지 이유일 수 있다.

당성 서씨 최대 문중인 강화파 문중 분들은 대략 기백 명이 될 것으로 추정된다. 그런데 이분들은 현재 주민등록상 남양 서씨로 되어 있기 때문에 원래의 본관을 기준으로 한다면 2015년 인구센서스 상 남양 서씨의 인구수는 그만큼 더, 그리고 당성 서씨의 인구수는 그만큼 적게 나타난 것으로 볼 수 있다. 다시 말하면 2015년 인구센서스에서 나타난 당성 서씨 104명은 풍덕파와 화곡파만의 인구수를 말하며 강화파를 포함하면 기백 명이 더 늘어날 것이다.

당성 서씨는 남양 서씨와 왜 갈라섰을까? : 하나의 가설

여러 기록으로 볼 때 당성 서씨가 남양 서씨로부터 분파하여 나온 것은 확실하다. 화담 할아버지의 고조할아버지이신 원길(元吉) 할아버지는 남양 서씨로서 득귀(得貴)와 득부(得富) 두 분의 형제를 두셨는데, 득부 할아버지가 남양 서씨로부터 분파하여 남양(南陽)의 다른 이름인 당성(唐城)을 새로운 본관으로 삼았다는 것이 널리 알려진 당성 서씨의 유래이다.

이것은 참으로 특이한 일이다. 새로운 성씨나 본관은 흔히 왕으로부터 하사를 받거나 또는 높은 벼슬 등으로 큰 가문을 이룬 사람을 중심으로 그것을 더욱 빛내기 위해 만들어지는 경우가 보통이다. 그런데 득부 할아버지는 이에 해당한다고 하기 어렵고, 더욱 이상한 것은 그 분파의 이유에 대해 어떤 설명이나 기록도 발견되지 않는다는 사실이다.

이에 대해서는 깊은 연구가 필요하겠지만, 하나의 가설로서, 당성 서씨의 분파는 단종을 폐위하고 세조가 왕위에 오른 계유정난(癸酉靖亂)과 관련되었을 가능성이 있다. 득귀 할아버지가 세조가 왕위에 오르면서 실시한 공신 표창에서 3등 원종공신으로 서훈되었다는 사실에 특별히 주목할 필요가 있다.

계유정난을 통해 왕위에 오른 세조는 그에 기여한 신하 46명을 공신으로, 2,300여 명을 원종공신으로 표창한다. 원종공신은 공신보다는 작은 공을 세운 사람에게 내리는 공신 칭호로서 정 공신의 자제, 사위, 그 수종자(隨從者) 등에게 내려진다. 말하자면 득귀 할아버지는 정난에 직접 또는 간접으로 공헌한 분일 것이다.

계유정난을 계기로 조선의 유림은 크게 격동한다. 사육신과 생육신의 출현과 같이 목숨을 건 정치적, 사회적 갈등이 이어졌다. 이들은 정난을 계기로 '훈구파'와 '사림파'로 나뉘어 서로 치열하게 싸우게 되는데, 통상적으로 세조 즉위와 왕권(王權) 강화에 찬성한 유림은 훈구파, 단종 폐위에 반대하고 신권(臣權) 강화를 주장한 유림은 사림파에 속했다고 한다. 계유정난 이후 훈구파는 상당 기간 권력을 독점한 반면, 사림파는 가졌던 벼슬을 버리거나 아예 벼슬길로 나아가지 않고 향촌에서 농사나 독서, 교육 등에 힘쓰며 살아가게 된다. 이들 훈구파의 중심이 바로 세조로부터 공신이나 원정공신으로 서훈을 받은 사람들이었다.

이런 점들을 종합해 보면 득귀 할아버지는 훈구파에 속하고, 득부 할아버지는 사림파이었을 가능성이 크다. 이에 대한 직접 증거를 갖고 있지는 않지만 득부 할아버지의 증손인 화담 할아버지의 삶이 사림파의 전형이라는 사실에서 추론해 보면 그 가능성은 충분하다. 나아가 화담 할아버지가 관직으로 나아갈 기회가 여러 번 있었음에도 불구하고 이를 굳이 사양하고 학문과 교육에만 정진하셨던 것도 득부 할아버지 시절부터 형성된 가풍의 영향을 받았거나 조상의 뜻을 받들기 위한 것이었을 수도 있다.

말하자면 득부 할아버지는 계유정난의 원정공신으로 서훈된 득귀 할아버지에게 '의절(義絶)'을 선언하고, 그것을 분명하게 하기 위해 본관까지 남양에서 당성(남양의 옛 지명)으로 바꿨을 가능성이 있다. 득부 할아버지(1424~1485)의 한창 시절에 계유정난(1466년)이 일어난 것도 이런 추론을 뒷받침한다.

그럼에도 불구하고 형제간의 이러한 갈등을 외부로 발설하거나 기록으로 남길 수는 없었을 것이다. 그것은 당시에는 세조와 그 후손, 즉 현존하는 군왕에 대한 반역 행위로 간주될 수밖에 없었기 때문이다. 그래서 당성 서씨가 남양 서씨로부터 분파되었다는 사실만 기록으로 남기고 그 이유에 대해서는 전혀 언급하지 않았을 가능성이 높다. 남양 서씨 가승보에는 득부 할아버지와 그 후손에 관한 내용이 지속적으로 포함된 반면, 지금도 확인할 수 있는 강화파 등 당성 서씨 가승에는 남양 서씨에 관해서 득귀 할아버지와 그 윗대 조상님들만 포함하고 그 후대는 포함하지 않았다는 점도 이러한 가설의 한 정황 증거가 될 수 있을 것이다.

당성 서씨 족보를 찾기 위한 세 가지 길

이유가 어디에 있든 화담 할아버지처럼 훌륭한 조상을 가진 가문이 그 본관을 정확하게 드러낸 번듯한 족보를 갖고 있지 않은 것은 후손으로서 참으로 민망하고 부끄러운 일이다. 늦은 것은 사실이지만 지금이라도 당성 서씨의 족보를 마련해야 하지 않겠는가? 그 방법으로는 대략 다음 세 가지 방도를 생각할 수 있다.

첫째는 남양 서씨 세보에 지금처럼 '화담공파'의 이름으로 참여하는 방안이다. 사실 남양 서씨나 당성 서씨가 크게 번성한 문중이 아니고 또 당성 서씨가 남양 서씨로부터 분파되어 나온 것도 사실이기 때문에 효율 측면에서 보면 한 세보 속에 같이 편제하는 것도 생각해 볼 수 있는 방안이다. 남양 서씨와 당성 서씨 강화파 문중이 함께 참여해서 지금과 같은 남양 서씨 세보를 만들었기 때문에 당성 서씨와 관련된 많은 정보들도 유실되지 않고 잘 전해질 수 있었다는 사실도 충분히 평가받아야 한다.

그러나 이 방법은 무엇인가 미흡하다는 생각을 지울 수 없다. 무엇보다 외견상 당성 서씨의 후손이 마치 끊긴 것처럼 보일 수 있다는 문제가 있다. 화담 할아버지의 본관이 당성이라는 사실은 화담 할아버지 신도비는 물론 수많은 문헌과 인명사전에서도 명확하게 드러나 있기 때문에 당성 서씨의 세계(世系)를 남양 서씨의 세보 속에서 한 파의 모습으로 있게

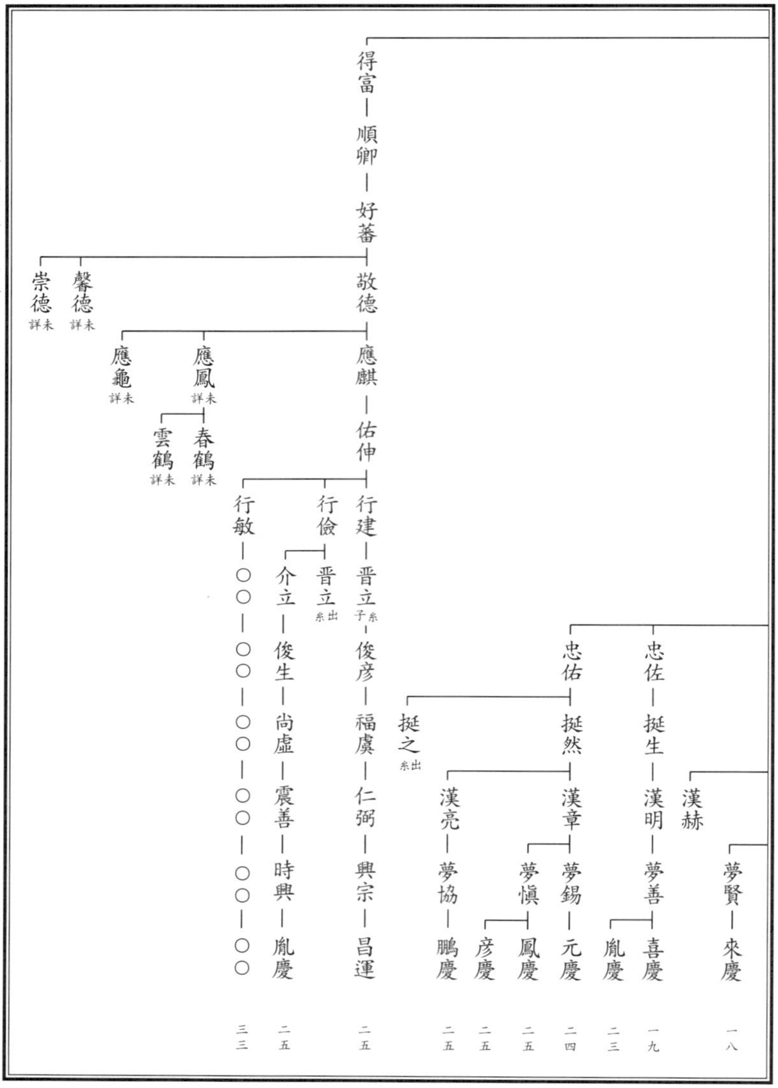

〈남양 서씨 세보에 기록된 당성 서씨 세계도(世系圖)〉

하는 것은 어색하고 부적절하다. 물론 남양 서씨 세보를 펼쳐 보이며 구구한 설명을 할 수는 있겠지만 구차하고 의아스럽다는 인상을 지우기 어렵다.

여전히 당성 서씨를 본관으로 갖고 있는 당성 서씨 풍덕파와 화곡파 문중으로부터 흔쾌한 협조를 얻기도 어려울 것이다. 실제로 풍덕파 서광수 님의 자제들은 나와 서정수 박사가 자택을 방문하고자 한다고 전갈을 보내자 '남양 서씨 문중' 의 방문 목적에 대해 심한 거부감과 의구심을 드러내기도 했다.

둘째 방법은 당성 서씨만의 세보를 새롭게 편찬하는 것이다. 당성 서씨의 세 파, 즉 풍덕파, 강화파, 화곡파가 모두 모일 수 있는 여건이 이제야 비로소 마련되었기 때문에 늦었지만 지금이라도 당성 서씨 세보를 만드는 것이 정도(正道)라고 할 수 있다. 남양 서씨 세보 중 화담공파에 속하는 내용을 분리 · 보완하여 편찬한다면 실무적으로는 그렇게 어려운 일도 아닐 것이다.

이 방안대로 당성 서씨 세보가 편찬된다면 향후 전국으로 흩어진 당성 서씨들을 모이게 하는 구심체 역할도 기대할 수 있다. 나아가 그것을 통해 세보를 더욱 발전시킬 수도 있을 것이다.

당성 서씨 화곡파는 지금으로서는 내 부모님의 직계 가족들만 확인할 수 있지만 더 많은 분들이 있을 것으로 추정된다. 예를 들면, 1912년 발간된 조선총독부 토지조사부에 기재된 개풍군 영남면 용흥리 토지 소유자 중에는 서석모(徐碩模), 서달원(徐達源), 서광서(徐光瑞), 서준학(徐俊學), 서윤국(徐允國), 서윤홍(徐允弘), 서석권(徐錫權), 서문국(徐文國), 서주홍(徐周洪), 서석준(徐錫俊) 등 서씨 성을 가진 분들이 다수 있다. 용흥리는 당성 서씨 화곡파 집성촌이었기 때문에 이분들 중 대다수는 당성 서씨일 가능성이 매우 크다. 이분들의 후손이 나타난다면 그중에는 당성 서씨 화곡파의 가승보를 갖고 있는 분도 있을 수 있을 것이다. 마찬가지로 당성 서씨 풍덕파와 강화파도 지금은 연결이 되지 않고 있는 더 많은 같은 문중 사람들과 연결될 수 있을 것이다.

다만 새 세보를 편찬한다는 일이 결코 쉽지만은 않은 일이다. 아울러 이미 남양 서씨 문중과 함께 세보를 만든 당성 서씨 강화파 문중이 흔쾌하게 동의하고 참여해야 가능한 일이다. 지금까지 당성 서씨 문중과 원만한 관계를 유지해 온 남양 서씨 문중에서는 다소 서운하게 생각할 수 있을 것이라는 점도 염두에 두어야 할 것이다.

세 번째 방안은 남양 서씨 문중과 당성 서씨 문중이 함께 대동보를 편찬하는 방법이다. 대동보(大同譜)란 같은 시조 밑의 중시조마다 각각 다른 본관을 가지고 있는 씨족 간의 종합 편찬된 족보이다. 즉 본관은 각기 다르되, 시조가 같은 여러 씨족이 함께 종합해서 만드는 보책이다. 말하자면 남양 서씨와 당성 서씨의 통합 족보를 만드는 방안이다.

이 방안은 이미 편찬된 남양 서씨 세보를 바탕으로 이것을 약간 수정하고 증보해서 만들면 되기 때문에 비교적 간편하게 추진할 수 있다. 아울러 당성 서씨의 정체성을 확보하면서도 이미 세보를 함께 편찬 · 발간한 남양 서씨나 당성 서씨 강화파의 거부감을 최소화할 수 있다는 장점이 있다. 남양 서씨와 당성 서씨의 통합 대동보를 편찬 · 발간함으로써 화담 할아버지의 본관이 당성이라는 객관적 사실을 재확인하면서도 당성 서씨와 남양 서씨는 같은 조상의 후손이므로 화담 할아버지도 넓은 의미에서는 같은 문중에 속한다는 사실을 공식화하는 것이기 때문이다.

다만 통상적으로는 각 본관 별 세보가 편찬되는 것을 전제로 대동보를 만들기 때문에 궁극적으로는 당성 서씨 세보를 또 별도로 만들어야 한다는 주장이 추후에라도 제기될 수 있다. 아울러 이 방안 또한 남양 서씨 문중과 당성 서씨 강화파 문중의 동의와 협조를 얻어야 하는 과제를 안고 있다.

맺는말

족보의 사상적 뿌리인 유교도 쇠퇴하고 대가족제가 핵가족화를 넘어 일인가정으로 바뀌는 이 시대에 족보란 무엇일까? 스마트폰과 SNS를 기반으로 개개인이 주인공이 되는 이 새로운 세상에서 얽히고설킨 혈연관계를 복잡하게 그려낸 족보란 것이 도무지 왜 필요한 것일까? 족보란 것이 미래 사회에서는 어떤 의미를 가질 것인가? 스스로 묻고 또 묻는다.

화담 할아버지가 아니라면 족보가 있든 없든 고민을 하지 않을 수도 있을 것 같다. 그 이름만으로도 오랫동안 문중의 족보 역할을 해 오신 화담 할아버지는 보통의 위인이 아니시다. 벼슬길에 나서지 않았으면서도 그 어떤 높은 벼슬을 한 사람보다도 큰 우러름을 받으셨다. 독창적인 기일원론(氣一元論)를 주창하신 유학자로서, 늘 청빈하고 몸가짐을 바르게 한 선비로서, 수많은 뛰어난 인재를 길러낸 교육자로서 화담 할아버지는 우리 민족의 자랑이었고 앞으로도 그럴 것이다. 직계 후손으로서는 더 말할 나위가 없지 않겠는가? 그분의 선대 조상님과 그 후대를 이어오신 조상님들 역시 후손들의 존경을 받아 마땅하지 않겠는가? 당성 서씨 족보는 모든 선대 조상님에 대한 존경과 감사의 표시이고, 후손으로서 도리이며, 우리의 정체성에 대한 확인이고, 앞으로 있을 후손들에게 길이길이 귀감을 삼도록 하기 위함이다.

당성 서씨 풍덕파, 강화파, 화곡파가 모두 한자리에 모일 수 있는 것은 문중이 생긴 이래 아마도 지금이 처음일 것이다. 당성 서씨의 세 파 문중, 나아가 남양 서씨 문중이 함께 뜻을 모으면 어디에 내놓아도 자랑스러운 대동보 또는 세보를 만들 수 있는 여건이 마련된 것도 아마도 지금이 처음일 것이다. 이 시절을 그대로 보낸다면 다시는 이런 기회가 오지 않을 수도 있다. 그렇다면 지금이 바로 그 일을 시작할 때가 아니겠는가?

이야기 속의 서경덕

이야기 대상으로서의 서경덕

이야기는 사실이 아니다. "어제 친구를 만났어."라고 할 때는 만났다는 사실을 전하려고 하는 것보다 그 만남이 내게는 어떠했으며, 그 만남에 대해 듣고 있는 너는 어떠해야 함을 기대하고 말하는 것이다.

이야기된 모든 것은 이야기하고 이야기를 듣는 이의 머리와 가슴이라는 여과 장치를 거쳐서 말하여지고 들린다. 누군가에 대한 이야기를 만드는 것은 이야기를 하는 사람의 생각과 느낌과 소망이 그에게 비춰질 수 있겠다 싶기 때문이다. 그의 이야기는 내가 원하는 방식으로 읽힐 수 있는 그의 유연성이 전제되어야 한다. 나의 생각, 느낌, 소망은 그 형체가 없어 확장과 축소의 제한이 없지만 어디에, 누군가에 투영되면 그 대상에 갇힌다. 따라서 대상의 유연성이 이야기의 다양성을 확보하게 해준다. 그런 의미에서 화담 서경덕은 그 사상의 개방성과 유연성으로 인해 사상이 다양한 모습으로 계승, 변용된 것처럼[1] 서경덕의 이야기 또한 다양하게 이야기되고 있다.

서경덕의 이야기는 전승 매체 또는 형태에 따라 사실의 기록, 문헌설화, 구전설화, 소설로 구분될 수 있다.[2] 그리고 전승의 주체로 보면 사대부, 백성으로 나눌 수 있다. 사대부는 주로 사실적 관점에서 서경덕을 전하고 있지만, 후대로 내려오면 다소 창작에 가까운 이야기도 전해진다.

문헌설화는 야담 형식으로 전해지고, 구전설화는 백성들의 입과 입, 열망과 열망을 통해 전국적으로 분포되어 전해지고 있다.

사대부들은 사대부들의 눈으로 서경덕을 이야기한다. 즉 자신들의 정치 · 사회적 위치와 사상적 관점에 따라 서경덕을 우러르거나 깎아내리거나 한다. 그래서 그들이 전하는 서경덕의 이야기는 이념적이다. 식자층에 의해 전해진 서경덕에 대해서는, 즉 서경덕의 철학과 사상에 대해서는 달리 논하기로 한다. 여기서는 백성들에 의해 가공되고 채색된 서경덕의 이야기 가운데 몇 가지를 소재로 이야기 몇 토막을 전개하고자 한다.

황진이와 서경덕

진랑은 개성에서 났고 맹인의 딸이다. 성품이 자유분방한 것이 남자 같았다. 거문고를 잘 탔고 노래도 잘했다. 일찍이 산수를 유람하였는데, 금강산에서 태백산과 지리산을 지나 금성에 이르게 되었다. 마침 고을 수령이 절도사와 함께 한창 잔치를 벌이는데, 풍악이 넘쳐흘렀고 좌석에는 기생이 가득하였다. 진랑은 해어진 옷을 입고 때 묻은 얼굴로 자리에 끼어 앉아 태연스레 이를 잡으며 노래하고 거문고를 타되 조금도 부끄러운 기색이 없었다. 그 모습에 기생들이 모두 기가 죽었다.

진랑은 평소에 화담 서경덕의 사람됨을 사모하였다. 거문고와 술을 가지고 그의 농막에 가서 한껏 즐기고는 했다. 진랑은 "지족 선사가 30년을 면벽하여 수양했으나 내가 그의 지조를 꺾었다. 화담 선생은 여러 해를 가깝게 지냈지만 끝내 꺾이지 않았으니 참으로 성인이다."라고 말하고는 했다. 진랑은 죽음에 이르게 되자 "출상할 때에 제발 곡하지 말고 풍악을 잡아달라."고 집안사람들에게 부탁하였다. 지금까지도 노래하는 자들이 그가 지은 노래를 부르고 있으니 특이한 인물이라고 아니할 수 없다.

진랑이 화담에게 아뢰기를, "송도에 삼절이 있습니다." 하였다. 화담 선생이 "무엇인가?" 라고 되물었다. 이에 진랑은 "박연폭포와 선생과 소인입니다." 하였다. 화담 선생께서는 웃음으로 대답을 대신했다. 비록 농담으로 주고받은 말이지만 그럴듯하다. 송도는 산수가 웅장하고 깊어 많은 인재가 나왔다. 화담의 학문은 우리나라에서 제일이고 한석봉의 필법은 내외에 이름을 떨쳤으며, 근자에는 차식, 차천로, 차운로 부자와 형제가 문장으로 이름을 내고 있다. 진랑도 빼어난 여인이니 그의 말이 망령된 것이 아님을 알 수 있다.

위의 이야기는 허균이 전하는 서경덕과 황진이의 일화이다. 사람 입에 오르내리기 즐거운 소재 가운데 하나가 남녀 사이이다. 서경덕과 연관되어 사람들 사이에 회자되는 여인은 황진이다. 서경덕과 연관 짓지 않아도 황진이는 그 자체로 많은 얘깃거리가 생산되어왔고 아직도 생산되고 있다. 조선 시대라는 당시의 상황에서 황진이는 '일상' 이라는 틀을 벗어나 있던 '파격' 이었고, 그 파격은 현재까지도 진행형이다. 황진이는 여성이고, 기생이고, 노래하고, 시를 짓고, 자유연애를 하고, 인간관계의 규정에 얽매이지 않고, 낭만적이고 등등. 이런 것들이 황진이 얘기의 가십거리이다.

사실 황진이 얘기 속의 서경덕은 조연 또는 엑스트라일 경우가 많다. 물론 황진이 얘기이지만 서경덕의 황진이일 뿐이라는 주장도 있다.[3] 그런데 현대의 이야기 말고 서경덕 당시 또는 그 언저리 즈음에 전해지는 황진이의 얘기는 황진이가 주인공이고, 서경덕은 황진이의 고매함을 보여주는 모티브일 뿐이다. 서경덕은 황진이의 여러 측면 가운데서도 도덕성을 잃지 않는 군자연한 모습을 비춰주는 거울일 뿐이다. 다시 말하면 황진이를 통해서 비치는 서경덕의 이미지는 지극히도 엄격한 도덕군자이다. 이런 서경덕과 교유하는 황진이는 그의 신분과 기질과 행실에도 불구하고 고매한 성품의 소유자가 될 수 있다. 그리고 그런 황진이와 교유하는 서경덕은 지극히도 엄격한 도덕군자이면서도 앞뒤가 꽉 막힌 사람이 아니라 여러 곳으로 열려있는 선비가 된다. 둘의 만남을 통해 황진이는 도덕성을, 서경덕은 개방성을 얻게 되는 것이다.

그런데 이런 평가는 둘의 관계를 분석적으로 접근한 것이지, 백성들 사이에서는 일상적이지 않은 재미에 더 관심이 있다. 교훈과 가르침을 이야기 속에 집어넣은 것은 지배층이지 백성들이 아니다. 백성들은 도덕적 지침보다는 재미를 찾고 이야기하려고 한다. 인격자로서 우러르는 사대부와 자유분방한 절세 미녀 기생의 만남 그 자체가 흥미롭고, 사대부이지만 돈이나 권세로 기생을 끌어들일 수 없는 처지의 가난한 선비와 돈이나 권세로 불러도 마음에 들지 않으면 나가지 않는 기생의 만남이 재미있는 것이다. 그리고 그 흥미와 재미 속에는 그들의 행실이 나와 같은 평범한 사람이 아니라는 선망과 나와 유사한 처지일 수 있다는 안도감이 섞여 있다.

서경덕은 털끝만큼의 권세도 없거니와 끼니를 걱정하는 가난이 백성인 나와 닮았고, 황진이는 권세와 부에 짓눌리며 부초처럼 흔들리는 신분이 백성인 나와 닮았다. 서경덕은 권세도 없고 부도 없지만 도덕성을 잃지 않는 선비라는 면이 백성인 나와 다르고, 황진이는 그 신분이면서도 자유롭고 자기 삶을 살고자 하는 것이 백성인 나와 다른 것이다. 즉 나와 다르지만 '같기' 때문에 서경덕과 황진이의 얘기를 말하고 듣는 것이다.

여기서 얘기 속에 숨은 의미를 찾아가 보자. 먼저 황진이이다. 황진이는 서경덕을 통해 고매함을 얻게 된다. 아니, 얻고자 노력한다. 만남을 요청한 것도 황진이고 만남을 통해 구체적이고 특별한 것을 행하고자 하는 것도 황진이다. 우여곡절을 거쳐 황진이는 자신이 얻고자 기획했던 것이든 또는 원하지 않은 것이든 고매함을 얻었다. 황진이는 그의 적극적 행위를 통해 그리고 서경덕을 통해 얻을 것을 얻었다. 남녀의 만남이지만, 서경덕이 아니라 황진이의 적극성이 재미를 더한다.

서경덕은 황진이와의 만남에서 한 일이 없다. 무엇을 한 것도 아니고 하지 않으려고 애쓴 것도 아니다. 다가오는 황진이를 덥석 끌어안은 것도 아니고 내친 것은 더더욱 아니다. 덥석 끌어안았다면 풍류객의 한 명에 지나지 않았을 것이고, 내쳤다면 고리타분하여 말라빠진 막대기에 지나지 않는다. 황진이와 백성의 바람 속의 서경덕은 살아 생생하고 큰 그늘을 드리워주는 거목과 같은 모습이다.

백성의 눈에 비치는 서경덕과 황진이의 만남은 고상한 만남이다. '신분의 높고 낮음, 도덕 규율과 자유, 남자와 여자' 의 만남인데도 고상한 것이다. 만나지 않을 것 같은 관계인데 만남이 이루어지고, 만나더라도 통하지 않을 것 같은데 높은 곳에서 통하고, 그 만남이 비현실적이면서도 불가능하지 않을 것 같은 개연성 때문에 재미가 더해진다.

황진이의 일생을 통해 보면 재미없는 만남도 있고, 재미있지만 좋지 않은 만남도 있다. 재미없는 만남은 뻔한 만남이다. 황진이와 관리와 풍류객들의 만남은 재미없는 만남이다. 물론, 개중에는 황진이와 뜻이 통하는 풍류객의 만남도 더러 묘사되고 있기는 하지만 그렇게 간절하거나 공감되지는 않는다. 황진이의 자유와 풍류객의 객기의 만남은 그리 매력적인 요소는 아니다.

재미있지만 좋지 않은 만남은 황진이와 지족 선사의 만남이다. 둘의 만남은 생산적이지 않고 소비적이며, 창조적이지 않고 파괴적이다. 혹 무너진 것은 지족 선사뿐이라고 하지만 무너진 것은 황진이도 마찬가지이다.

지족 선사는 가느다란 생리적 정감에 무너져 내려 육체와 정신을 모두 흩뜨린 셈이며, 황진이는 몸은 남았으되 정신없는 몸의 작용이 용인되는 무너짐을 겪는 셈이다. 서경덕과 황진이의 만남은 재미있으면서도 좋은 만남인 셈이다. 서경덕과 황진이의 만남을 얘기하는 백성은 그렇게 선망한 것이다.

도술을 부리는 서경덕

선생이 지리산을 여행할 때의 일화이다. 선생이 최상 봉에 밑에 이르러 아침에 점을 쳤다. 그리고 일행더러 말하기를 "오늘은 틀림없이 이인을 만나겠다." 하고는 신을 동여매고 지팡이를 짚으며 오르고 올라 정상에 다다랐다. 정상에 도착해서는 소나무에 의지하고 돌에 걸터앉았다. 얼마 지나지 않아 한 대장부가 허공에 우뚝 서서 길게 읍하고는, "그대가 올 줄 알았습니다." 하였다. 선생께서도 "나 또한 그대가 나를 찾을 줄 알았습니다." 라고 응대했다. 그 사내는 "기운을 가다듬고 정신을 수양하면 가장 높은 단계는 백일 승천할 수 있고, 중간 단계는 팔극을 휘두를 수 있으며 가장 아래 단계도 장수할 수 있으니 나를 따라 놀겠소?" 하고 물었다. 선생이 말씀하시길 "신선의 술법이 간혹 전한다고 들었지만 유학을 공부하는 선비는 그런 것을 말하지 않습니다. 나는 공자를 배우는 사람입니다. 구전 묘결이 비록 배울만하다고 해도 저는 원하지 아니합니다." 하였다. 그 사내는 웃으며 "도가 같지 아니하니 서로 뜻을 꾀할 수 없습니다. 내 또한 그대의 고고함을 알았습니다." 라고 말하고는 홀연히 사라졌다. 이날 선생을 따라 산에 오른 사람들은 모두 그 사람을 보지 못했는데 선생만이 홀로 말을 주고받아 일행이 모두 이상하게 여겼다.[4]

전우치가 화담 서경덕을 찾아 문안을 드린 뒤 하직 인사를 하고 대문을 나서는데, 온 산이 하늘에 닿고 가시나무가 울창하게 앞을 가리고 있었다. 사나운 호랑이와 독사가 이빨을 갈면서 피를 빨았다. 전우치는 여러 가지 술수를 부려 보았으나 끝내 나갈 수 없었다. 다시 집 안으로 들어온 전우치는 갓을 벗고 서경덕에게 사죄하였다. 서경덕은 성난 목소리로 말하였다. "네가 하찮은 요술을 가지고 감히 어른 앞에서 시험하려는 것이냐?" 전우치가 머리를 조아리고 사죄를 하자 비로소 길을 열어 돌려보내 주었다.[5]

도술을 부리는 서경덕에 관한 구비 전승 가운데 일부이다.[6] 서경덕에 관한 설화는 문헌 전승과 구비 전승을 포함하여 38편[7] 정도이고, 구비 전승의 경우 서경덕이 살았던 개성 지역을 넘어 제주도에 이르기까지 전국적으로 분포되어 있다.[8] 서경덕의 설화를 내용별로 도술 설화, 황진이 관련 설화, 용맹함을 보여주는 설화, 사물 이치 탐구 설화로 구분하기도 하고,[9] 승려와 대결 설화, 변신한 승려와의 대결 설화, 황진이 설화, 양식 설화, 아우 징치 설화, 전우치 설화 등으로 구분[10]하기도 한다.

그런데 서경덕 설화 전승의 집성체라고[11] 할 수 있는 이야기 책 「도술이 유명한 서화담」이 1926년에 출간된다. 1910년대부터 '이야기 책'이 활자본으로 출판되었고, 내용을 고치거나 새롭게 구성한 '신작 고소설'이 나타나게 된다. 「도술이 유명한 서화담」도 서경덕의 설화를 가져와 새롭게 이야기를 구성한 '신작 고소설'이다. 그즈음에 출판된 국내외 인물이나 사건을 소재로 한 신작 역사 소설은 대략 30종 정도이며 대부분 왕이나 민족 영웅을 다루고 있는데 그렇지 않은 인물로는 암행어사로 유명한 박문수와 서경덕이 다루어지고 있다.[12]

서경덕 전승을 시대별로 보면 서경덕 생존 시인 15세기 말에서 16세기 초에는 학자들에 의해 학문적 특이점이나 특장점을 논한 얘기가 많았다.

17세기에 들어 서경덕 설화가 등장하기 시작하는데, 17세기 중반 이전에는 사소한 생활적 사건에 관심을 가지며 서경덕의 뛰어난 능력을 주로 이야기했고, 17세기 중반 이후에는 사회적 문제로 이야기가 확장된다.[13]

서경덕과 황진이의 만남이 있을 법한 혹은 사실에 가까운 이야기라면, 도술을 부리는 서경덕에 관한 이야기는 비현실적인 판타지다. 판타지는 사실이 아니지만 그렇다고 해서 허무(虛無)는 아니다. 오히려 사실에서 담지 못하는, 혹은 현실을 초월한 이야기를 통해 사실과 현실의 속살이나 뒷면을 볼 수 있다. 서경덕 설화에서 도술 설화가 가장 많은 부분을 차지[14]하고 있다는 것은 설화의 창작자 비중이 선비들보다 백성이 높다는 것이며 이는 서경덕에게서 민중 친화적인 면모가 있거나, 혹은 백성들의 눈에 여타의 선비들보다 서경덕이라는 선비가 더 친근하고 특별하게 인식되었다는 것이다.

도술이라는 것 자체가 판타지이기 때문에 서경덕이 어떻게 도술 능력을 갖추게 되었는지에 대해서는 큰 관심거리는 아닐 것이다. 서경덕 도술의 연원에 관한 하나의 완결된 이야기는 없지만 몇 장면은 있다. 12살 때 도승을 좇아 산사에서 공부하였다거나, 지리산에서 신선을 만났다는 장면이 있다. 이 장면을 보면 서경덕 도술의 연원은 유학이 아니라 도교나 불교이다.[15] 서경덕이 15세기 말, 16세기 초 조선 유학의 대표적 학자 가운데 하나임에도 불구하고 도교나 불교를 통해 도술을 습득했다고 보는 것이 흥미롭다. 물론 유학자라고 해서 유학만 공부하는 것은 아니다. 순정한 유학자인 퇴계 이황도 몸을 다스리는 데 도교적 방법을 사용했으니, 개방적 성격을 품고 있는 서경덕을 도술의 주인공으로 이야기하는 것은 백성들의 관점에서는 충분히 허용되는 점이다. 하지만 "천하에 세 가지 도가 있는데 유도가 가장 높고 불도가 다음이며 선도가 그 다음이다."라거나, "신선의 술법이 간혹 전한다고 들었지만 유학을 공부하는 선비는 그런 것을 말하지 않는다. 나는 공자를 배우는 사람이다. 구전 묘결이 비록 배울만하다고 해도 원하지 않는다."[16]고 서경덕이 말했다는 이야기는 서경덕을 유학자로 확정하면서도 유학이 아닌 학문에 대해서도 열려있는 학자로 보았다는 것이다.

서경덕 도술의 연원을 도교나 불교에서만 찾을 수 있는 것은 아니다. 서경덕의 학문 태도나 방식의 특이점에서 찾아볼 수도 있다. 우선 서경덕이 어려서부터 사물에 관해 관찰을 했다거나 사물의 이름을 벽에 써놓고 궁구했다거나 하는 그의 격물(格物) 태도가 만물에 두루 통하는 학자로 인식되었을 수도 있다. 그리고 서경덕이 상수학에 능통했다는 것도, 만사의 이치를 꿰뚫어 볼 수 있다는 것에서도 서경덕 도술 이야기의 그럴듯한 근거가 될 수도 있다.[17]

서경덕이 왜, 그리고 어떻게 도술을 배웠는지는 서경덕 이야기를 이야기하는 사람들에게는 큰 관심거리가 아니다. 그들의 관심은 도술을 부린다는 자체에, 도술을 통해 무엇인가를 해결하는 것에 있다. 사실 도술 이야기는 문제 해결 또는 선과 악의 대결이라는 플롯 안에 있다. 서경덕의 도술 이야기도 그 범주 안에 있다. 서경덕의 도술은 대략 선악의 구도에서 악을 퇴치하고, 지인을 훈계하고, 소소한 문제를 해결하는 데 쓰인다.

소소한 문제 해결 가운데 특히 먹는 문제 즉 식량에 관한 이야기가 여럿 있다. 식량에 관한 이야기는 두 가지 유형이 있는데 하나는 먹지 않고도 오래 지내는 이야기이고 또 하나는 비범하게 양식을 마련하는 이야기이다. 서경덕의 이야기 소재에 식량이 포함되는 것은 아마도 서경덕이 매우 가난했고, 그 가난이 서경덕을 이야기하는 백성들의 가난과 다름없었고, 서경덕이 자신의 가난을 이리저리 해결함에 함께 기쁨을 느끼며 상상으로나마 가난을 벗어날 수 있었을 것이다.

지인을 훈계하는 이야기 가운데는 전우치와 관련된 것이 있다. 전우치는 조선 시대의 대표적인 도술가로 백성들의 입에 오르내리며 이야기가 전해오는 인물이다. 전우치가 실존했느냐, 그의 도술이 사실이냐는 이야기의 핵심이 아니다. 전우치의 도술 그 자체에 백성들의 관심이 있다. 그런데 그 전우치가 서경덕의 제자이거나 또는 도술을 잘못 사용하는 전우치를 서경덕이 더 높은 도술로 훈계한다. 즉 전우치는 도술가로 그려지지만 서경덕은 인격자로 그려지는 것이다. 퇴계 이황도 인격자로 그려진다. 하지만 이황은 도술을 포용하지 않는다. 서경덕은 도술을 포용하는 인격자이다. 그게 백성의 눈이고 심성이며 서경덕이 그 투사물인 것이다.

소설 「서화담전」과 서경덕

서경덕의 이야기는 입에서 입으로 전해오다가 개화기 무렵에 하나로 모아져 필사본으로 전해지다가 1910년대 이후에 활자화되었다가, 1926년 광동서국이라는 출판사에서 『도술이 유명한 서화담』이라는 제목으로 간행되었다.[18]

「서화담전」은 삽화[액자] 형식으로 이루어져 있다. 즉 창작자 1인에 의해 구성된 픽션이 아니라, 물론 의도적으로 삽화 형식으로 소설을 쓸 수도 있지만, 전승되어오던 이야기들을 모았기 때문이다. 하지만 삽화 형식으로 전승되어 온 이야기라도 무작위로 배열한 것이 아니라 나름대로 이야기의 긴밀성과 개연성을 더하여 구성하였다.

먼저 눈에 띄는 것은 시간 순서로 배열한 것이다. 출생과 성장, 성장기에 이치를 깨우치는 과정, 지리산에 들어가 천서를 얻어 깨우치는 부분, 그다음에 혼인 및 각종 도술에 관한 이야기이다. 즉 스스로 이치를 깨우치고, 또 신이한 과정을 통해 도술을 익히는 삽화를 이야기의 전반부에

둠으로써 후에 전개될 각종 도술 삽화의 타당성을 확보해주고 있다. 그리고 결말 부분은 설화로 전승되어온 것이라기보다는 작자의 상상을 끼워 넣으면서 자칫 산만할 수 있는 삽화 구성의 완결성을 더한 것으로 보인다. 여기서 「서화담전」의 결말 부분의 삽화를 보자.

화담 선생의 부인은 선생과 함께 산 지 삼십 년 동안 비록 주림과 추위를 겪었으나 속된 여자가 아니어서 선생에게 높은 재주가 있음을 존경하였고 선생도 부인을 공경과 예의로 대하였다. 하루는 부인이 선생께 말하였다.

"이 사람이 선생의 빗과 수건을 받든 지 삼십 년입니다. 선생의 도술이 높으신 줄은 알지만은 도술을 행하시는 실제 모습을 본 적이 없습니다. 남에게는 보여주지 아니하시려니와 내외간에야 관계있겠습니까? 귀신을 부른다든지 호랑이와 표범을 부린다든지 그런 무서운 일은 보고자 하지 않습니다. 편안하고 아담한 일을 한번 보기를 원하오니 보여주시겠습니까?"

선생은 웃으며 고개를 끄덕였다. 하루는 선생이 건넌방으로 들어가면서 "이 방문을 열지 말고 있다가 내일 정오에 문구멍을 뚫어 들여다보시오."라고 부인에게 말하였다.

부인은 '이제야 무슨 도술을 구경시키려나 보다. 저 분통만큼 작은 방에서 무슨 일을 하시려 하나?' 하고 생각하였다. 이튿날 정오에 부인은 문살 틈으로 구멍을 뚫고 들여다보니, 방안이 드넓고 넘실대는 바닷물이 되었고 선생은 조그마한 배를 타고 앉아 거문고를 타고 있었다. 쌍상투를 틀고 호리병을 든 동자 둘이 좌우에서 모시고 서서 옥으로 된 피리를 불어 거문고 소리에 화답하였다. 부인은 그 거동을 보고 무서운 마음은 없으나 놀라운 마음은 있어서 눈을 비껴 뜨고 한동안 바라보다가 안방으로 돌아왔다. 한참 후에 선생이 문을 열고 웃으면서 나와 말했다.

"그만하면 한가하고 아담한 구경을 하였는지요?"

부인은 구경하였다고 대답하고 그 바다는 어디쯤이며 그 배와 동자는 어디서 났느냐고 물었다. 이에 선생은

"물은 바다가 아니라 동정호(洞庭湖)요, 배는 연잎으로 만든 것이요, 동자는 연 줄기로 만든 것이지요." 라고 답했다.

이 말을 들은 부인은 웃으며,

"여기서 동정호가 수만 리나 되는데, 어찌 순식간에 왔다 갔다 하며, 연잎같이 연약한 물건을 사람이 어찌 타며, 연 줄기 같이 미세한 물건이 어찌 사람이 되는 겁니까? 그것은 다 눈가림하는 헛일일 뿐, 사실이 아닌 듯싶습니다." 라고 했다.

이에 선생은 다시 웃으면서,

"천지 만물과 인생 백 년이 모두 헛일이지요. 그 일만 헛일이겠소?" 하였다.

「서화담전」에는 서경덕과 부인의 이야기를 전하는 삽화가 두 개다. 하나는 위에 소개한 것이고, 또 하나는 가난과 관계된 것이다. 가난을 원망하는 부인을 위해 부자에게서 자금을 빌려 소금 장사를 해서 큰돈을 벌어 가난을 면하게 해주었다고 그려지고 있다. 그런데 설화에서는 장사가 아니라 쌀독에 언제든지 양식이 있었으면 좋겠다는 부인의 소원을 들어주기 위해 도술을 부려 양식과 집을 마련하는 것으로 되어 있다. 즉 설화에서는 도술로 부자가 되었다는 것을 「서화담전」에서는 상술을 통해 부자가 된 것으로 그리는 것이다. 하지만 두 가지 갈래의 이야기이지만 결말은 유사하다. 도술을 부려 부자가 되었든, 장사를 통해 부자가 되었든 부자가 된 후 부인은 병을 얻었거나, 혹은 수명이 단축될 것을 알고 즉 분수에 맞게 사는 것이 옳다는 것을 깨닫고 다시 가난을 선택했다는 것이다.

「서화담전」에서 부인과 관련한 두 가지 이야기에서 가난을 소재로 한 것은 설화로 전해지는 것을 모티브로 각색한 것으로 보이며, 한가하고 아

담한 도술을 부렸다는 이야기는 「서화담전」의 편작자의 작품인 것이다.

「서화담전」은 서경덕과 관련된 이야기들을 나름대로 구성한 것에 틀림없다. 그러기에 「서화담전」은 서경덕을 이렇게 저렇게 보고 싶은 백성들의 소망의 흔적들이 있다. 그것은 서경덕 자신의 의지와 사상과 무관하다. 그래서 서경덕 설화에 서경덕의 사상이 담겨있다고 보기는 어렵다. 하지만 서경덕 설화가 서경덕의 이미지와 무관하지는 않다. 이러저러한 소망이 표현되기에 서경덕이 어울리겠다는 그 단초의 특정 부분은 서경덕이 제공한 측면이 없지는 않기 때문이다.

어찌 되었든 조선의 수많은, 그리고 위대한 학자들 가운데서 전국 팔도에서 꾸준히 설화로 전승되고 창작되어 또 다른 이야기를 낳고, 근대에 들어 소설로도 이야기가 이어져 오고 있는 이가 서경덕이라는 것이다. 그리고 현대에 들어서도 그 이야기는 진행형이다.

[첨부] 소설 서화담[19]

#1

북쪽으로부터 바람이 매섭게 몰아친다. 냉기를 머금은 구름이 엉켜 들며 급기야 눈발이 되어 바람에 맥없이 흩어지는데 봄날의 배꽃 같고, 버들강아지와도 같다. 듬성듬성하던 눈 가닥이 조금씩 촘촘해지더니 사위가 자욱해진다. 한 치 앞도 내다보기 힘들 정도로 눈 줄기가 쏟아붓더니 하룻밤 새 온 세상이 은으로 색을 칠해놓은 듯이 변했다.

눈구덩이에 갇힌 작은 집들의 지붕이 동굴 입구처럼 삐죽 고개를 내밀고 있다. 어느 집이든 땔나무와 쌀이 있어야 추위와 배고픔을 견디면서 이 겨울을 지낸다. 그런데 나무든 쌀이든 모두 돈이란 물건만 쫓아다니니 일 푼도 없는 집에서는 나무 한 단, 쌀 한 되도 달 속의 계수나무같이 귀하여 얻기 어렵다.

서울 부동 마을의 몇몇 초가에서는 굴뚝에 연기가 나지 않는 것으로 보아 방에 불을 때지 않았을 것이고 밥도 지어 먹지 못한 것이 분명하다. 그 가운데서도 곧 무너질 것으로 보이는 초가집이 있다. 냉골과 다름없을 방에 한 사내가 바른 자세로 앉아 있다. 그 사내가 혼잣말로 나지막이 중얼거린다.

"어떤 이는 고대광실에서 진수성찬을 먹으며 일생을 지내는데, 어떤 이는 석 자도 안 되는 차가운 방에서 하루 한 끼도 제대로 얻어먹지 못하네. 아, 하느님께서 사람을 제도하심이 어찌 이같이 고르지 못하신고!"

탄식에 젖어 있는 사내에게 친구 한 명이 찾아온다. 친구는 방안에 온기라고는 한 점도 없음을 느끼고 사내가 끼니도 챙기지 못했음을 단박에 알아차린다. 친구는 주머니를 뒤적이더니 지폐 몇 장을 꺼내 나무와 쌀을 구해 밥을 짓고, 비록 깍두기 안주밖에 없지만 술도 한 병 사다 놓고 이런 저런 얘기를 주고받는다. 친구는 옛날이야기를 몇 조각 늘어놓더니 화담 서경덕 선생에 대해 본격적으로 이야기하기 시작한다.

#2

옛날 개성의 화정리라는 곳에 가난한 집이 있었다. 할아버지와 아버지가 벼슬을 했으나 종9품의 낮은 직급의 무관직이었다. 가진 땅이 없어 남의 땅을 소작하였지만 정직하게 살아가는 집이다. 하루는 그 집의 아낙이 느닷없이 공자의 사당에 있는 것이었다. 화들짝 놀란 아낙은 움찔하면서 눈을 떴다. 꿈이었다. 그 후 아낙은 잉태하였고 아이를 낳으니 그가 바로 훗날 화담 선생이라 불리는 서경덕이다.

어린 서경덕에게 주변 사람들은 칭찬을 아끼지 않았다. 뛰어난 학자의 자질을 보고는 총명하다, 지혜롭다 했고, 바른 생활을 하는 선비로서의 모습을 보고는 정직하다, 윗사람의 말을 발 받든다는 등의 칭찬을 했다.

서경덕의 집은 매우 가난해서 글방을 다닐 형편이 못 되었다. 집안 형편을 잘 알고 있는 어린 서경덕은 글방에 못 가는 것은 어쩔 수 없다고 여겼지만 그렇다고 공부를 포기하지 않았다. 무엇이든지 살펴보고 꼬치꼬치 캐물었다. 어머니는 공부하고 싶은데 글방에 보내 달라고 말도 하지 않는 서경덕이 안쓰러웠지만, 가난한 살림을 아무리 쪼개보아도 글방에 보낼 엄두가 나지 않았다. 그래도 아끼고 아끼면 어찌 되겠다 싶어 남편과 시아버지에게 아이를 글방에 보내자고 간곡하게 청했다.

동네 글방 선생은 어린아이가 한 명이 새로 입학한 것을 대수롭지 않게 여겼다. 여타 아이들과 마찬가지로 글자만 알려주고 그 뜻은 가르쳐주지 않았다. 하지만 어린 서경덕은 글자 하나하나의 뜻을 캐고 구절마다 뜻을 살펴 논파하는 연구가 글방 선생이 헤아릴 수 없을 지경이어서 그 선생의 수준으로는 제대로 가르칠 수 없었다. 간혹 선생이 아는 것은 대답 해주기는 하였지만 도리어 되물어 배우는 것이 더 많았다. 그래서 글방에서는 학동들이 삼삼오오 무리를 지어 노래를 부르고 다녔다.

"제자가 선생이고, 선생이 제자라네!"

#3

매섭던 겨울이 지나가고 천지의 색깔이 연두색으로 변하기 시작했다. 글방을 나온 어린 서경덕은 가벼운 발걸음으로 집으로 가다, 문득 고개 들어 눈길을 멀리 두니 산봉우리에 하늘이 걸려있는 것처럼 보였다. 하늘을 한번 만져보고 싶어졌고, 저 정도 높이에 있으면 만질 수 있을 것처럼 생각되었다. 하늘을 만지는 상상을 하며 가느다란 다리가 후들거리도록 산봉우리에 올랐다. 하지만 하늘은 들판에서 바라보던 만큼 여전히 높이 있었다. 서경덕은 의아했다. 분명 들판에서 봉우리만큼 올라왔는데, 하늘은 그만큼 멀어졌기 때문이다. 생각에 잠긴 서경덕은 의문을 풀지 못한 채 터덜거리며 집으로 향했다.

"혹시...., 하늘이라는 것의 형상이 헤아릴 수 없을 만큼 커서, 멀리서 보면 가까워 보이고 가까이 다가가면 멀어 보이는 것이 아닐까?"

어린 서경덕은 이런 생각을 되뇌다 잠이 들었다.

#4

따사로운 햇볕이 들판에 내려앉는 봄날이다. 작은 소쿠리와 호미를 든 서경덕이 파릇파릇해진 들판에 쪼그리고 앉아 봄나물을 찾고 있다. 들판 한구석에 있는 종다리 둥지가 눈에 들어온다. 어미와 아비의 색깔을 닮은 갈색 알이 대여섯 개 정도 있다. 소년 서경덕은 그날 이후로 그곳을 찾아 흥미롭게 살펴보기 시작했다.

어미와 아비가 번갈아 품기를 열흘쯤 되니 알을 깨고 나오는데 부리가 먼저 보였다. 새끼들은 앞다투어 부리를 더 크게 벌리려고 경쟁하였고, 그 부리가 어찌나 큰지 몸은 거의 보이지 않았다. 어미와 아비가 부지런히 먹이를 물어다 준 지 엿새쯤 지나니 새끼들은 제법 날갯짓을 하기 시작했다. 처음에는 땅에서 한 마디 정도 날아올랐다. 다음 날은 두 마디, 그리고 또 다음 날은 세 마디를 날아올랐다. 그리고는 한 마리 두 마리씩 힘차게 날갯짓을 하더니 둥지를 떠나기 시작했다. 소년 서경덕은 종다리가 알에서 나와 조금씩 날다가 하늘 높이 올라 둥지를 떠나가는 과정을 지켜보느라 나물 뜯는 것을 잊어버리고 빈 광주리로 집에 돌아가기 일쑤였다. 소년 서경덕은 자그마한 알에서 귀여운 종다리가 나오고, 어린 종다리가 점차 날아오르는 과정을 지켜보며 새는 어떻게 날 수 있을까를 깊이 생각했다.

"봄날은 땅의 기운이 상승하는 시기이니, 그 기운을 타고 날게 되는 걸까?"

#5

보통 어린 학동들은 소리 내어 글을 읽는데, 소년 서경덕은 글을 보면서도 소리 내어 읽지 않았다. 소리 내어 읽지는 않았지만 속으로 그 의미를 골똘히 생각했다. 보이는 것마다 그것이 어떻게 생겨났고 왜 없어지게 되는지 그 이치를 알아내고자 마음을 다했다. 그의 눈에는 예사롭지 않은 물건이 없었고, 그의 마음에는 탐구하지 않은 사물이 없었다.

하늘이 그를 낼 때 총명과 지혜는 넉넉히 주시고 부귀영화는 도무지 주지 않으셔서, 가난하고 궁핍한 가세로 인해 고초를 많이 겪었다. 그러나 그 고초는 구슬이 다듬어지고 금이 단련되는 것과 같은 역할을 해주었다.

서경덕이 여덟 살에 아우 한 명이 태어났고, 그 아우가 여섯 살이 되었을 때 부모가 모두 세상을 떠났다. 서경덕은 열네 살 소년에 불과했지만, 부모의 상을 당해 애통하게 슬퍼하는 거동, 근심을 담아 정성을 다하는 예절이 노련한 군자도 미치지 못할 정도였다. 어린 아우와 친지를 대하는 온정과 살림을 꾸려나가고자 방도를 실행하는 것은 통달한 선비라 할 만하였다. 하지만 집안이 워낙 가난하니 생활에 필요한 살림을 구김 없이 마련하기에는 부족하여 배고픔과 추위를 면하지 못하기 일쑤였다. 그러나 그는 천연스럽게 있는 그대로를 즐기니 그 도량은 실로 헤아리기 어려웠다. 마을 사람들과 일부 친척들이 그의 심덕을 고맙게 여겨 조금씩 마음을 보태어 근근이 아침밥과 저녁 죽을 먹고 지냈다. 그는 글에서 무엇이 생기기나 하는 양 밤낮을 가리지 않고 글 읽기에만 전념했다.

#6

소년 서경덕이 어느새 건장한 청년이 되었다. 하루는 식구들에게 잘 있으라는 말 한마디만 남긴 채 표주박 하나 허리춤에 차고 길을 나섰다. 갈 곳이 정해진 발걸음이 아니라 사뭇 여유롭게 걸으면서 조선 팔도 명산대천을 두루두루 밟고 다녔다.

하루는 지리산에 들어가 새벽녘에 상상봉에 이르렀다. 난데없이 옥피리 소리가 멀리서부터 점점 가까이 들렸다. 마치 그 소리를 타는 듯 날개 같은 옷을 입고 옥으로 치장한 한 사람이 양쪽으로 동자를 거느리고 서경덕 앞에 바람처럼 소리 없이 다가섰다. 신선처럼 보이는 그는 입가에 미소를 지으며 두 손을 맞잡고 고개를 숙이며 인사했고 서경덕도 함께 읍을 했다.

"저는 그대와 전생에 친구였습니다. 그런데 그대는 까닭도 없이 허물에 걸려 인간 세상으로 떨어지고 말았지요. 저는 날마다 상제께 조회하고 아침에는 북해에서 놀고 저녁에는 남해에 이르러 소요하지요. 그런데 오늘은 그대가 이곳에 온 것을 알고 만나보기 위해 왔소이다."

신선은 소매에서 책 한 권을 꺼내 읽어보라고 내민다. 책에 쓰여 있는 글자가 인간 세계의 글자와 달라 서경덕은 읽지 못하고 멋쩍은 웃음만 띠었다. 신선도 잠깐 따라 웃었지만, 이내 읽는 법을 자세하게 가르쳐 주었다. 전생에 읽어보았던 글인지라 서경덕은 금방 읽는 법을 깨우쳤다. 대쪽이 갈라지듯, 물결에 몸을 싣듯, 모르는 것 없이 통하게 되니 신선은 다시 한 번 호탕하게 웃었다.

"다음에 다시 만나게 되는 날이 있을 것이오!"

신선은 작별의 말인 듯, 약속의 말인 듯 인사를 남기고 동자들과 함께 구름을 타고 그윽하게 사라졌다. 서경덕은 신선과 나누었던 말을 마음에 새겼고, 행동을 세세하게 살폈다. 신선의 모습이 사라지자 그가 준 책을 가지고 집으로 돌아왔다. 서경덕은 밤낮으로 책을 읽고 연습하였다. 용과 호랑이를 제어하고 바람과 비를 부르며 천지의 이치를 꿰뚫고 귀신의 조화를 사용하는 술법을 모두 체득했다. 한편으로는 인간 세상의 성현들이 지은 글도 여전히 정성을 다해 공부했다. 서경덕이 천서를 읽고 연습하고 성현들이 남긴 글을 공부하는 초막 옆에는 꽃이 즐비하여 꽃 그림자가 물에 드리운 '꽃 못[화담]' 이라는 연못이 있었다. 서경덕은 혼례를 치른 후부터 그 연못의 이름인 화담을 자신의 별호로 삼았다.

#7

화담은 그럭저럭 스무 살이 되었다. 혼인을 맡아 줄 어른은 없었으나 그렇다고 인륜을 폐할 수는 없었다. 마침 인근 장단 마을 김씨 문중에 요조숙녀가 있다는 말을 듣는다. 중매쟁이를 보내 통혼을 요청했다. 규수 집에서는 화담의 가세가 빈한함을 꺼리기는 했으나 화담의 자질이 참되고 가볍지 않음을 좋게 여겨 혼인하기로 굳게 약속했다.

혼례를 올리는 밤, 신랑 신부가 함께 앉아 있었다. 갑자기 창밖에서 여자 울음소리가 들렸다. 분명 귀신이 통곡하는 소리였다. 신랑은 그 까닭은 알고 있어 태연한 기색으로 말이 없었으나, 당황한 신부가 먼저 말을 꺼냈다.

"이런 자리에서 제가 먼저 말씀을 드리기는 옳지 않은 듯하나 말씀을 드릴 수밖에 없사옵니다. 저 소리가 무슨 소리인지 몰라도 그전에는 없던 소리가 이틀 전부터 문밖에서 나기 시작했습니다. 문을 열고 보아도 아무것도 없는데 소리만 들립니다. 분명 사람의 소리는 아닌 듯하나 겁내지 마시고 편안하게 주무세요."

이렇게 말하면서 신랑 앞으로 다가앉는 신부야말로 남편더러는 겁내지 말라 하면서도 자기가 겁내는 모습이 역력하다. 신랑은 신부에게 염려하지 말라고 이르며 도포와 갓을 갖춰 입었다. 신을 찾아 신고 울음소리가 나는 쪽을 향해 귀신더러 이리 오라고 불렀다. 나이가 열일곱 여덟쯤 되어 보이는 여자 귀신이 온몸에 피를 흘리며 모습을 드러냈다. 신랑은 태연한 안색으로 조용히 타이르듯 말한다.

"네가 이곳에 와 우는 것은 다른 까닭이 있어서가 아니라, 네가 원통하게 죽은 것을 내가 알기 때문일 것이다. 내게 원수를 갚아 달라는 뜻일 터이니 거절할 수 없구나. 나를 너의 집으로 안내하라."

신랑이 저간의 사정을 모두 아는 것 같아 귀신은 달리 할 말이 있을 리 없었다. 공손하게 한 번 절하고 앞서 나가니 신랑은 그 뒤를 따랐다. 십여 리 쯤 가다 어느 산촌의 한 집에 이르렀다. 신랑은 귀신을 문 앞에 세워 두고 문을 두드려 주인을 불렀다. 잠에 빠져 있던 주인은 밤중에 찾는 사람이 있음을 이상하게 여겨 급히 일어나 손님을 청해서 집으로 들였다. 알지 못하는 청년이 초립을 쓰고 도포를 입고 의젓하게 자리에 앉았다. 주인이 의아하여 물었다.

"그대는 누구신데 깊은 밤에 모르는 사람의 집에 방문하셨소?"

신랑은 주인이 묻는 말에는 대답하지 않고 되물었다.

"그대는 열여덟쯤 되는 따님이 있지요?"

그 말을 들은 주인은 별안간 눈물을 흘리며 목멘 소리로 대답했다.

"그러하오만, 어찌하여 묻는 것이오?"

"물어볼 만한 일이 있어 묻는 것이라오. 헌데, 당신 따님이 보이지 않으니 어디에 간 것이오?"

주인은 더욱 눈물을 쏟으며 어찌하지 못한다.

"며칠 전에 나물을 뜯으러 산에 갔다가 호랑이에게 물려 죽었는데 시신도 찾지 못하였소이다."

신랑은 애처롭게 한숨을 내 쉬었다.

"그렇지 않소이다. 당신 집 머슴 하나가 당신 딸의 어여쁨을 흠모하고 있었소이다. 따님을 범하려고 기회를 보았으나 여의치 않았는데, 마침 나물 캐러 가는 것을 보고는 뒤를 따라갔소이다. 머슴이 힘으로 달려들었으나 당신 딸이 죽음을 무릅쓰고 저항하자 뜻대로 할 수 없었소. 해서 탄로 날까 두려워 칼로 찔러 죽이고는 바위틈에 집어넣고 흙을 파서 대강 덮어 놓았소이다. 원통하게 죽은 당신 딸의 영혼이 그 사실을 부모에게 호소하고자 하였으나 부모가 놀랄까 봐 염려하여 그러지 못하고 슬피 울며 떠돌아다녔소이다. 마침 내게 와서 하소연하므로 내가 거절치 못하여 이리 와서 일러주는 것이오. 내일 바로 그놈을 잡아 앞세워 관가에 고소하여 따님의 원수를 갚으시오."

주인은 놀라고 슬퍼서 신랑의 소매를 부여잡고 울음이 섞여 알아듣기 힘들게 말했다.

"참말이오리까? 당신은 무슨 조화로 귀신과 통할 수 있습니까? 내 딸의 영혼이 어디 있는지 나도 좀 보게 하여 주시오!"

"모습을 보아 무슨 쓸 데가 있겠소이까. 그 음성이나 잠시 들어보시오."

신랑은 고개를 돌려 허공에 대고 말했다.

"얘야, 이리 오너라."

신랑의 말을 따라 들어온 여자 귀신은 통곡하며 말했다.

"아버지는 저의 모습을 볼 수 없어요. 저 선생의 말씀을 따라 원수를 갚으실 때 제 시신을 보시지요. 그놈이 저를 죽이고는 지레 겁이 나서 병을 핑계로 자기 집에 있어요. 허니, 너무 요란하게 일을 처리하면 소문나서 도망가기에 십상이니 지금은 그만저만 두시고 내일 잘 처리하세요."

이내 말과 울음이 뚝 그쳤다. 주인은 자기 딸의 음성이 분명함을 알고 더욱 기가 막혀 말을 하지 못하다가 겨우 입을 열었다.

"아가야, 딸아!"

더 무슨 말을 하려 하자 신랑이 앞질러 막는다.

"산 자와 죽은 자의 세상이 달라 여러 번 대화할 수 없습니다. 아까 당신 딸이 하던 말도 부녀간이니까 이 몸을 의지하여 말한 것이라오. 무슨 할 말이 있으면 내게 하시오."

주인은 할 수 없이 딸에게 하려던 말을 멈추고 신랑에게 묻는다.

"내 딸이 원혼이 되었으니 귀신의 조화로 그놈에게 직접 원수를 갚을 능력이 있을 것인데, 그렇게 하지 못하고 그대에게 손을 빌리는 것은 어째서 인지요? 그대는 무슨 능력으로 귀신과 서로 통할 수 있으며, 대체 어디 사는 뉘시오?"

"예. 이 사람은 송도 땅에 사는 서경덕이라고 하오이다. 저 건넛마을에 장가들러 왔다가 당신 딸의 간청을 저버리지 못하여 이처럼 바삐 왔다오. 그리고 배운 것이 있어서 귀신을 간혹 볼 수 있소이다. 당신 딸이 자기 손으로 원수를 갚지 못함은 다른 까닭이 아니라, 사람이 남의 손에 죽으면 혼령이라도 자기 죽인 자를 대단히 무서워하므로 감히 범접하지 못하기 때문입니다."

말을 마치고 신랑은 자리를 떴다. 주인은 고마운 마음에 붙잡으려 하다가 첫날밤을 맞은 신랑을 머무르게 할 수 없어 붙들었던 손을 놓았다.

그 시간, 화담의 처가에서는 신랑이 귀신에게 홀려갔다 하여 온 집안이 모두 애를 태우고 있었다. 한참 만에 신랑이 돌아오니 모두 천만다행이라 여기며 그 곡절을 물었으나 신랑은 잠자코 말이 없었다.

이튿날, 원통하게 죽은 여자의 집에서는 그 머슴을 잡아 앞세우고 관청에 고발하고 시체를 찾아 살펴보았다. 죽은 지 오륙 일 되는 시체였으나 썩지 않아 살아있는 모습 같았다. 살인자는 변명조차 할 수 없이 지은 죄를 낱낱이 자백했고, 이에 만인에게 공표하여 처벌을 받았다. 여자의 부모는 화담 집을 찾아가 수없이 절하며 고마움을 표했다.

#8

화담의 처가는 가세가 부족하지 않아 혼수와 폐백을 모자라지 않게 준비할 수 있었다. 하지만 화담은 넉넉한 혼수를 좋게 여기지 않아 일체 물리치고 아내만 데려왔다. 그리고는 굶기를 밥먹듯이 하였고 자신은 사랑방 한 칸에서 밤낮을 가리지 않고 글만 읽었다. 아내는 친정에서는 호의호식하며 지냈으나 시집온 후 몇 해가 가도록 굶주림과 추위를 한없이 겪고 있었다. 넉넉한 친정에서 쌀이든 돈이든 받을 수 있었으나 화담은 물리치고 받지 않았다. 화담 자신은 도술이 있어 며칠씩 굶어도 관계없겠으나 아내의 사정은 도무지 생각지 않으니, 그 역시 알 수 없는 고집이다. 아내는 배고픔을 견디지 못해 울면서 수차례 살려 달라 애걸하였다. 화담은 어쩔 수 없어 하더니, 장가들 때 얻어 입은 다 떨어진 도포를 걸쳐 입고 송도에서 제일 부자를 찾아갔다.

"내 그대를 알지는 못 하오만, 돈 십만 냥을 꾸어줄 수 있겠소?"

부자는 화담이 가난한 선비이지만 일전에 귀신과 교섭하여 원통하게 죽은 여자의 원수를 갚아 준 일을 알고 있었다. 화담이 보통 사람이 아니라고 생각한 부자는 두말하지 않고 원하는 대로 십만 냥을 내어주었다. 부자의 주변 사람들은 큰돈을 공연히 잃어버렸다고 분분했으나 부자는 들은 체도 하지 않고 돈을 내어놓았으니 그 부자는 사람을 잘 알아보는 식견이 있음에 틀림없다.

부자의 집에 돈을 잘 맡겨 둔 화담은 친근한 사람 너덧을 불렀다. 그들에게 송도 사대문 안으로 들어오는 소금을 한 섬도 남기지 않고 모두 사들이라고 시켰다. 며칠이 지나 송도로 들어오는 소금이 끊어지고 장 담을 때가 되자 소금값이 부르는 게 값이 되었다. 화담은 그제야 슬슬 소금을 내어 팔아 딱 본전만큼만 이익을 남겼다. 부자에게는 원금에 이자를 얹어 주었고 나머지 돈으로 좋은 집과 좋은 세간, 옷, 음식, 각종 재료, 남녀 종을 넉넉하게 장만했다. 그리고는 아내를 그 집에 데려다 놓았다. 그런데 화담 자신은 그전 초가에 그냥 앉아서 여전히 글만 읽었다.

아내는 화담에게 때에 맞춰 옷과 음식을 올렸다. 화담은 거친 베옷과 나물 반찬이면 멋과 맛을 따지지 않고 입고 먹었지만, 비단옷과 고기반찬이면 돌려보내고 받지 않았다. 아내는 자신 뜻대로 옷과 음식을 올리고, 있는 재물로 호강하며 지내리라 하며 비단옷과 기름진 음식에 몸을 맡기고 신나게 생활했다. 그런데 호사로운 생활을 한 지 일 년도 되지 않아 아내는 몸이 불어나기 시작하더니 점점 심해지고 급기야 병까지 겹쳐 낫지 않았다. 아내는 백방으로 약을 썼으나 효험이 없었다. 문득, 남편에게 신통한 술법이 있음을 깨닫고는 하인을 보내 살려달라고 애걸했다. 화담은 하인들이 조르는 것에 못 이겨 아내의 처소에 가서 까닭을 물었다. 아내는 병만 나으면 죽어도 한이 없겠다고 호소했다. 화담은 좋은 약이 있다 하고는 그 즉시 곤궁한 사람들을 불러 모으고는 아내가 가진 집과 돈을 일일이 나누어주었다. 그리고는 아내를 자기가 머무는 초가로 데려왔다. 아내는 누추한 곳에서 지내며 이따금 잡곡밥과 나물국으로 끼니를 이어가다 보니 저절로 병이 나았다. 화담은 그제야 아내에게 말했다.

"천지간에 온갖 사물들은 크고 적음을 막론하고 모두 정해진 운수가 있으니 하물며 사람이야 말할 것이 있겠소. 사람마다 자신이 있을 땅을 벗어나지 못하는 법이니 분수 밖의 것을 취하려는 생각을 아예 하지도 마오."

아내는 화담의 말에 수긍하고 그에 따랐다.

#9

그렇게 빈곤한 살림으로 수십 년을 지내는 동안에 화담은 이인[異人. 재주가 신통하고 비범한 사람]이라고 소문이 널리 퍼졌다. 사주를 봐 달라는 사람도 많고 점을 쳐 달라는 사람도 적지 않았다. 화담은 사주도 보지 않고 점을 치지 않아도 그 사람의 평생 운수를 다 알지만, 사주든 점이든 모두 모른다고 거절하였다. 다만 급한 병이 들어 죽게 된 사람이라든지 불우의 병을 만나 해결하지 못 하는 일이 있으면 구제할 뿐이었다.

하루는 화담이 밤에 잠자리에 들지 않고 불을 켜 놓고 앉아 누군가를 기다린다.

송도 안에 최씨 성을 가진 한 사내가 있는데, 힘을 다해 부모를 봉양하며 말 한마디도 거스르는 일이 없어 사람마다 그를 효자라고 일컬었다. 그 사내는 부친상을 당해 장례를 마친 후에도 날마다 한 번씩 부친의 묘소를 찾아뵈었다.

짙은 안개가 사방에 가득하여 한 치 앞도 분간할 수 없는 어느 아침이었다. 애통함을 이기지 못한 효자는 공복으로 십 리가 넘는 산소에 갔다. 부친이 안개 속에 혼자 누워있음을 생각하니 더욱 슬퍼진다. 효자는 산소에 엎드려 안개가 개기를 바라며 통곡하지만 날이 저물도록 안개는 개지 않았다. 효자는 집에서 모친이 기다리심을 염려하여 집으로 발길을 돌렸다. 터덕터덕 걷는 중에 아무도 없는 곳에서 부지불식간에 정신이 혼미하여 넘어져 회생하지 못한 채 세상을 하직하고 만다. 그 효자는 성품이 지극한 사람이라 정신이 온전하므로 몸은 비록 죽었으나 혼령은 흩어지지 않았다. 효자는 자신이 죽은 것을 잊어버리고 당당하게 집으로 와 안방문을 열고 들어선다. 평소처럼 등잔불이 켜져 있고 모친은 아랫목에 앉아 열고 닫히는 문을 유심히 보면서 무슨 생각을 하는 듯 말없이 있다. 아내는 윗목에 앉아 말없이 바느질만 하고 있다. 효자는 자기가 진작 돌아오지 않아 어머니가 노하였다고 생각하여 모친 앞에 꿇어앉아 부드럽게 말을 한다.

"산소에 갔다가 어쩌다 보니 더디어졌습니다. 어머니께서 너무 염려하셨으리라 생각하니 죄송합니다. 다음에는 조심하겠으니 용서해주시기 바라옵니다."

모친은 듣는 둥 마는 둥 응답이 없다. 효자는 할 수 없이 아내를 향해 책망한다.

"내가 조금 늦게 들어와 어머니께서 염려하시는데, 그대는 좋은 말씀으로 위로하여 드리지도 않은 모양이오. 그리고 내가 어머니께 용서를 빌었지만 노여움을 풀지 않고 계신데 당신은 말씀 한마디도 도와주지 않으니, 그런 인정이 대체 어디 있소!"

아내도 들은 체도 하지 않고 바느질만 한다. 효자는 아내가 대답이 없자 분하여 큰소리로 다투고 싶었으나, 모친 앞에서 큰소리를 낼 수 없었다. 분을 삭이고 잠잠하게 앉았다. 그리고는 밥이나 먹어 모친의 마음을 위로하리라 생각했다. 효자는 윗목에 차려놓은 자기 먹을 밥상 다리를 잡고 끌어다 앞에 가져다 놓았다. 그러자 모친의 눈이 휘둥그레졌다.

"얘, 며느리야! 아까는 방문이 느닷없이 열렸다가 닫히고, 지금은 저 밥상이 저절로 움직이니 이런 괴상한 일이 어디 있느냐? 아범은 어찌하여 이때껏 오지 않아 염려스러운데, 이런 괴상한 일이 있으니 허깨비 장난이란 말이냐? 마음이 두렵구나!"

며느리도 매우 놀랐지만 그녀 또한 효심 가득한 부인이어서, 시어머니 마음을 달래려 아무렇지 않은 것처럼 말한다.

"글쎄올시다. 웬일인지 모르겠사오나, 설령 허깨비의 장난이라 해도 사람에게야 설마 어떻게 하겠습니까? 아범은 머지않아 곧 오겠지요. 너무 염려하지 마십시오."

아내 옆에 앉아 있는 효자의 혼령이 모친과 아내의 대화를 자세히 듣고 생각해보니, 모친과 아내는 자신의 모습도 보지 못하고 자신의 소리도 듣지 못하는 모양이었다. 효자는 그제야 자기가 살아있는 사람이 아님을 깨닫지만, 죽은 사람이 다시 살지 못함은 정해진 이치라 어찌할 수 없었다. 모친이 살아 계신 데 자신이 먼저 죽었음을 깨닫고는 매우 안타까워 눈물을 흘리며 생각한다.

'화담 선생은 살고 죽는 이치를 알고 계시니 그분께 가서 연고를 여쭈어보리라.'

효자는 벌떡 일어나 방문을 열고 나갔다. 모친이 또 놀라며 말한다.

"며느리야! 방문이 또 열렸다 닫히는 걸 보니 아까 누가 들어왔다가 지금 나가는 모양인가 보다. 그런데 사람은 보이지 않으니 웬일이냐? 귀신이 들어와서 아범 밥을 먹고 가나 보다."

효자는 이 말을 들었지만 자신은 혼령이라 응대할 수 없음을 알고 한숨 지으며 한달음에 화담 선생 댁에 이른다.

사방이 고요하지만 방에 불은 켜있다. 문을 열고 들어서니 선생은 안타까운 표정으로 효자를 맞이한다.

"그대가 오늘 밤에 나를 보러 올 줄 알고 기다리는 중이라오. 그대는 죽은 사람이라오. 사람이 죽은 후에 다시 살아나는 법은 없지만, 그대는 효자인고로 하늘과 귀신이 용서하여 다시 살아날 도리가 있기는 있소. 허나 정해진 시간을 어겨서는 안 되오. 지금 급히 가시오. 여기서 동쪽으로 오리쯤 가면 산골에 두어 칸 초가가 있고, 그 집에 남녀 노인 두 분이 불을 켜놓고 앉아 계실 것이오. 그 노인 앞에 나가 엎드려 살려달라고 빌면 반드시 응대가 있을 것이니 어서 가시오."

효자가 저간의 사전을 말하기도 전에 화담은 낱낱이 설명하고 바삐 서두르라고 재촉한다. 효자는 다시 살 수 있다는 말에 크게 기뻤지만, 어서 가라는 말에 매우 급하여 다른 말을 내놓을 겨를이 없었다. 즉시 달려가 그곳에 다다르니 과연 조그만 초가 속에 남녀 노인 두 분이 불을 켜놓고 앉아 있었다. 효자가 털썩 엎드려 살려달라고 애걸하니 할아버지가 할머니를 돌아보며 말한다.

"우리가 저 아이를 살리지 않을 길이 없기에 여태 기다리던 터이오. 부인은 집을 지키시오. 내가 다녀오리다."

할아버지는 효자의 혼령을 데리고 서쪽으로 한참을 갔다. 어느 곳에 이르니 사람의 시신이 길에 덩그러니 누워있었다. 그 시신이 누구인지 살피기도 전에 할아버지가 그 시신을 향해 효자의 혼령을 밀쳐 엎어버렸다. 효자의 혼령은 깜빡할 사이에 시신에 합하여 회생되었다.

눈을 떠보니 하늘에 별이 총총하고 바람에 수풀이 우수수 운다. 꿈속 같은 광경을 가만히 생각해보니 모든 것이 뚜렷하고 생생하다. 모친을 어서 뵐 생각으로 급히 일어나 집으로 돌아와 방문을 열고 들어섰다. 방안의 광경이 아까와 다름이 없다. 모친이 화들짝 놀라며 반색한다.

"얘야, 어찌하여 이제야 오느냐? 너를 기다리다가 눈이 빠질 뻔하였다. 그런데 아까 집안에 별일이 있었다. 방문이 공연이 두 번이나 열렸다가 닫혔고, 네가 먹을 밥상이 저절로 움직여 다니기도 했으니 그런 괴상한 일이 어디 있겠느냐? 놀란 가슴이 지금까지 두근거린단다. 이다음에는 산소에 가더라도 늦도록 있지 말거라."

효자에게는 모친이 말씀하시는 일이 역력하지만, 사실을 말하면 모친이 놀라실까 염려하여 자신의 혼령이 왔었단 말은 숨긴다.

"진작 돌아오지 못해 어머니께 걱정을 끼쳤사오니 불효막심하옵니다. 문이 열리고 상이 움직인 것은 허깨비의 장난인 듯하지만 어머니께서 놀라심 또한 불초한 저의 죄입니다. 다음에는 시간을 어기지 않고 돌아오겠사오니 염려하지 마십시오."

효자는 아내에게 부탁하여 미음 한 그릇을 쑤어 달라 하여 먹은 후에 편안히 누워 조리하였다. 이튿날 늦게야 아침을 먹고 산소에 가기 전에 화담 선생께 갔다. 방문을 열고 들어서니 화담 선생이 웃으며 맞이한다.

"지난밤에는 저승 사람으로 오더니, 오늘 낮에는 이승 사람으로 왔으니 참으로 기쁜 일이로고!"

제자에게 명하여 효자에게 죽엽차를 한 잔 내어 먹인다. 효자는 차를 마시고 꿇어앉은 채로 말을 올린다.

"제가 똑똑하지 못하여 홀어머니 슬하에서 몸이 죽었다가 선생의 은덕으로 다시 살아났거니와, 대체 까닭 없이 죽은 것은 어찌 된 것이며 선생께서 일러주신 곳에 계신 노인 두 분은 또 누구시옵니까? 가르침을 듣고 싶습니다."

선생은 잠시 숨을 고르더니 웃으며 말해 준다.

"자네가 부친의 상사에 지나치게 슬퍼하여 기력을 헛되게 잃어버렸지. 게다가 빈속으로 독한 안개를 무릅쓰고 산소에서 종일토록 슬피 울다가 간신히 돌아오는 그때도 안개가 개지 않은 저녁이지. 천지간에는 악한 기운이 몰려다니는 데 자네가 그 기운에 접촉하여 정신을 빼앗겨 세상을 떠난 사람이 된 것이라네. 허나 자네는 세상에 드문 효자라, 정신이 금방 흩어 지지 아니할 것이기에 반드시 나를 찾아오리라 알고 있었지. 자네가 오기를 기다려 살 수 있는 방책을 알려주었지만 실상은 하늘과 귀신이 그대의 효성에 감동한 것이지 내 힘이 아니라네. 그리고 그대를 살린 두 분 노인은 그대의 고조부모요, 두 분이 계신 집은 그분들의 묘였네. 생시에 뵈면 묘소지만, 꿈결에는 집이 있는 것으로 보이기도 하지. 자네의 고조부모께서도 자네와 같이 효성이 지극하셨음은 자네도 알고 있을 것이네. 하늘이 그 효성에 감동하여 이곳 지역 사람의 생명을 보호하는 소임을 맡기셨지. 고조부모께서는 자네가 비명횡사하였음을 원통하게 여겨 내가 그대에게 일러 보내기를 기다렸다가 회생시키신 것이라네. 자네의 효성이 아니면 자네의 고조부모께서도 다시 살리는 방도가 없었을 것이니, 자네가 효자인 까닭에 다시 살아난 것이라네. 그러하나 이다음에는 음산하고 습한 날에 빈속으로 다니지 말게. 옛날에 세 사람이 독한 안개를 무릅쓰고 길을 갔는데, 한 사람은 죽고 한 사람은 병이 들고 한 사람은 무사하였다네. 죽은 사람은 빈속이었고, 병든 사람은 밥을 먹었고, 무사한 사람은 술을 먹었다 하지. 술은 나쁜 기운을 물리치기도 하며, 밥을 먹어 배가 부르면 나쁜 기운이 감히 범하지 못하고, 속이 비면 나쁜 기운을 온전히 받는 법이라네. 자네가 몸을 돌보기보다는 글을 많이 읽은 것도 조그만 까닭이 되기는 했겠지만, 효심이 지극하여 몸을 돌아보지 아니한 이유가 크다네. 몸을 잘 보전하는 것이 효성이니 조심하시기 바라네."

긴 이야기를 들은 효자는 다시 꿈을 깬 듯이 환하게 깨우쳤다. 벌떡 일어나 공손하게 절하며 사례했다. 집으로 돌아온 효자는 이런저런 사실을 모친께 말씀드리니 모친도 놀라며 한없이 감사하게 여겼다.

#10

화담의 동생은 생각과 식견이 형보다는 못하지만 그 또한 특이한 재주가 있었다. 그는 명산대천을 유람하다 금강산에 들어가 도승을 만나 도술을 배워 고향으로 돌아왔다. 때는 마침 긴 장마철이었다. 화담은 땔나무와 양식이 떨어져 닷새를 굶고 앉아 있었으나 기색이 밝아 조금도 피곤한 기색이 없다. 아우는 형의 시장함을 덜어주고자 사발에 물을 떠 놓고 보자기로 사발 위를 덮은 다음 무슨 주문을 중얼거렸다. 한참 지나자 팔팔한 생선 댓 마리가 사발에서 뛰어올랐다. 그놈들을 잡아다 회를 쳐놓고 형에게 잡수라고 권했다. 화담은 그 행동거지를 보더니 작은 웃음을 보낸다.

"나 혼자 음식을 먹을 수 없으니 몇 마리만 더 잡아내고, 생선만 먹을 수 없으니 곡식도 좀 얻어 올 수 있겠느냐?"
"생선을 더 잡아내는 방법은 아직 모릅니다. 곡식을 가져올 방법이 없는 것은 아닙니다만, 곡식 한 되 한 홉이라도 주인이 있는 물건이니 가져오지 못하겠습니다."

아우의 말을 들은 화담은 또 한 번 웃었다. 그리고는 노끈 서너 발을 엮더니 한끝을 낚싯바늘도 없이 화담 연못에 던졌다. 금방 한 자나 되는 잉어가 노끈 끝에 달려 나왔고, 또 던지면 또 달려 나와 순식간에 댓 마리를 잡아내었다. 그 잉어를 장국에 지지라고 하고는 또 무슨 주문을 외우니 천장에서 보리쌀이 줄줄 쏟아 내려 순식간에 댓 되가 되었다. 땔나무는 좀 남아 있으니 보리쌀로 밥을 지으라 하였다. 그 음식으로 온 집안 식구들이 오랜만에 배불리 먹었다. 식사 후 연못가에 있는 정자로 나가 앉더니 동생에게 말을 건넨다.

"아까 잡아낸 잉어는 한강에 있던 잉어이고, 얻어온 보리쌀은 조선 팔도 백성의 집 방앗간과 절구 간에 흩어져 버려져 있던 곡식이다. 새나 짐승이 먹을 것을 거두어 온 것이 염치가 없으나, 짐승보다 사람이 중하고 또 아우를 오랜만에 보고 밥을 먹이지 않을 길이 없기로서니 취하여 온 것이다. 요컨대, 너는 고만한 재주를 가지고 남들이 보는 데서 잘난 체를 하지 말지어다. 근래에 인심이 엄격하여 그런 재주 있는 사람을 요술 꾼이라 몰아대고 옥에 집어넣기 쉬우니라."

동생은 비로소 형님의 도술이 한량없음을 알고 기가 질려 감히 다시는 재주 있는 체를 하지 못하였다.

#11

그즈음 조정에서는 간신 남곤과 심정이 흉악하고 간특한 마음을 품고 어진 선비들을 몰아 옥에 가두고 가차 없이 죽이고 있었다. 그들은 화담의 재주 많음을 시기하여 무슨 죄든 옭아 넣으려 하였으나 화담이 그들의 간계를 모를 리 없었다. 화담은 글 한 수를 지어 사랑방 벽에 붙여 놓았다.

산 생활

구름 덮인 바위 아래 내가 살 곳을 정함은
근본 성품이 게으르고 거칠기 때문입니다.
숲에 앉아 새와 함께 지내며
시내를 거닐며 물고기와 함께 즐긴답니다.

한가하면 꽃 언덕을 비질하고
때로는 약초밭에 호미 메고 김맵니다.
이 밖에는 아무 일도 없으니
차 마시고 옛 책을 읽습니다.

꽃 못의 초가집 한 칸
맑고 깨끗해서 신선 사는 곳 같습니다.
문을 열면 산 풍경이 가까이 있고
베개 속에 샘물 소리 들려옵니다.

마을엔 그윽한 바람 불고 시냇물 돌아 흘러
골짜기 깊으니 나뭇가지 무성합니다.
그 속에 거니는 사람있어
맑은 새벽 글 읽기 좋아합니다.

남곤과 심정은 사람을 보내 화담의 집을 샅샅이 조사했다. 그리고 벽에 붙어 있던 글을 얻어 읽어 본 남곤과 심정은 선비의 강직한 기상은 없고 삭아버린 서생의 기운만 남았다고 생각하여 화담을 거리끼지 않고 그대로 내버려 두었다. 이에 환란을 면하니 그것 역시 화담의 타고난 지혜였다.

#12

화담의 누이 한 명이 백 리 밖, 고양 땅으로 출가했는데 그 아들이 어디에서인지 사람을 속이는 술법을 배웠다. 하루는 그 조카가 외숙인 화담을 뵈러 왔다. 분명 아침에 화담 집에 당도했는데 백 리 밖 고양 땅에서 식전에 떠났다 하고, 비 오는 날인데 갓을 쓰지 않았으나 비를 한 점도 맞지 않았다.

화담은 조카의 조화를 짐작하고 송악산 구경을 가자고 했다. 조카와 외숙은 함께 산에 올랐다. 화담은 표주박 하나를 차고 목이 마르면 물을 떠 마시면서 겨우겨우 올라가는 모습을 보였다. 중턱쯤 올라가서는 숨이 가빠하는 기색으로 나무 밑에 앉아 쉬었다. 조카가 걱정스럽다는 듯이 물었다.

"많이 시장하신 듯하온데, 무엇을 좀 잡수시겠습니까?"

화담은 이미 그 속뜻을 알고 있었지만 짐짓 모른 척 대답한다.

"시장하다마는 깊은 산중에서 무엇을 먹을 도리가 있느냐?"
"그것은 어렵지 않습니다."

조카는 재주를 자랑하며 말한다. 그리고는 중얼중얼 주문을 외우더니 과일 두어 가지와 떡 한 접시, 고기 한 꼬치, 술 한 병이 놓인 상이 나타났다. 조카는 으스대며 잡수시라고 청했다. 화담은 음식에 손을 대지 않고 물었다.

"이것을 어디서 가지고 왔느냐?"
"어디서 가져왔든지, 시장하실 테니 그냥 잡수시지요. 그것은 …"

조카는 자랑스럽게 생색을 내며 말을 한다. 조카의 말이 끝나기도 전에 화담은 얼굴빛을 엄하게 하고 준엄하게 꾸짖었다.

"네놈이 백 리나 되는 길을 두어 시간에 도달한 일, 비 오는 날에 갓을 쓰지 않고도 비 한 점 맞지 않은 일을 괘씸하게 여겨 일부러 너를 이 산으로 데리고 온 것이다. 내가 시장한 체 하여 너의 거동을 보니, 네가 아주 특별한 재주나 가진 듯이 음식을 가져오더구나. 하지만 이 음식은 산 밑에 사는 자식도 없는 과부가 오늘 밤 남편의 제사에 올리려고 방앗간에 품을 팔아 간신이 장만해 놓은 음식이렷다! 그런데 네놈이 되지도 못한 술수를 부려 그 음식을 훔쳐 왔으니 그 과부는 무엇으로 남편의 제사를 지내라는 것이냐? 지금 당장 이 음식상을 돌려보내면 용서하겠으나 그렇지 않으면 너를 살려 두지 아니하리라!"

화담이 몹시 무섭게 을러댔다. 조카는 외숙이 자기보다 몇십 배나 높은 도술을 가진 줄 모르고 섣부른 재간을 부리다가 뜻밖에 큰 꾸지람을 당했다. 말씀을 거역하였다가는 당장에 자기 목숨조차 보전치 못할 지경인지라 엉겁결에 꿇어앉아 용서를 빌었다.

"제가 철이 없어 아저씨 앞에서 방자한 버릇을 부렸사오니 죽을죄를 지었습니다. 허나 물건을 가져오는 법은 알지만 돌려보내는 법은 아직 알지 못합니다. 바라옵건대 용서하시어 살려주십시오."

조카는 손이 발이 되도록 열심히 빌어댔다. 화담은 조카를 깨우치고자 음식을 돌려보내라 하였지만, 실상은 조카가 돌려보내는 재주는 아직 없음을 이미 알고 있었다. 화담은 엄한 기색을 조금 낮추고 두어 마디 주문을 외어 음식상을 돌려보내고는 다시 조카를 타일렀다.

"네가 행하는 일은 모두 네 몸과 목숨을 그르치는 것이다. 다시 그런 짓을 하다가는 비록 만 리 밖에 있더라도 내가 너를 죽일 수 있는 방도가 있으니 조심하렷다!"

화담은 더 이상 산에 오르지 않고 그 자리에서 길을 돌려 집으로 내려왔다. 혼이 반쯤 나가 전전긍긍하며 뒤따라 내려오는 조카는 그 후부터는 화담을 무서워하여 다시는 그따위 짓을 감히 하지 못하였다.

#13

송도에는 삼십 년간 도를 닦은 만석이란 중과 사십 년간 글을 읽은 선비 화담을 백성들이 우러러보고 있었다. 그 둘은 귀신이라도 능히 절조를 빼앗지 못한다고 명성이 자자했다. 또 송도에는 나라에서 첫째가는 빼어난 기생 진이가 있었는데, 세상 사람들은 그들 셋을 송도삼절이라 일컬었다.

진이는 중 만석과 선비 화담의 절조를 놀림감으로 삼아 볼 요량이었다. 먼저 만석에게 왕래하며 온갖 꾀를 내어 꼬드겼으나 도를 닦은 만석은 마음을 움직이지 않고 한결같이 거절한다. 그렇다고 포기할 진이가 아니었다. 밥만 먹으면 만석에게 달려가 종일토록 아리따운 자태와 부드러운 말씨로 호렸고, 밤이면 만석 곁에 누워 잠을 잤다. 그렇게 하기 한 달쯤 되어 만석의 마음이 조금씩 흔들리더니 마침내 진이를 범하여 절조를 헐어버렸다.

만석을 무너뜨린 진이는 이제는 화담 선생을 무너뜨리겠다고 다짐했다. 진이가 화담을 처음 뵙고 수작을 붙여보는데, 묻고 답하는 화담의 품이 보통의 풍류남아와 다를 것이 없었다. 진이는 만석보다 화담이 꾀이기 쉽다 생각했다. 그래서 그날로 모시고 잠자기를 청하니 화담은 기꺼이 웃으며 허락했다. 진이는 그날부터 한자리에 자면서 온갖 교태를 부렸다. 그러기를 한 달이 지나고, 일 년이 넘도록 도무지 화담은 요지부동이었다. 진이는 결국 화담의 마음을 어지럽히지 못하고 물러나고 만다. 화담의 지조는 그 일로 인해 더 크게 소문이 났다. 이런 일이 있은 뒤부터 기생 인형과 중 인형을 줄에 매달아 노는 '만석 중 놀이'가 세간에 널리 퍼지게 되었다.

#14

화담은 심심풀이로 집 앞에 박 두 포기를 심어 놓고, 그 박이 어떻게 자라고 어떤 박을 맺게 될까를 수를 놓아 풀어 보았다. 한 포기는 가을까지 잘 자라고, 한 포기는 며칠 못 되어 없어지는 괘가 나왔다. 화담은 잘 자랄 포기는 그냥 내버려 두고, 없어질 포기는 극진히 보살폈다. 그리고 없어질 날이 되어서는 아예 그 옆에 앉아서 지켰다.

그때, 어느 집 황소 한 마리가 무엇에 놀랐는지 별안간 뛰어 맹렬하게 뛰어 들어왔다. 화담이 위험을 피하고자 잠깐 피해 서 있는 동안에 박 포기는 벌써 소 발굽에 으깨어졌다.

'세상 모든 사물은 각기 정해진 운수가 있으니 비록 조그만 일인들 어찌 억지로 하리오.'

박 포기가 없어지는 것을 보며 화담이 탄식했다. 저간의 사정을 모르고 있던 제자들은 예삿일로 바라보고 있었다.

#15

허운이라는 제자는 풍채는 옥결 같고 비단 같은 재주를 겸하여 화담의 사랑과 동무들의 칭찬을 한 몸에 받았다. 허운은 홀어머니 슬하이고 가세가 곤궁하여 나이가 열여섯이었지만 아직 결혼하지 못하고 있었다.

하루는 화담의 서재에서 글을 읽다 해가 서산에 거의 넘어갈 즈음, 책을 옆에 끼고 집으로 돌아가는 길이었다. 문득 보니 산모퉁이에 한 여인이 오고 있다. 푸른 적삼에 붉은 치마, 고운 짚신에 땋은 머리 등 꾸민 맵시가 영락없는 시골 처녀이다. 헌데 반달 같은 눈썹, 구름 같은 귀밑털, 별 같은 눈망울, 꽃 같은 뺨이 이리 보고 저리 보아도 멋들어지고 예뻤다. 선녀를 보는 것도 같고 미인도를 걸어 놓은 것 같았다. 그 여인은 머리에 꽃송이 하나를 꽂고 손에는 뽕 바구니 하나를 들고 서서히 앞으로 와 스르르 옆으로 지나갔다. 허운은 글로 써 놓은 천하일색은 더러 보았으나 실제로는 처음 보았다.

나이가 차서 애정에 눈을 뜨게 된 사내가, 사람 없는 곳에서 그런 아리따운 여인을 보았으니 어찌 정이 끌리지 않겠는가. 눈이 황홀하고 정신이

요동쳐 여인이 다가올 때는 걸음을 멈추고 우두커니 멍하니 섰다가 여인이 지나간 후에는 고개를 돌려 넋 놓고 바라보았다. 여인도 몇 걸음을 가다 얼굴을 슬쩍 돌려 잠깐 웃음을 머금고는 말을 할 듯 머뭇거리다가 그냥 간다. 허운은 말을 주고받고 싶었으나 끝내 부끄러움을 이겨내지 못했다. 또 글 읽는 댕기 머리 총각이라는 체면 때문에 끝내 그렇게 하지 못했다. 떠듬떠듬 나오려는 말을 간신이 억누르고, 드문드문 떼는 걸음을 붙이고 서서 돌아다보았다. 옥 같은 여인의 그림자는 점점 멀어졌고 그 자리에 노을이 내려앉아 푸른 산이 붉게 물들고 있었다.

마지못해 집에 돌아온 허운은 몸은 비록 여기 있으나 마음은 다른 곳에 가 있었다. 옆에 끼고 있던 책은 어디다 놓았는지 생각나지도 않았고, 앞에 있는 밥도 얼마쯤 먹었는지 모른 채 입에 넣었고, 생각을 말자고 다짐하면 할수록 절로 생각나서 생각을 말 수도 없었다.

'내가 여기서 나고 자라면서 그 여인을 한 번도 보지 못한 것도 이상한 일이다. 어디서 왔는지도 궁금하고, 오늘 우연히 만난 것도 신기한 일이다. 나만 정을 느낀 것이 아니라 자기도 정이 있었기에 머리를 돌려 웃음을 준 것이리라. 자기가 정을 주니 나의 정도 더해지는구나! 내가 비록 아직 아이 티를 벗지 못했으나 다시 만나 정을 한 번 심으리라.'

혼자 생각에 잠긴 허운은 짧은 밤을 길게 보냈다.

이튿날 아침. 허운은 그 여인을 종일 기다려 보리라는 계산에서 아침밥을 많이 먹었다. 모친을 잠시 속여 보려는 속셈으로 책을 찾아 옆에 꼈다. 글 읽으러 가는 체하면서 문을 나섰다. 화담 서재까지는 아직 멀었다. 여인을 만났던 곳에 괜히 머무르며 사람이 오면 슬쩍 가는 체하다가 사람이 지나가면 몸을 돌이켜 다시 오기를 몇 바퀴나 반복했다. 해가 중천에 당도하여 더운 기운이 사람을 곤하게 만들었다. 산비탈 나무 그늘에 의지하여 더위를 피하는 허운은 손으로 뺨을 괴고 곰곰이 생각에 잠겼다.

'만일 그 여인이 다시 오지 않으면 돌이 바다에 잠기는 것과 같고, 옥이 산에 묻히는 것 같이 그지없이 막막할 것 같다. 혹시 다시 오게 되면 달이 구름 밖에 보이는 것과 같고 꽃이 눈 가운데 피는 것처럼 한량없이 생기가 나겠구나!'

이런 생각 저런 생각을 하며 앉았다가 일어서고, 섰다가 앉기를 반복했다. 아침 여덟 시부터 시작하여 오후 여섯 시가 되도록 기운이 다하고 눈이 빠지도록 기다렸다.

환하게 비추던 볕이 곳곳으로 걷혀 들어가고, 집집마다 저녁 짓는 연기가 일어나는 때가 되니 신선이 자기 집을 나와 인간 세상으로 구경을 나오듯 여인이 모습을 드러냈다. 뽕 바구니는 여전히 손에 들려있고 꽃송이도 의젓하게 머리에 꽂혔는데, 가뿐한 걸음과 어여쁜 태도는 오늘 보는 모양이나 어제 보던 모양이 다르지 않았다. 여인을 다시 만난 허운은 어찌나 반갑던지 가슴이 쿵쾅거리고 그냥 좋아서 어안이 꽉 막힌다. 여인은 가까이 오더니 맑은 안색으로 또랑또랑하게 말한다.

"당신이 누구신지는 모르겠습니다만, 어제도 여기서 사람을 희롱하는 듯하더니, 오늘도 여기서 사람을 반기는 듯하네요. 남녀가 분별이 있는데 그런 도리가 어디 있나요? 저는 매우 의심쩍게 여기는 걸요."

가뜩이나 정을 이기지 못하는 허운. 책망을 듣고도 말 한마디 못하고 있는 허운에게 여인이 수작을 붙여준다. 여인의 책망하는 수작이 허운의 마음속에 있는 무엇을 자아내었는지 허운은 한마디 내뱉는다.

"고맙소."

고맙다고 한 것이 어떤 뜻인지 분명치 않아 여인이 예쁜 얼굴을 숙연히 하고 옥 같이 맑은 소리로 다시 말한다.

"당신이 잘못한 것 같아 제가 책망하는 것인데, 괜찮다고 대답하면 옳을 수도 있겠으나 고맙다는 말씀은 더욱 이 사람을 조롱하는 듯하니 유감스럽게 들립니다."

여인이 책망을 보태어 수작을 또 붙인다. 여인의 책망이 나올수록 허운의 애정 끝자락은 더 생생해지고, 여인이 수작을 붙일수록 허운은 말문이 열렸다.

"예. 저는 글을 배우는 학생이외다. 스승님께 글을 배우다 잘못함이 있어서 꾸지람을 들을 때에는 아닌 게 아니라 고맙게 여깁니다. 그대의 책망을 그런 마음으로 대하니 그처럼 대답이 나왔소이다. 그대를 조롱한 것이 아니외다."

여인은 그제야 성내는 낯빛을 돌이켜 기쁜 모양을 지었고 핀잔주듯 하던 말을 다정스러운 소리로 고쳐 말한다.

"당신의 성씨와 이름이 어찌 되시나요? 머리를 땋고 계시니 아직 혼인은 아니 한 줄은 알겠으나, 벌써 정혼하신 곳이 있는가요?"

허운은 책망하는 말을 들을 때도 고맙게 여겼는데, 다정스러운 말을 들으니 얼마나 좋았겠는가. 여인이 묻는 말에 더 보탠다.

"예. 저의 성은 허가요, 이름은 운이요, 나이는 열여섯 살이요. 생일은 삼월 초이렛날이고 아버지는 계시지 않고 어머니만 모시고 있고 혼인은 아직 정한 곳이 없는데, 어디든지 얼굴이 어여쁜 여인이라야 장가들 작정이랍니다."

허운은 여인더러 사주를 보아 달라는지, 중매를 들어달라는지 엉뚱한 소리를 수선스럽게 해댔다. 여인은 괴이하게 여기지도 않고 의심쩍게 여김도 없이 부끄러운 기색으로 부드럽고 다정하게 답한다.

"그러시군요. 저의 성은 이가요, 이름은 옥안이요, 나이는 열여섯 살이외다. 본래는 한양에서 벼슬살이하는 집 아녀자로 규중에서 곱게 자랐지요. 어느 날 모친께서 점치는 사람의 말을 곧이들으시고는 저의 신상에 몇 년간 액운이 있다 하며 이 근방에 사는 친척 집으로 피신을 보냈습니다. 어머니 말씀을 어기기 어려워 집을 떠나 객지에 있는 셈이지요. 마침 누에치는 때가 되어 누에치기도 배울 겸 재미 겸 뽕을 따러 다니다가 우연히 여기서 당신을 만나 한바탕 수작을 하는 중입니다. 마음먹고 일부러 한 일은 아니나 체면으로 말하면 크게 틀린 일이지요. 당신이 글을 읽으셨다 하니 응당 예법을 아시겠지요. 남의 집 규수에게 함부로 무슨 마음을 기울였다 할 수는 없으나, 사람 없는 곳에서 만나 오래도록 데리고 수작한 것은 글을 읽어 예를 아는 사람이 할 일이 아니니 실상은 당신이 잘못한 것이지요. 허나 저는 오늘 이후로 깨끗한 마음을 지키며 다른 사람에게 출가하지 아니하고 당신이 찾기만 기다릴 터이외다. 이런 말을 하는 것이 부끄러운 줄이야 알지만 평생 운세가 되는 일인 고로 마지못하여 이처럼 말하는 뜻을 참작하여 용서하실는지요?"

가늘게 사근 대는 목소리는 구슬을 부수는 듯하고 서 있는 모양은 옥을 깎아 놓은 것 같아 허운의 심장을 더욱 흔들어댄다. 허운은 그녀와 쌍을 짓고자 찾아와서 그와 짝 되기가 소원인데, 그녀가 먼저 자원하니 어찌 마다하겠는가. 문자를 써서 답하자면 '불감청 고소원' [不敢請固所願 감히 청하지는 못하겠지만 진실로 바라는 바]이라 하겠으나 허운은 글을 읽었다 하면서도 그리 말하지는 못하고 몸만 앞서 나간다.

"그대가 내게 시집을 오겠다는 말이지요? 나는 당신께 장가들고 싶은 마음이에요. 그대가 마다한다고 하여도 나는 그만두지 못할 터인데, 그대가 허락하는 바에야 내가 사양할 리가 있겠소? 나는 아내를 얻지 아니한 총각이요, 그대는 남편을 얻지 아니한 처녀이니 두말할 것 없이 내외가 됩시다!"

말을 마치자마자 달려들어 옥 같은 손목을 덥석 잡는다. 여인은 그렇게 온화하던 얼굴이 순간 변하고, 그렇게 유순하던 목소리가 강해졌다.

"이것이 무슨 체면이시오! 중매를 보내고 길일을 가려 절차에 따라 예를 갖추고 난 후에 이렇게 해야 하거늘, 혼례도 올리기도 전에 이런 법은 없습니다. 당신은 경박한 마음으로 이 사람을 노류장화로 여기시는가요?"

여인은 학자님을 선생으로 모시고 예기를 읽었는지 예의의 예자만 논한다. 여인의 마음은 물과 같아 갈 곳을 찾아 흐르려 하나, 허운의 욕정은 불과 같아 닿는 대로 붙으려 하여 눈자위도 굴리지 않고 여인을 물끄러미 바라본다.

"이보시오. 내가 어제 당신을 잠깐 보고 하룻밤도 거의 지탱하지 못했는데, 매파를 보내느니 혼례를 치르느니 하는 동안에 나더러 어떻게 참으라 하는 거요? 내가 무식하오만은 옛글에 있는 이야기 하나를 하오리다. 수레바퀴 자국에 고인 물에 있는 고기가 지나는 사람을 보고 살려달라고 하니까 그 사람은 '내가 동해 바닷물을 긷어다 너를 살려 주리라.' 하였소. 고기는 웃으며 '당신이 그렇게 늦춰 잡을 양이면 나는 일찌감치 건어물 가게에 가 있을 터이니 그때가 되면 나를 살릴 도리가 있겠소?' 라고 하였소이다. 지금 그대 또한 그처럼 늦춰 잡다가는 그때 나는 벌써 죽은 사람이라, 그 기한을 기다릴 수 있겠소? 기왕 내외가 되기로 작정한 바에는, 속된 말로 둘러치나 메어치나 마찬가지니, 나부터 살려 놓고 볼 일이 아니겠소이까? 내가 한 번 죽고 나면 당신은 어디로 시집을 가려 하오. 꺼릴 것 없이 내 청을 들어주는 것이 옳지 않은가요?"

허운은 말을 하는 동안에도 염치 불고하고 손목을 놓지 않는다. 여인은 가만히 듣다가 결심한 듯 말한다.

"제가 이 몸을 낭군께 바치기로 언약한 바에야 오늘부터 이 몸은 낭군께 매였습니다. 예법은 아니지만 잠시 법도를 벗어날 수밖에 없으니 낭군의 뜻대로 하시지요."

허락을 받은 허운은 좋아라고 뒹굴었다. 한 참 만에 일어나 앉은 허운은 약조의 말을 꺼낸다.

"내일부터 나는 글을 배우러 갔다 오고, 그대는 뽕을 따러 가다가 매일 한 번씩 이렇게 지내면서 혼례 할 때를 기다립시다."

여인은 마지 못하는 기색으로 고개를 잠깐 끄덕여 그러겠다는 표시를 한다. 이에 둘은 잡았던 손을 각각 거두고 돌아갔다.

그다음 날, 글을 배우러 간 허운은 밝기가 일월 같고 앎이 귀신같은 화담을 속이는 말을 하고 만다.

"어제는 몸이 아파 못 왔고, 오늘은 제사가 있어 곧 가야 합니다."

이후로는 손님이 왔다고 둘러대기도 하고 모친의 병환을 핑계 대기도 하며 글방에 오래 있기를 싫어하고 집으로 일찍 가기만 좋아했다. 글 읽고 글씨 쓰기에는 뜻이 없고 눈 맞추고 손목 잡기에만 정신이 팔려있었다. 화담은 소리 나지 않는 말도 다 들으며, 모습 없는 빛도 다 보는 도술이 있으니 사랑하는 제자 허운이 행하는 일을 모를 리 없었다. 허나, 무슨 생각이 있는지 십여 일이 지나도록 아무 말이 없었다. 그러다 하루는 다른 제자들은 모두 돌려보내고 허운만 머무르라 하고는 훈계한다.

"너는 혈기가 바르지 못하게 여색을 조심하지 않으니, 옛 성인의 가르침을 어찌 받들어 행하겠느냐? 혼례 전에 서로 범하는 것은 예법이 아니니 오늘부터는 그 여자를 멀리하고 있다가 다음을 기약하라."

허운은 사부의 밝은 도덕과 높은 도술을 자세히 알지는 못하나 대강 짐

작은 한 바, 자기 두 사람만 아는 일을 있는 그대로 보신 듯이 말씀하니 무슨 변명을 하겠는가. 꿇어 엎드려 용서를 빌었다.

"제가 아무렇게나 행동하여 죄를 범하였사오나, 그 여인은 천하일색인고로 마주 대하면 떨칠 마음이 없사옵니다. 저와 그 여인이 혼례를 치를 수 있도록 스승님께서 주관해주옵소서."

허운의 간청을 들은 화담은 방금 전에는 그 여자를 멀리하라더니 그 여자를 도로 가까이하라며 일러준다.

"그러면 오늘 가는 길에 그 여자를 만나 사귈 때, 그 여자의 입속에 있는 구슬이 네 입속으로 들어오면 모르는 척 얼른 삼키고 오면 혼례를 할 방도가 차차 생길 것이니라."

화담의 말을 듣는 허운은 속으로 혼잣말을 했다.

'과연 그 여자의 입속에 구슬이 있기는 있던데, 사부께서는 그것까지 어떻게 아실까? 귀신은 속일지언정 사부는 속이지 못하겠구나! 사부께서 나를 해롭게 하실 리는 없으니 가르치시는 대로 해야겠다!'

"예, 그리하겠습니다."

가고 오다 서로 만나 이러고저러고 하는 그 때에 여자의 입에서 나오는 구슬이 허운의 입으로 들어왔다. 허운은 그 전과 같이 달라면 주고 먹이면 받기를 서너 차례 하다가 자기의 입에 들어오는 틈을 타, 두꺼비 파리 잡아먹듯 꿀떡 삼키고 문둥이 불알 떼어먹은 듯 시치미를 뚝 뗀다. 아무것도 모르는 여인은 구슬을 도로 먹여 달라 청하는데, 허운은 구슬을 벌써 삼켰노라고 넉살 좋게 말한다. 여인은 크게 놀라며 허운을 급히 밀치고 일어나 앉아 얼굴빛을 바꾸며 말한다.

"남의 물건을 어째서 이유 없이 삼켰으며, 어떤 사람이 그리하라 가르칩디까? 삼킨 물건을 도로 꺼내 주든지 가르쳐 준 사람을 일러 주든지 둘 중의 하나를 하시오!"

갈팡질팡 어쩔 줄 몰라 하는 여인은 거듭 재촉한다. 허운은 물건을 삼키는 재주는 있으나 다시 꺼내는 재주는 없었다. 그렇다고 사부가 시키는 대로 했다고 사부의 이름을 일러 줄 수는 더더욱 없었다. 허운은 자기의 속마음은 감추고 딴전을 부렸다.

"우리 내외 사이의 일을 누가 알아서 그리하라 가르쳐 주겠소. 공연한 의심을 하지 마오. 그 물건이 무슨 물건인지 나는 알지도 못하거니와 물건이 반질거려 급한 통에 휩쓸려 넘어갔으니 다시 꺼내는 수가 있겠소? 우리는 내외가 될 터이니 무슨 물건이든지 거기 두나 여기 두나 한 집안 세간은 마찬가지이니 원통하게 여기지 말고 좋게 생각합시다. 꼭 도로 찾고 싶거든 그 물건이 대변을 따라 나올 터이니 대변을 헤쳐보아 있으면 가져다주겠소."

허운은 여인의 사정은 모르는 체하고 자기 말만 앞세웠다. 여인은 주르르 눈물을 떨구고 한껏 슬프게 말한다.

"이보시오. 우리가 깊은 인연이 있는 것 같아 백년가약을 바랬습니다. 헌데, 조물주가 시기하고 인심이 사나워 큰 액운을 맞아 이 지경에 이르렀으니 누구를 원망하며 누구를 허물하겠습니까. 화담 선생이 가르쳐 준 것을 알지오만은 내 수준으로 그 선생을 이길 수도 없고 당신은 나에게 정을 준 사람이니 당신을 해칠 길도 없소이다. 그 물건 이름은 화담 선생이 일러주실 것이오. 나는 삼켰다가 다시 토하는 수를 가지고 있으나, 당신은 한 번 삼키면 토하는 수도 없고 대변으로 나오는 것도 아니라오. 모두 운수라 어찌할 수 없소이다. 지금 이 자리가 영원한 이별이 될 것이니 부디 몸조심하시오."

말을 마치자 옷을 걷어 올리고 푸른 산 깊은 곳으로 아득하게 들어가는데 순식간에 모습이 사라졌다. 허운은 구슬 하나 빼앗아 먹은 연고로 앉은 채로 절세가인과 아주 이별하게 되었다. 그 섭섭한 마음은 한평생 함께 정을 나누었던 아내를 보내는 것처럼 슬펐다. 망연자실 멍하니 앉았다가 하릴없이 집으로 돌아왔다. 허운 의아한 마음과 희미한 꿈으로 밤을 지새웠다.

이튿날 화담 선생 앞에 나가 구슬을 삼킨 일과 여인이 하던 말을 자세하게 아뢰며, 그 구슬이 무슨 물건이며 그 여인은 어떤 사람인지 다시 물으니 화담은 웃으며 설명한다.

"그 여자는 여우가 변해 사람이 된 것이니라. 여우가 수백 년을 묵으면 아리따운 계집을 홀려 죽이고는 그 피를 빨아 먹고 그 계집의 때깔을 뒤집어쓰게 된다. 그리고는 어여쁜 남자를 홀려 교합하여 양기를 받아 영영 사람이 되려고 너를 꾄 것이다. 구슬은 여우의 정기가 뭉쳐진 것이다. 여우는 그 구슬로 온갖 술수를 펼치는데 구슬을 잃어버려 술수를 펼칠 수 없으니 다시 사람에게 가까이 올 수 있겠느냐? 그래서 물러간 것이니라. 사람이 그 구슬을 먹으면 총명함이 급등하게 되는 법이라, 네가 여우와 상통함을 어찌 몰랐겠느냐 만은 네가 여우에게 정을 주고 그 구슬을 빼앗게 할 양으로 짐짓 모르는 체하였느니라. 네가 바탕이 총명하거니와 이제는 총명이 더해져 재주 배우기가 더욱 쉬울 것이니 마음을 다해 정진하도록 해라. 나도 힘써 가르쳐 줄 터이다."

허운은 마음이 송구스럽고 꿈에서 깨어 환해지는 것 같아 감격하고 크게 감사했다. 그 후로는 화담 슬하를 잠시도 떠나지 아니하며 신통한 법술을 삼 년쯤 배우니, 선생에 비하면 밝은 달 아래 반딧불 같지마는 귀신을 부리고 호랑이와 표범을 통제하는 법술을 지닐 수 있게 되었다.

#16

화담이 더위를 피하여 꽃 못[화담] 옆의 정자나무 밑에 앉아 있다. 그 곁에 허운이 스승을 모시고 있었다. 마침 어디서 키 크고 얼굴이 사납게 생긴 중 하나가 와서 바랑을 벗어놓고 삿갓을 숙여 쓰고 두 손을 합하여 화담께 문안을 올린다.

"소승이 오늘은 갈 곳이 있사온데, 선생께 가부간 처분을 물으려 이 앞에 섰습니다."

화담은 말없이 고개만 살짝 끄덕였다. 그 중이 선생께 하직하고 간 뒤에 허운이 궁금하여 물었다.

"지금 왔다가 간 중은 어디서 온 중이며, 어디로 가는 것이옵니까?"

화담은 눈을 들어 허운을 보다가 손을 들어 송악산을 가리켰다.

“그 중은 저 산속에서 내려온 중인데, 실상은 사람이 아니라 수백 년 묵은 호랑이가 사람의 형체로 변신하여 다니는 것이니라. 오늘 갈 곳이 있다 한 곳은 해주 서면 청산리에 사는 장부자 기연의 집이다. 장기연에게 딸이 있는데 십팔 세 된 규수로 이름이 소애이다. 그 규수가 오늘 밤에 호환을 만나 죽을 수이다. 그 중이 산신의 허락을 받아 그 규수를 잡아먹으러 가는 길에 나의 의사가 어떠한지를 몰라 알고자 하여 온 것이었느니라. 그러나 하늘의 마음은 살리기를 좋아하시고 죽이기를 싫어하신다. 또 사람의 목숨이 지극히 무거운 것이니 사나운 짐승이 죄 없는 사람을 해치려고 하는 바에 알고서도 구하지 않는 것은 천리에 어긋나며 떳떳한 정도 아니다. 내가 그 호랑이에게 흔쾌히 허락한 일이 없었으니 네가 급히 장부자네로 가서 그 호랑이를 제어하여 그 규수를 살려 내거라. 허나 그 호랑이는 신통한 호랑이니 창이나 칼로는 제어하기 어려울 것이다. 도술로 그물을 치고 부적을 지니고 경문을 외우며 그 규수의 곁을 떠나지 않아야 구할 수 있느니라. 여기서 그곳이 이백여 리나 되니 오늘 신시가 되기 전에 도착하여 만반의 준비를 하고 대비하라. 그렇게 자시까지만 견디면 자연히 무사하게 될 것이다. 지체 말고 어서 길을 떠나거라.”

허운은 자기의 행색이 난처한 줄을 알지만 스승의 명령이 그러하니 감히 어길 수 없었다. 공손하게 지시를 듣고는 단단히 마음먹으며 일어나 행장을 수습한다. 화담은 벼루를 내어놓고 편지 한 장을 써서 허운에게 맡긴다.

“내가 너를 어디로 보낸 것은 너의 집에 기별할 터이니 모친께 하직할 것 없이 여기서 바로 떠나거라. 그리고 이 편지는 가지고 있다가 내일 아침에 해가 뜨거든 뜯어 보거라."

허운은 편지를 받아 책 사이에 끼워 봇짐에 넣었다. 머리에는 검은 천으로 만든 모자를 쓰고 발에는 푸른 천으로 만든 신을 신었다. 도복을 걸치고 붉은 먹과 붓을 챙기고 스승께 절하여 인사하고 물러나, 축지법을 사용해 한 시간 만에 해주 서면 청산리 장부자 집에 도착했다.

마당 한가운데는 높은 천막이 쳐있고 사랑채 마루에는 사람이 가득하여 무슨 잔치를 하는 것 같기도 하고 혼례를 하는 집 같기도 했다. 허운은 의아했으나 물어볼 것 없이 사람 무리를 헤치고 사랑채 위 칸에 들어가 앉아 주인 장기연을 찾았다. 주인은 딸 소애의 혼인이 내일인 고로 손님 접대와 잔치에 쓸 물건을 챙기느라 매우 분주한 중이었다. 별안간 옥 같은 소년 하나가 별 같이 방에 들어와 서슴지 않고 주인을 찾는다. 소년이 이름을 부르는 것으로 보아 그는 주인을 아는 사람인 모양인데, 주인은 그 소년의 면목이 낯설어 모르는 사람이었다. 주인은 하던 일을 멈추고 몸을 일으켰다.

"내가 주인 되는 장기연이오만. 당신은 누구신지요? 처음 뵈옵는 듯싶소이다. 나를 어찌 알고 찾았으며 무슨 할 말씀이 있으시오?"

허운은 아이로서 어른 행세하기도 어렵고 모르면서 안다고 할 수도 없어 바른대로 털어놓았다.

"예. 저는 아직 혼례도 치르지 않는 아이올시다. 높게 대하지는 마소서. 전에 뵌 적은 없으나 부득불 상의하고 조치할 일이 있어 진정시키고 위로

하러 왔소이다. 헌데, 댁께서 이리 분주하시니 무슨 일이 있습니까요?"

허운이 말끝에 잠시 의미를 알기 어려운 미소를 살짝 지었는데, 혼례를 치르는 줄은 모르고 왔으므로 혹시 호환이 있을 줄 알고 방비하려는 것인가 의심해서였다. 주인은 주의 깊게 말을 들으면서도 한 편으로는 의심이 생겼다.

'저 소년이 두건은 썼으나 머리는 올린 모양인데 아이라고 하는 말도 그렇고, 주인을 처음 본다고 하면서 이름을 아는 것도 그렇다. 알지도 못하는 처지에 상의할 말은 무엇이며, 이름까지 알면서 혼례 지내는 것을 모르는 것이 말이 되는가?'

주인은 의심 섞인 말투로 대답한다.

"내게 딸이 있는데, 내일이 혼례여서 집안이 분주한 것이오. 소년은 어디에 살며, 이름은 무엇이며, 나를 보고 무슨 일을 의논하려 하며, 장가들지 않았다면서 땋은 머리가 없으니 어찌 된 일이여?"

반말을 섞어 대답한 것은 스스로 아이라 하니 하대하는 요량이었다. 허운은 호랑이를 대비하러 올 때 규수가 있는 줄은 알았지만, 스승이 명령하실 적에 혼례를 지낸다는 말씀이 없으셨으니 혹시 그것은 모르신 것인가라고 의아해했다. 어찌 되었든지 보려던 일이나 볼 수밖에 없다 생각하고 있는 그대로 대답한다.

"예. 저는 송도에 계신 화담 선생 문하에 있는 제자 허운이라고 합니다.

덕이 높은 선생 문하에 있는 제자는 장가들기 전에도 머리를 올려 쌍상투를 짜기도 합니다. 의논할 일은 다름 아니라, 주인장 따님이 오늘 밤에 호환을 당할 액이 있습니다. 화담 선생께서 사람 목숨을 긍휼히 여겨 나로 하여금 그 재앙을 막아주고 오라 하시기에 수백 리 길을 일부러 왔습니다. 주인장께서 저의 말을 믿으실는지 몰라서 의논한다고 한 것입니다. 주인장의 함자는 사부께 들어서 안 것이고, 따님의 이름이 소애란 말씀까지 들었소이다."

말이 끝나기도 전에 주위에 있던 사람들은 당황하여 서로 얼굴을 마주 보았다. 주인은 크게 놀라며 속으로 생각했다.

'화담 선생의 도술이 높으시다는 말은 들었거니와, 남의 집 규수의 이름까지 어찌 아시며, 호환이 있을 양이면 창과 칼을 준비하여 막는다고 하면 이해가 가겠으나 새파랗게 젊은 저 소년이 빈손으로 와서 무슨 수를 부리려 하는 걸까? 저 소년의 말이 거짓이 아닐진대 화담 선생께서 헛된 말씀을 하실 분이 아니신 즉 시험은 해봐야겠다.'

"학생의 말을 들으니 놀랍네. 그리고 화담 선생의 덕을 생각하니 감격한 마음을 어떻게 할 길 없네. 그러나 호환을 막자고 하면 창과 칼이 있어야 할 터이지?"

허운은 생각했다.

'저분이 필시 나를 예사 사람으로 여기고 호환을 제어하지 못하려니 여기는 것이다. 그 호랑이를 보통의 호랑이로 알고 창과 칼로 막으려 하

는 뜻이구나!'

허운은 가느다랗게 웃으며 말한다.

"주인장께서 저를 평범한 아이로 보시고 무슨 술수로 호환을 능히 막으랴 생각하시는군요. 그 호랑이는 변화무쌍하여 방술이 아니면 제어치 못하는 호랑이입니다. 만일 창과 칼로 잡으려다가 그 호랑이가 창, 칼을 든 사람으로 변해서 무리에 섞여 있다가 위험을 이유로 규수를 업고 가면 어찌하겠습니까? 제가 비록 재주가 높지는 않으나 도술로 치는 그물, 경문과 부적으로 호랑이를 제어하는 술수가 있으니 저의 계획대로 준비해 주시오. 호랑이가 올 때 안팎의 사람들 모두 조용히 앉아 기다려야 아무 일 없을 터입니다. 만약 요란스럽게 굴다가는 탈이 날 것이외다."

주인은 무서우면서도 의심을 떨칠 수 없었다.

'저 소년이 어디서 내 딸이 아름답다는 말을 얻어듣고 와서는 요술을 부려 훔쳐 가려는 속셈 아닌가? 만일 그렇다면 저렇게 잘생긴 사위를 얻는 나는 낭패는 아니지만, 내일 장가들러 오는 신랑에게 무엇이라 둘러댄단 말인가? 이렇든 저렇든 사세가 난처하네!'

주인은 알아들었다는 듯이 고개를 끄덕이면서도 그냥 앉아 눈치만 살폈다. 허운의 말이 사람의 입을 타고 순식간에 퍼져 집 안팎이 소란해졌다. 주인의 부인이 나와 문 옆에서 붙어 서서 듣고 있다가는 호환이라는 말에 간담이 서늘하고 눈이 뒤집혔다. 급작하게 남편을 부르더니 덮어 놓고 소년이 하자는 대로 하자고 독촉한다. 장기연은 생각이 복잡하던 중

부인이 흔들어대니 정신이 더 혼미해져 가면서도 갈피를 놓지는 않았다.

'혹시 다른 탈이 날지언정 우선 급한 불을 꺼야겠다.'

좋은 음식을 내어다가 허운을 정성껏 대접하며 그의 뜻대로 준비하라고 지시했다.

태양이 서산으로 지고 밝은 달이 동쪽 하늘로 올랐다. 내일 혼례를 치르려는 신랑 일행이 청산리에 도착하여 머물 집을 잡고 앉은 후에, 물색도 모르고 함을 들일 양으로 분주히 서둘렀다. 장기연은 사돈될 분에게 이런저런 사정을 구차하게 말하기는 어려워 호랑이에 관한 일은 일절 숨기고 함은 내일 혼례 때 가져와도 괜찮다고 어물쩍 꾀어넘겼다. 장기연은 자신도 무서운 생각이 들어 급히 안방으로 들어가 웅크리고 앉아 하인을 시켜 허운을 불렀다. 허운이 사랑채에서 내청으로 들어오는데, 옥 같은 얼굴에 도복이 바람에 가볍게 날리는 것이 아름다운 청년의 모습 그대로였다. 허운은 규수가 있는 곳에 이르러 아무렇지 않다는 듯 앉아 소매 속에서 종이와 붓을 꺼냈다. 글자 같기도 하고 그림과도 같은 것을 수십 장 써서 마루 기둥과 방 문설주에 돌아가며 붙이고, 촛불을 밝히고 냉수를 떠 놓고 마루에 단정히 앉아 경문을 외웠다. 그 행동거지가 어찌 보면 도사 같고 어찌 보면 신선 같았다.

그 집의 남녀노소 식솔들 모두 무서워 감히 문밖으로 머리를 내밀지는 못하고 문구멍을 뚫고 허운의 행동거지를 세세하게 살펴본다. 안방 부모 곁에 앉은 소애 규수는 겹치마 자락으로 꽃 같은 얼굴을 가리고, 옥 같은 손가락으로 구름 같은 머리를 만진다. 그러더니 갑자기 뒤가 급하다 하며 밖으로 나가겠다고 한다. 허운은 규수를 만류하고 뒤보는 그릇을 방안에 넣어주겠다고 하였으나 소애는 듣지 않고 기어이 마루로 나왔다. 소애가 마루로 나오자 허운은 움직이지 못하도록 소애의 소매를 붙잡았다. 그때, 별안간 집 뒤에서 벼락같은 소리가 꽈르르 나면서 태산 같은 물건 하나가 마루 앞에 성큼 들어앉는다. 금방울 같은 눈깔을 부릅뜨고, 쇠스랑 같은 발톱을 휘휘 젓고, 선지 그릇 같은 아가리를 벌리고, 큰톱질 소리 같은 고함을 지르니 당장 사람 하나 집어삼킬 기세이다. 방에서 엿보는 사람들은 혼이 나가 몸을 웅크리고 앉아 꿀꺽하며 침 삼키는 소리도 못 낸다. 마루에 붙잡혀 있는 소애는 몸이 굳어 그 자리에서 어찌할 바를 모르고 정신이 가물가물하여 허운의 무릎 위에 이마를 대고 볼품없이 엎드린다. 허운은 팔을 뻗어 소애의 허리를 두르고 여전히 경문을 외운다. 호랑이는 올라오지도 못하고 그렇다고 물러가지도 않고 쇠말뚝 같은 이빨로 마루 가장자리를 물어뜯어 퉤퉤하고 내던진다. 마루 가장자리에 걸친 앞발은 무엇을 뜯어내는지 와자작 소리를 낸다. 허운은 사태가 급박함을 알고 소애를 잡아당겨 두 다리 틈에 끼워 누르고 앉아서 호령한다.

"너는 그만하면 물러갈 것인데, 어찌 이리 오래도록 요란하게 구느냐? 네가 계속 그리하면 내가 별도로 형벌을 내릴 것이다!"

말을 알아듣는 호랑이라 기세를 줄이고 고개를 숙이고 웅크리고 앉았지만, 자리를 뜨지는 않았다. 그러다가 꼬끼오하는 닭 우는 소리가 들렸다. 그렇게도 영악한 짐승이 닭은 어찌 그리 무서워하는지, 닭 울음소리 한 번에 간 곳이 없이 사라졌다.

호랑이의 난리를 만난 장기연의 집은 난장판이 되어 사람마다 모두 정신을 잃어버려 호랑이가 갔는지 아직 있는지, 소애가 살았는지 죽었는지 모르고 꿈쩍도 하지 못했고 소애는 아주 기절하여 숨도 쉬지 않았다. 허운은 올 때 준비를 했는지 주머니 속에서 무슨 알약 한 개를 꺼내어 떠다

놓은 냉수에 갈아 넣고 소애의 입을 비집고 흘려 넣어 기운을 통하게 한 후 방을 향해 넌지시 말한다.

"주인장, 여보시오. 이제 호랑이가 물러갔으니 정신 차리시오. 집안사람들 마음도 가라앉히시고 미음이나 만들어 따님에게 먹이시오."

주인은 그 와중에서도 허운을 믿는 구석이 있어서 그런지, 그래도 사나이 기백이 조금이나마 있어서 그런지 정신을 아주 놓지는 않고 있다가 호랑이가 물러갔다는 말을 듣더니 엉금엉금 마루로 기어 나왔다. 정신줄을 놓은 소애를 보고 주무르며 말을 하는데, 아직 겁이 남아 말이 풀려 나왔다.

"에, 에, 에그 흉악한지고! 또, 또 오지나 않을까? 아, 아, 아직 나가지 말고 더 있어 주게나."

말투와 거동이 우스꽝스러워 볼 만하였다. 허운은 사람을 살리기 전에는 체면을 차릴 수 없었으나, 사람을 살려 놓은 이후에는 체면을 차릴 수밖에 없었다. 부녀자가 머무는 안채에 오래 머물러 있기가 미안하여 이제 그만 나가고자 마음먹고 말한다.

"그 호랑이는 공연히 사람을 해치며 다니는 호랑이가 아니오. 산신의 명령을 받아 가지고 다니며 자신의 몫만 먹고 그만 두는 고로 시간만 지나면 다시 오지 못할 것이라는 말씀을 사부께 들었습니다. 허니 다시 올 리 만무하오니 주인장은 아무 염려 마시지요."

말을 마치고 일어서려 할 적에 소애도 정신을 차렸고, 부인도 정신을 차린다. 부인은 기쁨의 소리를 지르며 나와 딸 옆에 앉더니 허운의 옷자락을 잡고 연신 꾸벅댄다.

"자식 살려주신 은덕을 무엇으로 갚을는지요? 크고 큰 은혜를 베풀어 주신 것에 조금도 누가 될 일이 없을 터이니 좀 더 계시면서 우리 딸의 마음을 가라앉혀 주세요."

부인은 허운의 옷을 놓지 않는다. 허운은 호랑이를 제어하는 재간은 있되 부녀자를 제어하는 재주는 없는지 나가지 못하고 붙잡혀 그대로 앉는다. 자신은 스승의 명을 행한 것뿐이니 자기의 공이 아니라는 말과 호랑이는 다시 오지 않을 터이니 따님을 편하게 살게 하라는 말을 건넨다. 내놓았던 혼을 도로 불러들여 정신을 차린 집안사람들이 모여들어 엄벙덤벙하는 틈에 허운은 사랑채로 빠져나와 그제야 자리를 보고 눈을 붙였다. 주인 내외는 정성을 다해 딸을 구호하며 새로 하나 낳은 듯 어루만지는데 소애가 부친에게 말한다.

"아버지께서는 저를 누구에게 맡기려 하십니까?"

아버지가 딸의 말뜻을 어찌 모르겠느냐마는 사세가 난처하게 되었으니, 못 알아듣는 듯 대답한다.

"얘야, 그것이 무슨 소리냐? 장가들 신랑이 와서 아랫마을에 있는데, 누구에게 맡기다니?"

아버지의 말을 듣는 소애는 불만스러운 듯 탄식하다 쓸쓸하게 눈물을 떨군다.

"아버지, 내 말씀 좀 들어보시오. 내가 만일 호랑이에게 물려갔다면 그 신랑은 누구와 혼례를 치를 것인가요? 나는 저기 허운이란 사내 덕에 목숨이 살았을 뿐 아니라, 몸은 벌써 허랑에게 가까이하였사오니 다른 사람에게로 갈 수 있겠나이까? 나는 이제부터 살아도 허랑의 집사람이오, 죽어도 허랑의 집 귀신이지요."

딸의 말을 들은 장부자는 생각한다.

'허운 같은 사위를 얻으면 좋기야 좋지만 허운의 의향이 어떠할는지 알 수 없고, 우선은 아랫마을에서 기다리는 예비 신랑 때문이라도 조처하기 매우 어려우니 어찌하면 좋을꼬.'

소애는 말없이 앉아만 있는 아버지의 뜻을 알아차리고는 더 몰아친다.

"들은즉 그 신랑의 부친이 오셨다 하오니, 아버지께서 그 어른과 상의하여 서로가 좋도록 조처하자 하시면 사세가 그렇게 된 바에 그 어른께서도 반드시 생각이 있으시겠지요. 저는 허랑의 집사람이오니 다른 의논은 마십시오. 허랑이 이왕에 장가들었으면 저는 첩 노릇이라도 하겠는데, 들은즉 허랑이 아직도 장가들지 않았다 하오니 아버지께서 허랑에게 말씀하여 보아주세요. 허랑이 다행히 나를 취하면 따라갈 것이오, 만약 취하지 않으면 저는 절개를 지키다가 죽을 뿐, 다른 의사는 없습니다."

어조가 강경하고 기색이 냉랭했다. 부친은 딸의 단언을 잘못이라 할 수도 없고, 좋게 조처할 수도 없음에 대답할 말을 알지 못하고 묵묵히 앉아만 있다. 함께 있던 부인은 딸의 성정이 강렬하여 다시 돌릴 수가 없을 뿐만 아니라, 허랑의 은덕이 매우 크니 갚지 않을 길도 없다고 생각했다. 이에 딸의 말에 보태어 적은 언약을 저버릴지언정 큰 의리를 지키는 것이 옳다고 말하여 남편의 주저하는 마음을 아주 깨뜨려 놓았다.

아랫마을에 거처하고 있는 신랑과 함께 온 어른은 신랑의 부친이었다. 그도 귀가 있으니 호랑이 얘기를 어찌 듣지 못하였겠는가. 겁나서 방문을 꼭꼭 닫아걸고 밤새도록 잠을 이루지 못하다가 날이 밝은 후에야 신부가 무사하게 된 곡절을 듣고서 놀라워 마지않고 있었다. 마침, 사돈될 주인이 찾아오니 한편으로는 위로하고 한편으로는 축하의 말을 건넨다.

"간밤에 그런 변고가 또 어디 있겠습니까? 신부는 다행히 무사하다 하니 두 집에 큰 경사외다. 그 흉악한 호랑이를 쫓아 보낸 그 사람은 어디서 온 누구인가요?"

정다운 말에는 정답게 대답해야 좋을 터인데, 장기연은 딴 문제를 속에 품고 있으니 응대가 정답지 못하였다.

"좀 알고 싶소? 그 호랑이를 쫓아낸 사람은 화담 선생 문하의 제자 허운이란 젊은이요. 자기 선생의 명을 받들고 와서 내 딸의 목숨을 살려 놓았으니 허운이 아니면 내 딸이 죽었겠고, 내 딸이 죽었으면 오늘 혼인이 다 무엇인가요? 내 딸이 죽을 목숨을 도모할 때 제 몸을 밤이 새도록 허운의 몸에 싣고 있었으니 자기가 다른 사람을 따르려 할 리가 있겠습니까? 죽기로 자처하고 허운에게 가려 하니 부모 된 우리 내외도 억지로 어찌할 수 없소이다. 노형은 그런 처지를 당하면 어떻게 조처하시겠소?"

장부자의 끝말은 물어보는 듯한 말이로되 실상은 막아 놓는 말이었다. 신랑의 부친은 호랑이가 무서워 방문을 걸고 들어만 앉았다가 신부가 목숨을 살려준 사람을 따르려 하는 바에 억지로 혼례를 치르자고 할 염치가 있겠는가. 덤덤하게 듣다가 구구하게 대답한다.

"사세가 그렇게 된 바에 다시 말은 없소이다. 허나, 자식을 장가들이러 왔다가 그저 돌아가는 내 모양이 부끄럽지 않겠소이까?"

그 말을 들으니 그가 당한 일도 난감하기 마찬가지이다. 장기연은 본래 심성이 넉넉하여 남의 낭패를 자기 낭패로 아는 사람이라, 사세가 부득이 이 지경에 이르렀으나 인정이 있는 바에 어찌 무심하게 있겠는가. 생각하다가 고개를 끄덕인다.

"좋은 방법이 하나 있소. 내 딸보다 한 살 아래 조카딸이 있는데, 사람 됨됨이와 예의 갖춤이 내 딸과 서로 비슷하오. 아직 결혼한 곳이 없으니 그 아이를 노형의 며느리로 삼으면 어떻겠소?"

신랑 부친은 터무니없이 남의 웃음거리가 될 처지였는데, 특별한 은전이 내리니 감지덕지하여 걱정하던 모습을 고치고 이내 웃는다.

"그처럼 주선하여 주시니 고맙기 한량없소. 인품이 부족하더라도 마다할 길이 없는데, 당신 따님과 같다 하니 더욱 다행이외다. 그러면 오늘 내로 혼례가 될까요?"

장기연은 내심 오늘 자기 딸을 혼례를 시키려 했는데, 신랑 부친은 오늘 내로 자기 아들 혼례를 시키려 하였다. 여편네 소견 같으면 하루에 두 건이나 혼례 하는 것을 꺼리겠으나, 사내 마음으로는 하루에 열 번씩 혼례해도 관계가 없었다. 장기연은 쾌활한 남자처럼 웃으며 주저 없이 답했다.

"어느 결에 시킬까요?"

자리를 털고 일어서는 장기연은 조카사위의 낭패는 해결했으나 자기 사위의 의중은 아직 알 수 없었다. 슬그머니 사랑채로 들어온 장기연이 허운에게 말한다.

"젊은이. 자네는 어제 와서 내게 상의할 일이 있다고 했지만, 나는 오늘 자네와 상의할 일이 있으니 들어보시게나. 길게 말할 것 없네. 자네가 내 딸을 살려낸 까닭으로 내 딸은 자네를 따라가려 작정했네. 내 딸이 모자란 면이 없지 않겠으나 자네 눈으로 보았듯이 사지가 멀쩡하네. 자네 뜻은 어떤가?"

그 말투가 허운을 아주 자기 사위로 인정한 모양 같았다. 허운은 어제 일이 피곤하였는지 잠에 빠져 늦게 일어나 이제야 스승의 편지를 뜯어보려 하는 참이었는데, 갑자기 주인의 청혼이 들어와 당황했다.

'신랑을 옆에 두고 신랑을 구한다?'

허운은 그러할 수 없다고 생각했다.

"주인장 말씀도 그르지 않기는 하나 제가 도리상 그럴 수 있겠습니까? 스승의 명령을 받들어 댁의 환란을 구제하러 온 것인데, 남의 혼인을 깨고 제가 장가를 들면 제 마음이 부끄러울 뿐만 아니라 그 신랑의 일은 어찌 되겠습니까? 신부가 어디 없을 것도 아니니 제 염려는 마시고 원래 정한 대로 혼례를 하시지요. 또 스승께서는 호환만 막으라고 하셨고 혼인이라는 말씀이 없으셨으니 제가 어찌 감히 스스로 일을 주장하오리이까?"

말을 마친 허운은 돌아앉아 편지를 본다. 장기연은 그 편지가 웬 편지인 줄은 모르나, 편지를 읽는 사람에게 다른 말을 걸기 무리다 싶었다. 장기연은 허운이 편지를 다 보고 나면 다시 간청할 양으로 우두커니 바라보았다.

'장기연의 딸은 내일이 혼인이다. 네가 그 규수를 살린 후엔 그 규수가 네게로 출가하려 할 것이니, 너는 사양치 말고 혼인을 하여라. 그곳으로 장가들러 온 신랑은 장기연의 조카와 연분이 닿아 혼인이 될 터이니 네가 장가를 들어도 아무 관계가 없느니라.'

당초에 혼인 말씀을 없으신 스승의 뜻을 이상하게 여겼던 허운은 편지를 보고서야 깨닫는다.

'욕심이 생기면 도술에 영험이 없어질까 염려하신 것이로구나! 스승의 가르침이 이러하시고, 주인의 청이 저러하니 장가들밖에 없다.'

허운이 선생의 편지를 주인 앞에 밀어 놓으며 말한다.

"이 편지는 어제 스승께서 써주시면서 오늘 아침에 뜯어보라 하셨기에 지금 뜯어보았습니다. 주인장께서도 보실만한 말씀이 있으니, 좀 보시지요."

주인은 혼인에 관한 말을 더하려는데 허운이 편지를 보라 하니 일이 틀어지나 보다 싶었다. 할 수 없이 보라는 편지를 먼저 보고 혼인 얘기를 해야겠다고 생각하고 편지를 보았다.

'아니, 이럴 수가!'

주인은 어이가 없었다. 허운이 호랑이를 제어하는 재주를 가졌으니 하루에 이백여 리를 온 것이 이상하지는 않으나, 화담 선생 도술은 귀신도 헤아리지 못하겠으니 사람이 어찌 놀라지 않겠는가. 생각하면 할수록 점점 놀라워 눈이 둥그레지고 입술이 꼭 붙었다가는 한참 만에야 눈이 갸름해지고 입술이 떨어졌다.

"자네가 그래 어제 당일에 이백여 리를 왔단 말이냐? 그리고 화담 선생의 편지가 이러한데, 자네가 아직도 장가들기를 마다할 테냐? 저기 있는 신랑은 조카사위로 삼기로 벌써 정해졌다네."

주인은 허운이 한 시간 만에 온 줄은 모르고 하루 종일 걸려온 것도 장하다고 부추겼다. 그리고 선생의 편지를 얻어 보고는 큰 원군을 등에 업은 양 힘으로 억눌러서라도 혼인을 하려 들었다. 그 모습을 보고 허운은 웃기만 하고 대답은 하지 않으니 혼인을 허락한 셈이 된 모양새가 되었다.

주인은 기분을 주체할 수 없어 웃음으로 얼마쯤 흩어 버리다가, 나무신 뒷굽이 깨지는 줄도 모르고 안방으로 뛰어 들어간다. 화담 선생의 신명함과 허운이 혼인을 허락하였음을 입에 침이 마르도록 이야기하니 부인과 소애도 놀라면서도 기뻐했다. 부인은 놀란 마음은 속에 두고 기쁜 빛을 드러냈으나, 소애는 기쁜 마음은 속에 두고 놀란 빛을 얼굴에 드리웠다.

천지신명께 바치는 촛불이 휘황하고 부부의 술잔이 왕래하는 곳이 혼례식이다. 허운은 모친께 고하지 않았으나 스승의 명이 계시기에 복건과 도포를 차려입을 수 있었고, 소애는 소소한 절차에 구애받지 않고 큰 의리만 따라 붉은 저고리에 푸른 소매 깃을 걸치고 혼례식에 들어섰다. 신랑의 풍채와 신부의 태도는 문자로 하면 천생배필이라 하겠고, 저잣거리 말로하면 기울지도 어그러지지도 않다고 할 만하였다. 혼례를 끝내고 장기연은 조카를 꾀어 내세워 그 자리에서 혼례를 또 지냈지만, 화담 선생이 예견했던 일이기에 꺼림이 있다고 말하는 사람은 없고 하늘이 정한 인연이라고 말하는 사람은 많았다.

허운은 혼례 당일에 집으로 가기를 청하여 장인이 앞에 서고 하인이 뒤에 서서 삼사 일 만에 본집에 도착하여 모친께 폐백을 올렸다. 모친은 화담 선생의 기별을 받았기에 아들이 멀리 간 것은 알지만 그래도 염려하며 돌아오기만을 기다렸다. 헌데 며칠 후에 돌아오는데, 훌륭한 며느리까지 얻어 왔으니 기쁨이 한량없기는 했으나 곡절을 몰라 며느리 손을 잡고 아들의 얼굴을 쳐다보며 말한다.

"애야, 이런 기특한 사람을 어디 가서 데려왔느냐? 내가 오늘부터는 새 세상을 만난 듯하다만 그 곡절이나 좀 알자."

허운은 그제야 여우부터 호랑이 일까지 스승의 지도하신 일과 자기가 했던 일을 조금도 숨김없이 한바탕 설명한다. 모친은 듣는 말마다 소스라쳐 놀라다가 끝까지 다 듣고는 그지없이 좋아하고 한량없이 감사하며 연신 손을 비비며 고개를 숙여댔다. 신부는 그 말을 들으면서 속으로 생각했다.

'호랑이 중매를 얻어 시집을 왔더니, 여우 전 마누라 집에 후취가 되었구나!'

저간의 사실을 자세히 듣게 된 장기연은 더욱 신기하게 여겼다. 허운이 화담 선생께 나가 뵈는 자리에 장기연도 동행했다. 화담은 장기연을 예에 따라 맞이하시고 허운에게 조용히 말한다.

"너는 어찌하여 도술 그물코 하나를 빠뜨려서 그 호랑이가 그 틈으로 머리를 디밀어 몇 코를 더 뜯게 하고, 마루 귀퉁이를 물어 떼이게 하였느냐? 하마터면 공을 이루지 못 할 뻔하였느니라."

허운은 그물코가 빠졌는지, 틈이 생겼는지 몰랐는데 선생은 보신 듯이 말씀하셨다. 허운은 삼가 조심하지 못했음을 사죄한다.

"그런 줄은 어찌 아셨습니까?"

화담은 웃으며 답했다.

"그 호랑이가 다녀오는 길에 다시 와서 말하더구나."

스승과 제자 사이에 주고받는 말을 듣던 장기연은 사람이 되었다는 여우와 호랑이에 관한 일을 더 듣고자 화담 선생께 청하려는 데 선생이 허운에게 말했다.

"짐승이라도 수백 년을 묵으면 귀신과 통하게 되어 몸을 변화시킬 수 있다. 여우가 아름다운 여인이 되고, 호랑이가 의젓한 중이 된 것은 이왕에 내가 말한 바이다. 네가 그 구술을 먹지 않았으면 재주를 배울 수 없었고, 재주를 배우지 않았으면 그 호랑이를 제어할 수 없었고, 그 호랑이를 제어하지 않았으면 인연을 찾을 수가 없었을 것이니 이는 다 너의 운수에 정해져 있는 일이니 나의 지도만으로 된 일은 아니니라."

이 말은 들은 허운은 다시 일어나 절하고 인사하였다. 장기연도 자세를 고쳐 앉으며 자식 살려 주신 은덕을 치사하니 화담은 그저 웃을 뿐이었다.

장기연은 사위의 집이 빈궁함을 염려하여 자기 재산을 많이 나누어 보조하였다. 허운은 살림이 넉넉해졌고 부부가 서로 사랑하며 모친의 남은 생을 마음껏 공양하였다. 그리고 화담 선생의 큰 은덕을 몸이 다하도록 칭송하였다.

#17

화담 선생의 부인은 선생과 함께 산 지 30년 동안 비록 주림과 추위를 겪었으나 속된 여자가 아니었다. 선생에게 높은 재주가 있음을 존경하였고 선생도 부인을 공경과 예의로 대하였다. 하루는 부인이 선생께 말하였다.

"이 사람이 선생을 남편으로 섬긴 지 30년입니다. 선생의 도술이 높으신 줄은 알지만은 도술을 행하시는 실제 모습을 본 적이 없습니다. 남에게는 보여주지 아니하시려니와 내외간에야 관계있겠습니까? 귀신을 부른다든지 호랑이와 표범을 부린다든지 그런 무서운 일은 보고자 하지 않습니다. 편안하고 아담한 일을 한번 보기를 원하오니 보여주시겠습니까?"

선생은 웃으며 고개를 끄덕였다. 하루는 선생이 건넌방으로 들어가며 부인에게 말한다.

"이 방문을 열지 말고 있다가 내일 정오에 문구멍을 뚫어 들여다보시오."

부인은 생각하였다.

'이제야 도술을 구경시켜 주시나보네. 저 분통만큼 작은 방에서 무슨 일을 하시려하누?'

이튿날 정오에 부인은 문살 틈으로 구멍을 뚫고 들여다보았다. 방안이 드넓게 넘실대는 바다가 되었고, 선생은 조그마한 배를 타고 앉아 거문고를 타고 있었다. 쌍상투를 틀고 호리병을 든 동자 둘이 좌우에서 모시고 서서 옥으로 된 피리를 불어 거문고 소리에 화답하였다. 그 광경을 보는 부인은 무서운 마음은 없었으나 놀랍기는 하여, 눈을 비껴 뜨고 한동안 바라보다가 안방으로 돌아왔다. 한참 후에 선생이 문을 열고 나와 웃으면서 말했다.

"그만하면 한가하고 아담한 구경을 하였는지요?"

부인은 구경하였다고 대답하고 그 바다는 어디쯤이며 그 배와 동자는 어디서 났느냐고 물었다.

"물은 바다가 아니라 중국에 있는 넓은 호수 동정호요, 배는 연잎으로 만든 것이요, 동자는 연 줄기로 만든 것이지요."

화담의 말을 들은 부인은 어이없다는 듯 답하였다.

"여기서 동정호가 수만 리나 되는데 어찌 순식간에 왔다 갔다 하며, 연잎같이 연약한 물건을 사람이 어찌 타며, 연 줄기 같이 미세한 물건이 어찌 사람이 되는 겁니까? 그것은 다 눈가림하는 헛일일 뿐 사실이 아닌 듯 싶습니다."

이에 선생은 웃음을 섞어 받아넘긴다.

"천지 만물과 인생 백 년이 모두 헛일이지요. 그 일만 헛일이겠소?"

#18

화담 선생에 대한 이야기는 이 밖에도 많겠지만 내가 들을 것은 이 뿐이기에 여기에서 그친다. 이다음에 또 듣는 대로 쓰기로 한다.

서경덕의 사람들

서경덕의 사람들 찾아보기

현재 남아 있는 자료에 의하면 서경덕은 정치적 또는 학술적으로 많은 사람과 교류하지는 못한 것 같다. 하지만 개성을 중심으로 사뭇 다양한 사람들과 교유를 하여 개성을 하나의 학문 문화권[1]으로 묶어 내거나 개경학[2]의 체계를 이루었다고는 평도 있고, 혹은 화담학[3]을 성립하였다고 주장도 있다. 개경학이나 화담학이라는 것이 성립할 수 있는지는 좀 더 탐구해 보아야 할 것이지만, 그것이 지칭하는 내용이 같지는 않다. 개경학은 개경이라는 지리적 · 공간적 특색과 서경덕의 사상과의 연계성을 다루는 것이고, 화담학은 서경덕 사상의 특징 및 그 전승에 초점을 두고 개념 규정을 한 것이다. 둘의 차이점도 있지만 공통점은 서경덕이라는 인물이다. 그만큼 개경이라는 지역에서 보나, 조선 성리학의 관점에서 보나 서경덕은 하나의 변곡점이다.

여기서는 서경덕이 직접 교류한 인물과 직전 제자를 중심으로 서경덕의 인적 네트워크를 살펴보려 한다. 이를 해결하는 가장 기초적이고 중심적인 재료는 『화담집』이다. 『화담집』에는 부록으로 「문인록」이 있으니 서경덕 학맥의 대강을 그려볼 수 있다. 또한 『화담집』에는 문인은 아니면서 시를 주고받은 인물이 있으니 당시 교유한 면면의 일부나마 엿볼 수 있다. 그리고 몇 편의 논문[4]과 여러 가지 단편적인 진술들도 참고하여 서

서경덕의 선배들

심의(1475~?), 박우(1476~1547), 김안국(1478~1543), 심언경(1479~1556), 이구령(1482~1542), 신광한(1484~1555)

서경덕(1489~1564)

직전제자 → 재전제자 → 재재전제자

- 장가순(1493~1549)
- 민기(1504~1568)
- 이중로(1512~1554)
  - → 서기(1523~1591)
    - → 이덕윤(1553~1630)
  - → 정지연(1525~1583)
  - → 김근공(1526~1568)
    - → 이발(1544~1589)
    - → 성호(1545~1588)
  - → 박응남(1527~1572)
  - → 박응복(1530~1598)
  - → 윤두수(1553~1601)
  - → 김취려(?~?)
- 박지화(1513~1592)
  - → 박인수(1521~1592)
  - → 정작(1533~1603)
  - → 허교(1567~1632)
    - → 허목(1595~1682)
  - → 이기설(1558~1622)
  - → 이정호(1578~1639)
  - → 이덕윤(1553~1630)
- 홍인우(1515~1554)
  - → 한호(1543~1605)
- 박민헌(1516~1575)
  - → 한효윤(1536~1604)
    - → 한백겸(1552~1615)
- 차식(1517~1575)
  - → 차천로(1566~1615)
  - → 차운로(1559~1637)
- 이지함(1517~1575)
  - → 서기(1523~1591)
    - → 이득윤(1553~1630)
  - → 조헌(1544~1592)
- 허엽(1517~1580)
  - → 허봉(1551~1588)
  - → 허초희(1563~1589)
  - → 허균(1569~1618)
- 민순(1519~1591)
  - → 홍가신(1541~1615)
  - → 홍이상(1549~1615)
  - → 윤효전(1563~1619)
    - → 윤휴(1617~1680)
  - → 이발(1544~1589)
  - → 이신의(1551~1527)
  - → 한백겸(1552~1615)
- 신역(1520~1561)
- 최력(1522~1550)
- 박순(1523~1589)
  - → 안민학(1542~1601)
  - → 유희경(1545~1636)
- 서기(1523~1591)
- 마희경(1525~1589)
- 정지연(1525~1583)
- 김근공(1526~1568)
- 남언경(1528~1594)
  - → 이요(?~?)
  - → 유희경(1545~1636)
- 정개청(1529~1590)
- 정작(1533~1603)
- 홍성민(1536~1594)
- 이구(?~1573)
- 김혜손(?~1585)
- 박여헌(?~?)
- 이균(?~?)
- 황원손(?~?)
- 김한걸(?~?)
- 최자양(?~?)
  - → 최립(1539~1612)
- 윤담수(?~?)
- 강문우(?~?)
  - → 심희수(1548~1622)
- 정복시(?~?)
- 정복광(?~?)
- 최표지(?~?)
- 김호(?~?)

기타

침류대학사

유희경
박순
남언경
홍성민
한백겸
허균
차천로
이수광(1563~1628)

사숙
이경창(1554~1627)

경덕의 인적 연계를 탐구할 것이다. 그리고 몇몇 인물들에 대해서는[5] 특징하여 서술할 것이다. 이는 서경덕 사상이 어떤 변용되었고 어떻게 확장되어갔는지를 엿보기 위함이다.

서경덕의 선배들

1. 심의(沈義)

심의(沈義)는 1475년(성종 6년)에 태어났으니 서경덕보다 14년 선배이다. 언제 돌아갔는지는 알 수 없다. 심의의 형은 심정(沈貞)인데, 심정은 중종반정에 가담한 공신이었으나 훗날 기묘사화를 일으켜 조광조 등의 사류를 핍박하여 인심을 잃었고 모사를 잘 꾸미는 소인배, 간신으로 불렸다. 심의는 심정과 달리 왕에게 옳은 말을 하다 공신들에게 미움을 받아 개성 근처 여주부 교수로 좌천되었다. 이때 서경덕과 뜻을 나누게 된다.

서경덕과 심의는 각별한 사이였던 것으로 보인다. 『화담집』에 심의와 관련된 시가 6편이나 있고, 산문도 1편이 실려 있다. 시를 짓게 된 계기를 보면 다음과 같다. 심의가 쌀과 함께 운(韻)을 보내와 그에 응답한 6수[6]와 차운한 2수[7], 심의가 학생들을 데리고 화담을 방문했을 때 운을 따라 지은 것[8], 심의와 만월대에서 노닐며 운을 따라 지은 것[9], 경덕궁에서 심의의 운을 따라 지은 것[10], 심의를 보내며 지은 것[11] 등이다. 이 가운데 심의를 보내며 지은 시를 한 편 읊어보자.

심 교수를 보내며

옛 땅에서 삼 년 가르치니 故國三年敎

학생들이 기쁘게도 훌륭한 사람이 되었네. 諸生喜玉成
이별하는 마음 참을 수 없고 離懷應不耐
아름다운 미소를 청할 길 없네. 無路請陽城

이

꽃 냇가에서 같이 발 씻고 花溪同濯足
하동(霞洞)에서 함께 술잔 기울였네. 霞洞共傾杯
현상 밖에서 거닐던 곳 象外逍遙地
다음에 꿈에라도 돌아오시게. 他年夢一回

삼

푸른 산속 몇 칸 집 青山數間屋
책상 위 누런 책 黃卷一床書
꼴 베고 나무하는 늙은이 안부 물으면 有問芻蕘老
근래에 더욱 게으르고 성글다 하시게. 年來太懶踈

첫 수는 교수로서 심의의 가르침이 훌륭했음을 칭찬하는 것으로 시작하여 이별하는 아쉬움으로 끝맺고 있다. 둘째 수는 심의와 함께 보냈던 즐거웠던 순간을 추억하며 꿈에서라도 다시 만나게 되기를 기약하고 있다. 셋째 수는 심의는 도시로 떠나지만 화담 자신은 산골의 처사로 살아갈 것임을 그리고 있다. 전체적으로 볼 때, 떠나보내는 아쉬움보다는 각자 있어야 할 자리가 있음을 담담하게 표현했다고 할 수 있다.

그런데 서경덕은 심의와 이별하며 별도의 이별사를 썼다. 심의가 70세이고 서경덕은 56세 때인 1544년(중종 39년)의 일이다. 이 글은 서경덕의 사상을 이해하는 데 귀중한 자료이니 전문을 읽어보도록 하겠다.

심 교수를 보내는 글

사람을 보내는 아쉬움을 말씀으로 달래는 것은 서로의 정을 두텁게 하는 길입니다. 살펴보니 저는 가난하여 주머니에는 한 푼도 없으니 '그침[지(止)]' 이라는 말 한마디를 바칠까 합니다.

천하의 만물과 모든 일은 각기 그 그침이 없을 수 없습니다. 하늘이 위에 그침을 우리는 압니다. 땅이 아래에 그침을 우리는 압니다. 산은 솟고 물은 흐르며 새는 날고 짐승은 엎드려 각기 자신이 그칠 곳에 그쳐 어지럽지 않음을 우리는 압니다. 더욱이 사람에게 있어서는 그침이 없으면 안 됩니다. 그침은 한 가지가 아니니, 마땅히 각각 그 처한 바에 따라 그칠 것에 그쳐야 합니다. 예를 들어 부모와 자녀는 은혜[은(恩)]에 그쳐야 하고, 임금과 신하는 옳음[의(義)]에 그쳐야 합니다. 이것은 모두 사람의 성(性)에서 유래하는 것인데, 사물에 비유하면 곧 법칙[칙(則)]입니다.

마시고 먹고 옷을 입는 일상적인 쓰임이나, 보고 듣고 말하는 평상시의 행동에서도 어찌 그칠 바가 없겠습니까. 미루어보면, 움직임은 고요함으로 향해 가고, 힘듦은 편안함으로 가려 하며, 뜨거운 것을 잡으면 즉시 차가운 것으로 나아가려 하며, 피곤해지면 잠이 들기 마련입니다. 움직임과 힘듦은 고요함과 편안함에 그치지 않을 수 없으며, 뜨거움과 피곤함은 차가움과 휴식에 그치지 않을 수 없습니다. 특별한 지혜를 깨달아야만 그칠 바를 알 수 있는 것이 아닙니다. 군자가 배움을 귀하게 여기는 바는 그쳐야 할 때 그침을 알고자 하는 것에 있습니다. 배우고도 그침을 알지 못하면 배우지 않은 것과 무엇이 다르겠습니까.

글쓰기[문학]와 그림 그리기[회화] 또한 하나의 학문입니다. 배움의 과정을 엄밀하게 하고 역량을 넉넉히 발휘하여 자신이 기약한 것을 채워나가기 위해 노력해야 합니다. 그리고 그 노력 끝에 도달한 기예의 수준이 뛰어나든 아둔하

든, 공을 거두었든 그렇지 않았든 간에 모든 것을 놓아버리고 더 이상 신경 쓰지 않음을 즐기게 된다면 이른바 초연하게 그침을 안 것이 아니겠습니까. 사물에는 끝이 있기 마련이니 처음과 끝의 질서를 무시하고 함부로 늘려서는 안 됩니다.

대관자[大觀子. 심의의 호를 따라 높여 부르는 말]께서는 어려서부터 시에 힘을 쓰셨고 나이 들어서도 계속 시를 쓰고 계십니다. 그 시는 고상하고 기운차며, 차분하고 참되어 시경 속의 시들과 큰 차이가 없습니다. 게다가 지금 또 시를 탈고하였다니 부지런하다고 할 수 있습니다. 벼슬에서는 낮은 관직도 낮다 하지 않으시고 하늘의 뜻이라고 여기고 따랐으며, 머리가 희끗해져서야 5품의 관직에 올랐으나 끝내 성내지 않으시니 공손하다고 할 수 있습니다. 또 개성에서 교수로 계실 때는 학교를 돌보지 않는 날이 없었으며, 수업하시면서 학생들을 힘써 격려해주셨습니다. 후학들이 면목을 일신하여 학문에 진전이 있도록 고무하였으니 수고하셨다고 할 수 있습니다.

선생을 보건대, 일흔에도 건강하시니 장수하셨다고 말하지 않을 수 없으며, 관직이 대부 바로 밑에 계셨으니 귀하다고 말하지 않을 수 없으며, 시를 잘 지어 소문이 났으니 성공했다고 말하지 않을 수 없습니다. 장수하시고 귀하게 되셨고 후학을 가르치는 것도 길이 남을 업적을 쌓으셨으니 하고자 했던 바를 거의 채우셨다고 할 만합니다. 그러나 지난 것은 지난 것일 뿐, 이제는 힘을 쓰시기 어렵다는 것을 저는 압니다. 그러니 소요의 경지에 몸을 쉬시고, 담박한 곳에서 몸을 노닐게 할 때가 지금이 아니겠습니까.

『주역』에 "그칠 때 그치고 행할 때 행하라."라고 했습니다. 행할 때 행하는 것은 행에 그치는 것입니다. 그칠 때 그치는 것은 그침에 그치는 것입니다. 이미 그침에 그쳐야 하는 곳에 이르렀거늘 괴롭게 시를 읊을 필요가 없으며, 벼슬자리에서 분주하게 일할 필요도 없으며, 분발하여 몸을 번거롭게 움직이려고 생각할 필요도 없습니다. 그런데, 어찌 동동거리며 왔다 갔다 하여 그치지 않으십니까.

공자는 노쇠해진 이후에는 주공의 꿈을 다시 꾸지 않으셨으니 그쳐야 할 곳에 그쳐야 함을 안 것입니다. 소옹은 "책을 읽지 않은 지 12년 되었다."고 했으니 읽음을 그칠 줄 알았습니다. 또, "한가로우면서도 맑지 못한 것이 첫째 미혹이고, 늙어서 쉬지 않는 것이 둘째 미혹이다."라고 했으니 한가하면 마땅히 맑음에 그쳐야 하고, 늙으면 마땅히 쉼에 그쳐야 함을 안 것입니다. 미혹되지 않으셨다면 어찌 쉬지 않겠습니까. 우리 선생께서는 이미 늙고 한가해졌으니 고요히 앉아 분주하지 않고 몸과 마음을 거둬들여 무사무위[無思無爲. 작위적 판단이나 행위를 하지 않음]의 경지에 그쳐야 할 때가 맞습니다.

이른바 무사무위라는 것은 석가모니의 적멸(寂滅), 노자의 허무(虛無), 열자의 잠구관(潛九觀), 장자의 어육기(御六氣), 위백양의 복연홍(服鉛汞)과는 다릅니다. 저들이 비록 천하에 자신의 학문보다 고상한 것이 없다고 여기고 있지만 그 하는 바를 살펴보면 한쪽 모퉁이에 깊이 빠져 있습니다. 어찌 우리 유학의 대중지정하고 체용을 아우르며 동정을 하나로 하며 현미의 사이가 없는 도와 같겠습니까. 우리가 마땅히 그쳐야 할 바는 여기 유학에 있지 저들의 학문에 있지 않습니다.

그렇다면 어떻게 해야 무사무위의 경지에 그칠 수 있겠습니까. 지경관리(持敬觀理)하는 것이 그 방법이라 말하겠습니다. 경(敬)은 주일무적[主一無適. 마음을 하나로 모으는 것]을 말하는 것입니다. 한 사물에 접하면 접한 바에 그치고, 한 일에 응하게 되면 응한 바에 그쳐 조금의 틈도 없는 것이 마음을 하나로 하는 것입니다. 그리고 사물과 일이 지나가면 곧바로 마음을 거두어 밝은 거울과 같이 맑게 해야 합니다.

그러나 지경에 익숙하지 않아 마음을 하나로 할 때, 그침에 매몰되는 사람이 매우 많습니다. 그침에 매몰되는 것도 누가 되는 것일 뿐입니다. 지경을 오래 하여 고요함[정(靜)]으로 움직임[동(動)]을 제어해야 밖으로는 그침에 매몰되지 않고 안으로도 그침에 매이지 않습니다. 그런 후에 무사무위가 가능할 수 있습니다.

선생께서는 서재에 대관(大觀)으로 이름을 붙이셨습니다. 이른바 대관은 그침에 그치는 것보다 큰 것이 없을 것입니다. 선생께서는 자못 옛사람의 풍모가 있고, 처세에 있어서 방정함을 훼손하지 않고서도 아랫사람과 친하게 지내셨습니다. 모나거나 풍속과 어울리지 않는 행동을 하지도 않으셨습니다. 진실로 이른바 그침에 그칠 곳과 그침에 그쳐야 할 때를 알아 그것에 그치셨습니다. 만약 성큼성큼 빨리 가려 하거나, 활보하여 이백과 두보의 시단을 기웃거리려 글 짓는 나쁜 버릇을 계속 지니고 있으면 안 됩니다. 시는 성정을 즐기는 것일 뿐이라고 하신다면 그것은 뜻을 잃지 않을 때에 할 수 있는 것이고, 벼슬에 임하여서는 의(義)에 안주하여 죽은 후에나 그만두겠다고 하는 것이 옳습니다.

제가 『역경』을 읽는 즈음에 '지(止)' 자를 보고 그 학설을 미루어 넓혀 선생을 보내며 바칩니다.[12]

손아래인 서경덕이 한창 선배인 심의에게 꾸짖는 듯한 느낌의 문투도 있지만, 서경덕과 심의가 서로를 격려함에 스스럼없는 관계였음을 반증하는 것이기도 하다. 서경덕은 불교, 도가, 도교가 각기 특장점이 있기는 하지만 모두 한쪽으로 치우친 공부이며, 유가야말로 온정하고 바른 학문이라는 단초를 지(止)를 통해서 풀어낸다. 그리고 선비인 심의 또한 그렇게 살아가야 함을 주문하고 있다. 이는 심의뿐만 아니라 자신도 그렇게 살아갈 것을 다짐하는 것이기도 하다.

심의는 중앙에서 변방으로 쫓겨 온 학자이고 서경덕은 그 변방에서 뿌리를 내린 학자이다. 특이한 행동으로 사람들과 잘 어울리지 못했던 심의는 서경덕의 학문적 깊이와 열린 마음에 이끌린 것 같다. 서경덕은 사람 사귐에 있어 신분과 지위와 평판에 차이를 두지 않은 것으로 보인다. 심의가 소인배로 지목된 간신 심정의 아우이지만 그것이 심의와 교유하는데 걸림돌은 아니었다. 서경덕은 조광조로 인해 시행된 현량과에 천거된 시골 선비였고, 심정은 그런 조광조를 몰아낸 사람이었기에 서경덕이 심정을 좋게 보지는 않았을 것이다. 해서 그의 아우 심의에 대해서 나쁜 선입견을 가질 수도 있었겠으나, 시를 통해 보면 정감에 있어 통하는 면이 있었던 것으로 보인다. 하지만 서경덕과 심의는 시를 주고받는 관계이기는 했으나 사상적인 면에서는 서로에게 영향을 주고받은 것 같지는 않다. 즉 심의는 서경덕의 시 친구였던 것이다.

2. 박우(朴祐)

박우는 서경덕보다 13년 선배로서 1476년(성종 7년)에 태어나 1547년(명종 2년)에 돌아갔다. 성품이 곧았고 윗사람에게 아첨하지 않아 당시의 권세가인 김안로(金安老)에게 핍박을 받은 인물이다. 병조참의를 지내다가 모함을 받아 황해도의 해주목사로 좌천되었다. 또 박우는 개성 유수를 역임했는데 이때 서경덕과 교유한 것으로 보인다. 『화담집』에는 박우와 관련된 시가 2편이 있다. 하나는 박우의 운을 따라 지은 것[13]이고 또 하나는 박우에게 복숭아를 주면서 지은 것[14]이다.

유수 박우의 운을 따라 지음

빼어난 곳 꽃 못에 조용히 살 곳을 정하고 花潭特地卜幽居
숲이 깊어 수레 드문 것이 좋아 爲愛林深車馬踈
티끌 속으로 향하는 것 미워하여 지팡이와 발길을 되돌리니 懶向塵中回杖屨
기(沂)에서 목욕하려는 자유로운 성품 능히 버릴 수 없네. 浴沂狂性未能除

이

근일 산속 집에서 한가롭게 글 읽다 近日山齋剩讀書

우리 고을 재상의 즐겁고 활달한 문장 받았네. 得吾邦宰樂紆餘

사마공(司馬公)이 기뻐하는 눈빛으로 맞이하는 것을 헤아려 擬邀司馬公青眼

천진(天津)에 있는 소옹의 움막을 한 번 돌아보리라. 一顧天津邵子廬

유수 박우에게 복숭아를 드리며

푸른 복숭아를 시골 마을에 심었는데 碧桃植在水雲鄕

맛은 맑고 시원하며 바람과 이슬 향기가 스며있네. 味帶淸冷風露香

무릉원의 열매에 감히 견주면서 堪擬武陵源上實

내 선생을 불러 먼저 맛보게 드리겠네. 獻吾召父得先嘗

개성 유수로 오게 된 박우가 서경덕에게 먼저 글을 보낸 모양이다. 서경덕이 그에 응한 것이 첫째 시이다. 둘째는 서경덕이 박우에게 복숭아를 선물하면서 보내는 시다. 서경덕의 시 가운데 개성 교수인 장윤(張綸)으로부터 복숭아나무를 받고 감사하는 것이 있다.[15] 서경덕이 장윤으로부터 언제 복숭아나무를 받았는지는 정확하지 않지만, 아마 이 나무에서 열린 복숭아를 개성 유수로 있던 박우에게 보냈을 것이다.

박우는 서경덕을 신선 같은 사람이라고 평하며 학문과 인품에 존숭의 뜻을 표하기도 했다.[16] 서경덕 또한 박우를 청렴하고 재능 있는 관리로 존경했다. 특히 박우는 자신의 아들 박순(朴淳)을 서경덕에게 보내 공부하도록 했다. 훗날 박순은 청렴한 재상이 되었고, 서인(西人)을 이끄는 지도자가 되었다. 그러고 보면 박우와 그의 아들 박순에 이르기까지 대를 걸쳐 서경덕과의 인연을 맺게 된다. 박우와는 의기가 통하는 관계였다면 박순과는 사제 간으로서 사상적으로 맺어진다고 하겠다.

3. 김안국(金安國)

김안국은 서경덕보다 11년 선배로서 1478년(성종 9년)에 나서 1543년(중종 38년)에 돌아간 학자이다. 조광조와 함께 김굉필(金宏弼)의 문인으로서 사림의 선도자였다. 기묘사화 때 겨우 화를 면하고 파직되어 경기도 이천으로 내려가 후학을 양성하였고 후일 다시 등용되어 예조판서, 대제학 등을 역임하며 성리학적 이념에 의한 통치 실현을 위해 노력했다.

서경덕을 조정에 두 번이나 추천했으니 서경덕의 재능을 무척 아꼈던 것으로 보인다. 『화담집』에는 김안국이 서경덕에게 부채를 선물하였고, 이에 감사하며 서경덕이 부채를 모티브로 쓴 산문 한 편과 시 두 수가[17] 있고, 후일에 다시 자신의 시를 차운하여 쓴 시[18]가 한 편, 이어서 또 지은 시가[19] 실려 있다. 산문은 부채와 바람과의 관계를 통해 존재의 근원을 탐구한 것이다. 부채에 붙인 시는 바람이 백성의 땀을 씻어주듯 조정의 신하로서 온 나라에 인풍(仁風)을 일으킬 것을 말하고 있다. 이 산문과 시에 대해서는 별도로 논할 것이니 여기서는 옛 운을 따라 지은 시와 이어 지은 시를 보겠다.

옛 운을 따라

온갖 꽃 핀 연못 위 띠 집 한 칸 百花潭上一茅堂
뜰의 풀 봄이 깊어 짙고 또 무성하네. 庭草春深翠且長
안락(安樂)은 다만 응당 소옹을 스승으로 했고 安樂只應師邵氏
욕심 없고 거친 것은 당연히 금장(琴張)을 본받았네. 淸狂非故效琴張

가르침이 이루어져 백록동 법규 무르익어 가고 教成白鹿規將熟

푸른 깃옷 지어 입고 행실 또한 시원시원하네. 裁得青衿行亦凉

듣기에 오랜 도읍에는 문헌(文獻)이 많다 하는데 聞說古都文獻盛

스스로 부끄럽네, 곤궁한 시골을 떠나보지 못함을. 自慚全未擧窮鄕

또 한 수를 지어 바침

허유(許由)는 억지로 요임금의 나라를 사양한 게 아니라 許由非是强辭堯

성조(聖朝)를 움직일 재주가 없음을 스스로 헤아렸네. 自揣無才動聖朝

태평시대에 발을 내미는 것은 직분 밖의 일임을 아니 投足太平知越俎

홀로 소요(逍遙)에 기대어 가는 것만 못하리. 不如孤往任逍遙

앞의 시는 산골에서 청빈하면서도 공부에 전념하고 있는 자신을 노래하고 있고, 뒤의 시는 사양의 의미를 담고 있다. 뒤의 시는 김안국이 서경덕을 추천하였을 때인 52세 즈음에 지은 듯하다. 부채를 받았을 때 쓴 시보다 뒷날에 쓴 것이기 때문에 31세 때는 아닐 것이기 때문이다. 김안국에 관한 글은 김안국이 서경덕에게 베푼 것에 대한 감사와 사양의 표현을 담고 있다. 김안국은 서경덕의 인품과 학식, 재주를 아껴주는 후견인이라고 할 만하다.

4. 그 밖의 선배들

그 밖에 『화담집』에서 찾을 수 있는 서경덕의 선배격인 사람들이 몇 있다. 10년 선배인 심언경(沈彦慶), 7년 선배격인 이구령(李龜齡), 5년 선배격인 신광한(申光漢)인데 서경덕은 그들과 관련된 시를 지었다. 심언경, 이구령, 신광한이 모두 개성 유수일 때 서경덕과 교유한 것으로 보인다.

심언경에게 준 시는 두 편이다.[20] 이구령과 관련된 시는 세 편이다.[21] 이구령은 화담을 자주 찾은 것으로 보인다. 화담을 방문한 이구령에게 서경덕은 다음과 같은 감사의 시를 짓는다.

유수 이구령이 기수를 물리치고 화담을 방문한 것에 감사하며

술 한 병들고 좋은 시내와 산을 찾아 探勝溪山酒一壺

하인들이 부르는 소리 물리치시네. 兩三僮僕罷傳呼

푸른 산과 서울 거리 때에 맞게 행동하니 青山紫陌隨豐約

사람들 속에도 대장부가 있음을 비로소 믿게 되네. 始信人間有丈夫

이구령은 세속을 떠나듯 하인들도 뿌리치고 화담으로 찾아들었고, 그런 이구령을 서경덕은 반갑게 맞아준다. 서경덕은 이구령을 산에 있으면 산사람이 되고, 서울에 있으면 서울 사람이 되어 그 장소와 상황에 어우러지는 사람으로 평한다. 서경덕과 이구령은 풍취를 함께 즐길만한 사이라고 하겠다.

신광한에게는 두 편의 시를 썼다.[22] 신광한은 조광조와 함께 시무를 잘 논하였고 청렴한 관리였다. 기묘사화 때 조광조 일파로 몰려 파직되었다가 18년이 지나고서야 복직되었다. 신광한이 대제학으로 있을 때인 1545년(인종 1년)에 서경덕은 시 한 편을 짓는다.

신광한의 운을 따라 지음

상국께서는 공평하여 치우치지 아니하여 정당(政堂)에 나아가고 相國持平就政堂

어진 이와 재주 있는 여러 선비는 각각 장점을 자랑하네. 羣賢濟濟各矜長
직책을 맡은 사람들인데 누가 낮고 무거우랴 權時人物誰輕重
세상의 법도 되는 문장 홀로 펼치시네. 範世文章獨主張

자신을 단속하는 것으로도 본보기가 되는데 律已旣能爲表率
재능 있는 사람 뽑는데도 사사로운 정을 헤아리지 않으네. 抽才未始校炎凉
다투어 요순(堯舜)에 의지하여 공을 날로 거두니 競依堯舜收功日
시골에 머물러있는 천한 선비 응당 비웃으리라. 應笑寒儒滯一鄕

서경덕은 신광한이 공평하고 인재를 소중히 여기는 관리로 평가하고 있다. 실제로 신광한은 학문을 숭상하였고, 이조판서 때는 인사를 공정히 하고 초야에 묻혀 사는 학덕이 높은 선비를 많이 등용하였다. 그런 신광한은 학덕과 명망을 갖춘 서경덕을 아꼈을 것이고, 서경덕은 신광한을 훌륭한 관리의 전형으로 본 것이다.

서경덕의 문인들

서경덕의 문인들에 대한 1차 자료는 『화담집』의 문인록이다. 그리고 『동유사우록』과 신병주 및 황광욱의 논문[23]을 참고하여 구성하였다. 서경덕의 문인들은 다양한 성격을 지니기 때문에 특정 기준으로 분류하기가 쉽지 않다. 이기론의 계승과 학문적 다양성이라는 기준으로 분류하여 이구, 박순, 장가순, 홍인우, 남언경의 사상을 다룬 연구[24]가 있다. 그리고 붕당의 당색, 다양성, 상업 중시로 분류하여 박순, 허엽, 민순, 박지화, 이지함의 특색을 살핀 연구[25]도 있다. 여기서는 우선 문인들을 나이순으로 나열하고 각 사상가의 이력을 정리하여 보겠다. 생몰 연도가 불명인 경우는 뒤에 배열할 것이다.

1. 장가순(張可順)[26]

호는 사재(思齋)이고, 1493년(성종 24년)에 태어나 1549년(명종 4년)에 돌아갔다. 서경덕보다 4년 후배이니 제자라기보다는 동학이라고 하는 편이 어울린다. 개성 근처 황해도 봉산에서 살았으며 벼슬하지 않고 평생 학인으로 살았다.

장가순은 많은 공부를 하여 저술이 많았다고 하지만 지금 전하는 것은 『인사심서목』뿐이다. 『인사심서목』 안에 「언행록」이 있어 생애의 전모는 아니더라도 일단은 파악해볼 수 있다. 장가순의 아버지는 참봉을 지낸 장유(張裕)이고 어머니는 이씨(李氏)인데 경전과 역사에 능통했다고 한다. 어려서부터 학문에 두각을 나타내어 '어린 공자' 로 불렸고 이로 인해 9살 때 연산군과 대면하기도 했다.[27]

향리에서 학문과 수양에 전념했을 뿐 과거에 응시하지 않았다. 48세 즈음(1540년, 중종 35년)에 김안국이 서경덕을 조정에 천거할 때 함께 천거되었으나 서경덕과 마찬가지로 나아가지 않았고, 말년에는 봉산군의 유림 수백 명이 고을의 수령에게 장가순을 표창해줄 것을 건의하자 수령이 조정에 계를 올렸다. 이에 태조의 능인 건원능의 참봉에 제수되었으나 나아가지 않았다.

장가순의 저서 『인사심서목』은 천리(天理)와 인리(人理)가 하나라는 대전제로부터 인간사의 조목을 연역해 낸 저술이다. '천지 만물은 모두 수(數)에서 나고, 수는 하도(河圖)와 낙서(洛書)에서 비롯된다.' 는 관점에서 도서와 수를 설명하고, 그다음에 천지 만물의 기원과 운용을 설명하고 있다. 서경덕은 동학인 장가순의 이 책에 서(序)를 썼는데 홍직필(洪直弼)은

이에 대해 "화담은 구차하게 다른 사람을 칭찬하지 않지만 이 책의 이치를 찬탄하였으나 그 책 된 바를 가히 알 수 있다."[28]고 하였다. 여기서 서경덕의 서를 보자.

> 내 친구의 저술 『인사심서목』은 어떠한가. 하늘과 사람은 한 이치이니, 천리에 따라 인사를 설명했다. 은미한 것으로부터 드러난 것을 천명하고, 체(體)로부터 용(用)에 이르렀다. 군신관직형정의 도구와 예악사어서수의 법과 쇄소응대진퇴의 절목과 학자의 궁리정심수기치인의 도가 이 한 편 가운데 갖추어지지 않음이 없다. 조리가 찬연하고 구분이 잘 되며 맥락이 관통하고, 자세하고 생략된 것, 큰 것과 세밀한 것을 모두 갖추었다. 규모가 광대하면서도 본말이 빠지지 않았고, 절목을 자세하게 다하였으면서도 시종 문란하지 않으며 다른 학설의 동이와 득실을 발명한 바도 있으니 이같이 지극하고 고루 갖춘 것은 있지 않았다. 4편 이상은 천지 만물의 자연이 하늘에서 생겨난 것을 말하였고, 4편 이하는 천지 만물의 자연이 인간에 의해 완성됨을 말하였다. 만약 이치에 자득하지 않은 자라면 어찌 능히 이같이 쓸 수 있겠는가. 편말에 시세사물(時世事物)을 그림으로 비유하였으니 이는 학자가 도에 들어가는 간절하고도 긴요한 말이다. 세상의 가르침에 도움이 있을 것이고 후학에게 법이 될 것이다. 이 책을 숙독하고 자세하게 음미하면 마땅히 얻음이 있을 것이다.[29]

『인사심서목』은 장가순이 말년에 산림으로서의 직분을 다하며, 세상의 가르침에 만에 하나라도 도움이 되었으면 하는 바람으로 저술한 책이다. 『인사심서목』의 특징은 다음과 같다.[30]

첫째, 천인일리(天人一理)의 대전제 하에 천리로부터 인간사를 연역해 내어 인간이 마땅히 지켜야 할 덕목과 수행해야 할 직분을 조목에 따라 설명하고 있다.

둘째, 천도와 자연 그리고 인간이 하나의 이치가 아닌 것이 없지만 특히 인간은 기품과 덕성 면에서 하늘의 완전한 이(理), 온전한 기(氣)를 품부 받았다는 것을 통해 인도의 당위성을 확립한다. 또 인도를 통하여서만 이 천리가 현실에서 닦여 이루어진다는 인도주의 사상이 기본을 이루고 있다.

셋째, 천리로부터 만사를 연역하는 과정을 수(數)를 통한 설명 방식을 채택하고 있다. 따라서 인간사의 전범을 「홍범」에 의거하여 설명한다.

넷째, 임금으로부터 시작하여 직분에 따라 꼭 하여야 할 일을 전고를 들어 설명하고 있는데, 그 내용의 규모는 '행정백과사전' 적인 특성도 있다고 할 수 있다. 이는 서경덕이 '군신관직형정의 도구와 예악사어서수의 법과 쇄소응대진퇴의 절목과 학자의 궁리정심수기치인의 도가 이 책 가운데 갖추어지지 않음이 없다' 라고 평가하고 있는 것에서도 미루어 알 수 있다.

장가순은 시골의 선비로 살아간 인물이다. 시골 선비였기에 사화에도 연루되지 않았고, 일생을 향리를 훈도하는 실천적인 선비의 모습으로 살았다. 그래서 성리학이 학문의 중심에 자리 잡는 시기임에도 불구하고 이기(理氣)나 성리(性理), 혹은 인심도심(人心道心) 등에 대한 이론적 천착에 대한 흔적보다는, 향인들을 교화하는 데 역점을 두고 인의를 솔선수범했던 생애의 흔적을 남기고 있다. 벼슬과는 인연이 없었고 다만 유덕한 선비에게 내리는 의례적인 직책인 능참봉이 내려지나 그것에도 나아가지 않는다. 이런 장사순의 인품에 대해 서경덕은 다음과 같이 말한다.

> 어질도다. 나의 친구여. 항상 온공자애(溫恭慈愛)와 혜인제물(惠人濟物)로 마음 삼으니 만물과 사람을 침해하는 일은 한 터럭만큼도 흉중에 두지 않는다. 또 모든 일에 있어 의(義)가 마땅히 행하여야 할 바이면 행하고, 의가 마땅히

그쳐야 할 바이면 그친다. 이해(利害)의 갈림에 처하여도 오직 의를 할 뿐이니 그 누가 감히 경멸할 수 있으리오.[31]

2. 민기(閔箕)

호는 관물재(觀物齋)이고, 1504년(연산군 10년)에 태어나 1568년(선조 1년)에 돌아간 학자이며 관료이다. 서경덕보다 15살 아래이며 김안국의 제자이기도 하다. 김안국과 서경덕이 교유하는 사이를 민기가 오갔다. 따라서 민기는 서경덕의 문하에도 드나들며 함께 공부했을 것이다. 김안국은 김굉필의 문인이니 민기도 그 영향을 받아 청렴하며 강직한 관리였다. 여러 관직을 거치면서 척신의 견제와 탄핵에 앞장섰고 우의정에 올라 척신 윤원형(尹元衡)과 대결하는 도중 죽었다. 문장가로도 이름이 높았다. 민기는 학자이기보다는 조광조의 지치주의 이념 실현에 힘쓴 관리형 선비라고 하겠다. 민기에게서 스승 김안국의 모습이 엿보이는 면이다.

3. 이중호(李仲虎)

호는 이소재(履素齋)로 1512년(중종 7년)에 태어나 1554년(명종 9년)에 떠난 학자이다. 서경덕보다 24살 아래로 제자라고 할 수 있다. 과거를 물리치고 도학(道學) 연구에 전념하였으며 성리설에 조예가 깊었다. 문장이 뛰어나 김안국이 칭찬해 마지않았다. 서경덕과는 여러 날에 걸쳐 예설(禮說)을 강론하였고, "내가 미치지 못하겠다."고 서경덕이 칭찬했다고 한다.

서경덕은 이기설뿐만 아니라 예설에도 일가견이 있었다. 서경덕은 중종과 인종의 상에 직접 자최(齊衰)의 상복을 입었고, 잘못된 제도를 바로잡을 것을 청하는 상소를 쓰기도 했다. 정구(鄭逑)는 서경덕이 예설에 능통한 것에 대해 다음과 같이 평하였다.

화담의 상소가 올려지지는 않았으나 상제(喪制)에 있어 옛 제도의 엄격함을 논한 것이 우리 동방에서는 있지 않았던 바니 어찌 반드시 올려진 이후에야 원용하여 증거로 삼겠는가. '최복(衰服)의 제도는 천지를 취하여 본뜻 것이다. 최(衰)는 판임(版衽)을 적절하게 갖추어 애참최통(哀斬摧痛)의 뜻을 담은 것이다. 이것이 성현들의 마음 씀이 근면한 것인데 지금은 모두 없애버리고 다만 장포(長布)의 옷만 사용하니 서인(庶人)의 상복(喪服)과 같다.' 고 말한 것은 화담의 상소 가운데 간절한 논의다.

예학으로 정통한 정구가 서경덕을 이렇게 평한 것을 보면 서경덕의 예론이 범상치 않았던 것으로 보인다. 그런 서경덕이 이중호와 예설을 논하고 칭찬까지 하는 것을 보면 이중호 또한 상당한 수준이라고 하겠다. 즉 예에 능통한 서경덕의 측면이 이중호와 연계되고 있다고 하겠다.

이중호는 김굉필의 문인인 유우(柳藕)의 제자이니 김안국과도 교유했을 것이고, 그를 통해 서경덕과 관계를 맺는 것으로 보인다. 한편 이중호는 사도(師道)를 자임하여 많은 학자들이 그의 집에 드나들었다. 이중호의 문인으로 김근공(金謹恭), 서기(徐起), 박응복(朴應福), 박응남(朴應男), 윤두수(尹斗壽), 정지연(鄭芝衍) 등이 있다. 이중 김근공, 서기, 정지연은 서경덕에게도 수학하는 제자들이다.

4. 박지화(朴枝華)

호는 수암(守庵)이고 1513년(중종 8년)에 태어나 1592년(선조 25년)에 자결한 학자이다. 서경덕보다 25살 아래로서 서경덕에게 가장 오랫동안 수업한 문인이라고도 한다. 정선 박씨의 시조이며 서얼 출신으로서 통역 및 외교 문서를 맡아 보는 이문학관을 지냈다.

박지화는 여러 가지 면에서 독특한 점을 지닌다. 학문적으로는 예설(禮

說), 이학(理學), 주역(周易), 도가(道家) 및 선가(仙家)에서 두각을 나타내고 있다. 일반적으로 박지화 사상의 특징을 도가적 경향이 짙은 것으로 평가하지만[32] 그는 예설에도 큰 관심을 보이고 있다. 도가적 경향이 있으면서도 예설에 깊은 관심을 갖는 것은 특이하다고 할 수 있다. 예의(禮儀)는 매우 촘촘한 규제이기 때문에 도가의 무위(無爲)와 어울리지 않는 면이 있기 때문이다.

박지화는 예서를 살펴보아도 부상(父喪)의 절차와 복제(服制)에 대해 모르는 면에 있다며 서경덕에게 질의한다. 그에 대해 서경덕이 답하는 글[33]이 『화담집』에 실려 있다. 또 중종이 승하하자 서경덕이 자최 석 달을 입고 있을 때(서경덕 57세, 1545년) 스승인 서경덕의 건강에 대해 걱정하는 박지화와 박민헌의 편지에 대해 답장을 하는데[34]도 상복에 관한 견해가 담겨 있다. 다음은 서경덕의 답 글이다.

박이정과 박군실에게 보내는 답장

병으로 힘들어했었는데 문안을 받으니 곧 정신이 깨어나고 좋아지는 것 같습니다.

저는 지난해 이후로 기운이 쇠약해졌습니다. 차가운 집에서 홑 베옷으로 지냈으니 한질을 얻은 것이 이유가 있다고 하겠습니다. 문득 추웠다가 갑자기 열이 나고 또 식은땀이 흐르기를 하루에도 네다섯 차례씩 계속되며, 한 달 남짓 음식을 먹지 못하였으니 몸이 쇠약해지고 허해졌습니다. 형세가 오래 살지 못할 것 같으니 하늘의 뜻이 아님이 없겠죠.

상복은 석 달이 되면 마땅히 벗어서 하루라도 늘려서는 안 됩니다. 오복(五服)은 달수를 넘어 더 입을 수는 없습니다. 지금 나라에서는 흰옷과 갓을 삼 년간 입는 것을 이미 법으로 정했습니다. 바르게 상복을 입었다 벗은 후에 흰옷과 갓을 착용하면 옳습니다[이때 선생은 정릉(靖陵)의 상복을 예에 따라 입고 계셨다.]. 제가 다행히 몸을 보전하여 꽃 못에 도착하게 되면 한 번 뵐 수 있을 것입니다.

경덕(敬德)이 답하여 씁니다.[35]

이때는 서경덕의 질환이 심해졌을 때인데, 그를 걱정하는 제자들의 마음 씀씀이가 엿보인다. 서경덕은 그런 제자들에게 고마워하며 자신이 오래 살지 못할 것을 예견하면서도 만날 수 있기를 바라는 애틋함을 담아 답장을 보낸다. 그러는 중에 상례에 대한 의견을 피력하고 있다.

이로 보면 정구의 평처럼 서경덕은 예설에 조예가 깊었으며, 서경덕과 박지화의 대화는 주로 예설이었으니 박지화가 예설에 대해 깊은 관심을 가진 학자인 것은 분명해 보인다.

박지화는 서경덕의 문하에 드나들었고, 서경덕 사후에는 이항(李恒)을 직접 찾아가 주역을 더 공부했다. 또 시를 짓는데 전문적으로 몰입한 시인은 아니지만, 임제(林悌)보다 더 뛰어난 면이 있다는 평[36]을 듣기도 했다. 금강산에 들어가 7년 동안 수련하여 대주(大珠) 스님으로부터 연단(鍊丹)의 비법을 전수해 단학파(丹學派)의 도맥을 이었다고 전해지기도 한다.

그리고 80세인 1592년(선조 25년)에 임진왜란이 일어나자 산으로 피신했다가 구차하게 살기를 단념하고 두보(杜甫)의 시 한 수를 소나무에 써 놓고 연못에 빠져 자결했다. 이를 두고 실록에서는 의(義)를 지키고자 빠져 죽은 것이라고 평가하고 있고, 세속에서는 신선이 되었다고도 한다.[37]

박지화가 34살 때 서경덕이 돌아갔으니 박지화가 아주 오랫동안 서경덕에게 수학한 것은 아니라고 보인다. 하지만 박지화는 늘 서경덕을 스승으로 존경했다.[38] 박지화가 서경덕에게서 수학은 것은 주로 예설과 주역이다. 혹자들은 박지화의 도가 혹은 도술의 경향을 서경덕과 연계 짓기도 한다.

박지화는 다양한 경향을 가진 인물들과 교유했는데 서경덕의 문인인 박민헌, 서기, 남언경 등과 직접 시를 주고받았다. 그리고 선가(仙家) 사상가로 유명한 정렴(鄭磏)과 교유하였고, 문학가인 임제와는 많은 나이 차이가 있음에도 벗으로 지내기도 한다. 문하에 정렴의 동생인 정작(鄭碏), 허교(許喬), 이기설(李基卨), 이정호(李挺豪) 등을 제자로 두었다.

5. 홍인우(洪仁祐)[39]

호는 치재(恥齋)이고, 1515년(중종 10년)에 나서 1554년(명종 9년)에 돌아간 학자이다. 박지화의 동갑으로서 서경덕보다 25살 아래이다. 성리학에 조예가 깊어 동문인 허엽(許曄)이 의심나는 것이 있으면 홍인우에게 물었고, 김안국도 칭찬해 마지않았다고 한다.

서경덕이 52세이고 홍인우가 25세인 1540년(중종 35년)에 홍인우가 서경덕을 찾아 화담을 방문하여 어떤 공부를 했고 무슨 대화를 했는지 『치재유고』에 전한다. 홍인우는 선후천(先後天), 이기(理氣), 체용(體用) 등의 이론적 문제와 선비의 출처에 대해 묻고 토의한다. 6개월 뒤 다시 방문한 홍인우는 하도, 낙서, 태극도를 배우고 또 「정몽(正夢)」을 집중적으로 배운다.

홍인우는 서경덕에 대해 그 사람됨에 대해 다 알 수는 없지만 깊게 생각하여 힘을 쏟은 지 여러 해가 되어 지식이 통했으며 이치를 말함에 정밀하였고, 『주역』에 능통하였으며 기질은 조용하고 순수하며 아름답다고 평한다. 홍인우는 서경덕과 다섯 차례 이상 대면하였는데 때로는 화담 근처에 숙소를 마련하여 몇 날을 공부하기도 했고, 대면이 아니라 편지로 교유하기도 했다. 홍인우와 서경덕과의 대면은 많지 않았지만 서경덕 문인을 통해 교유는 계속된다. 다음은 홍인우와 서경덕 문인과의 교류를 요약한 것이다.

1540년(중종 35) - 민기와 일생 동안 마음 둘 것에 대해 토론

1541년(중종 36) - 민기를 방문하여 조광조의 조심행(操心行)에 대해 질문

박민헌과 『대학』에 관해 토의

1543년(중종 38) - 허엽이 편지를 보냄. 수학을 공부할 것을 권유

1544년(중종 39) - 허엽이 편지를 보내 서로 마음으로 깊게 사귈 것을 권유

허엽이 홍인우가 재호(齋號)를 경(敬)에서 치(恥)로 바꾼 이유와 '동정(動靜)' 에 관한 의견을 물음

홍인우가 허엽을 방문하여 밤새 토론하였고, 이 자리에 민순이 함께 함

1545년(인종 1) - 허엽과 『맹자』「호연장」 및 『심경부주』를 토론하였고, 이 자리에 남언경이 함께 함

허엽과 『심경』을 토론. 박민헌과 『예경』 토론

1546년(명종 1) - 박민헌이 만(挽)을 부탁함

허엽이 등제(登第)하여 문안 인사 및 출처에 대해 토의

1552년(명종 7) - 박순을 방문하여 서경덕의 「이기편」 등을 토론

박순이 찾아와 「태화편」을 토론하고 동방의 학문에 대해 의견 교환

1553년(명종 8) - 박순 및 남언경과 밤새 토론

홍인우는 선뜻 자신을 서경덕의 문하라고 하지는 않았다. 하지만 서경

덕의 부음을 듣고는 철인이 죽었음을 한탄하면서도 가르침을 직접 받았으니 작은 소원은 이루었다고 말한다. 또 서경덕에게 보낸 편지에는 문하에 들고자 하는 심정을 밝히기도 한다. 홍인우는 서경덕이 돌아간 후에는 주로 이황을 스승으로 삼아 공부했는데, 이황으로부터 양명학에 오염되어 있다고 경계를 받기도 했다. 홍인우의 문인으로는 글씨로 유명한 한호(韓濩)가 있다.

6. 박민헌(朴民獻)

호는 슬한재(瑟僴齋)이고, 1516년(중종 11년)에 나서 1586년(선조 19년)에 돌아간 관리이다. 일찍부터 서경덕의 문하에서 성리학을 공부했고 역학과 문장에 조예가 깊었다. 서경덕이 박민헌의 자(字)를 원부(元夫)에서 이정(頤正)으로 고쳐준 글이 『화담집』에 전하는데[40] 이때는 서경덕은 54세이고 박민헌은 27세였다.

박민헌은 서경덕이 돌아가는 해인 1546년(명종 1년)에 사마시에 장원급제하여 관리의 길을 가게 된다. 또한 박민헌은 돌아가기 한 해 전, 자신의 나이 70세인 1585년(선조 18년)에 서경덕의 신도비를 세우는 데 그 명(銘)을 쓴다. 박민헌은 서경덕의 제자 가운데 관리로서 업적을 남긴 인물이라고 할 수 있다. 불의에 굽히지 않은 탓에 권신인 이기(李芑)와 윤원형(尹元衡)의 눈 밖에 나서 여러 번 배척을 당하기도 했다. 그의 동생 박여헌(朴黎獻)도 서경덕의 문인이다.

7. 차식(車軾)

호는 이재(頤齋)이고, 1517년(중종 12년)에 나서 1575년(선조 8년) 59세의 나이로 돌아간 관리이다. 어려서부터 서경덕의 문하에서 공부하였으며 21세인 1537년(중종 32년)에 진사시에, 27세인 1543년(중종 38년)에

문과에 급제한 이후 중앙과 지방의 관직을 두루 역임했다. 차식은 서경덕 사후 서경덕에 관한 일화를 그의 아들 차천로(車天輅)에게 이야기해주었고 차천로는 그것을 기록해 남겨 두었다.[41] 차식은 아들 차천로, 차운로(車雲輅)와 더불어 문장으로 이름을 날렸다.

8. 이지함(李之菡)

호는 토정(土亭)이고, 1517년(중종 12년)에 나서 1578년(선조 11년) 62세의 나이로 돌아간 학자이며 기인으로 불린다. 이지함은 일반인들에게는 『토정비결』의 저자로 알려져 있다. 이지함이 『토정비결』의 실제 저자인지의 여부를 떠나 이지함과 『토정비결』을 연결하려 한다는 것은 이지함에게 민중의 여망에 부합되는 그만의 독특한 면이 있다는 것을 의미한다고 볼 수 있다.

이지함은 조선 중종 충남 보령의 외갓집에서 출생한다. 한산 이씨 이색(李穡)의 6대손으로서 명망 있는 집안 출신이라 하겠다. 이지함에게는 지번(之蕃), 지무(之茂)의 형이 있었는데, 이지함은 어려서 부친을 여의고 형인 지번과 함께 3년간의 여막살이를 한다. 여막살이를 마치고 형과 함께 한양으로 올라오는데 이때 지번의 아들 산해(山海)와 지무의 아들 산보(山甫)도 태어난다.

이지함은 형의 권유로 학문에 매진하기 시작했고 조카들에게도 글을 가르친다. 그 후 송도의 서경덕을 찾아가 학문을 배우면서 허엽(許曄), 차식, 박순, 정지연 등과 동문수학하며 친분을 쌓게 된다. 이지함은 여러 학문을 두루 섭렵하였고[42] 한편으로는 서경덕의 문하에서 공부하면서 서경덕의 학풍에 영향을 받는다.[43] 60세가 다 되어서야 탁행으로 천거되어[44] 포천과 아산의 현감을 지내기는 하지만 벼슬자리에는 연연하지 않는다.[45]

이지함의 저술이 많이 남아 있지 않아 그 사상의 전모를 살펴보기에는 한계가 있지만 『토정집』에 몇 편의 논술과 상소문이 있어 한 줄기나마 파악할 수 있고, 또 최근에는 그의 평전이 발간되어[46] 이지함의 면모를 살피는 데 큰 도움이 된다.

이지함은 서경덕의 문인 가운데 기인적 면모와 실용적 경세론을 계승한 인물이라고 하겠다. 조선 시대 이인(異人) 설화의 주인공 가운데 서경덕, 이지함, 정렴이 가장 인기 있는 인물이다.[47] 정렴도 서경덕과 교유한 흔적이 있으니 서경덕에게 기인의 면모가 없지는 않았던 것 같다. 그리고 서경덕의 실용적 경세론이 이지함에게 계승된 면모도 보인다. 여기서 서경덕의 상소문 일부와 이지함의 상소문 일부를 보자.

대상 치르는 제도가 옛 법을 벗어났음을 인종 대왕에게 올리는 상소

산에 봉분을 쌓는 것에 대해 한 말씀 올리겠습니다. 옛날에는 묘는 있었지만, 봉분은 없었습니다. 주나라가 한창 번성할 때 언덕 같은 봉분을 만들고 주위에 나무를 심는 제도가 생겼습니다. 또 총인이라는 관직을 두어 왕실 묘역을 관리하게 했습니다. 무덤 주변을 살펴 각각의 위치를 상세하게 그려놓았는데, 선왕의 무덤을 중앙에 두고 좌우에 후세의 신주를 모셨습니다. 같은 성씨의 제후와 사대부는 앞뒤로 묻었는데, 공이 있는 자를 앞에 두었습니다. 하지만 전쟁에서 죽은 자는 능의 영역 안으로 들어오지 못하게 하였습니다. 총인이 공동의 묘역을 미리 선택하고 분석하여 지도를 만들어 놓고 후일의 장례에 대비케 하였습니다. 선왕 이하 모두 이곳에 묻혔습니다. 지금은 총인도 두지 않고 오로지 풍수를 좇아 세대마다 각각 땅을 차지하고 산릉을 조성했습니다. 그때그때 땅을 선택하므로 같은 성씨의 종실 묘도 모두 둘레에 도랑을 쳐놓고 백성을 묘역 밖으로 쫓아내니 주변 백성들의 밭이 모두 황폐해졌습니다. 능 하나가 들어오면 주변 땅을 넓게 차지하니 백성들이 꼴 베고 목축할 곳이 없어집니다.

나라의 운세가 융성하여 천년이 이어진다면 경기도 밖까지 능과 능이 서로 마주하게 될 것이고, 밭과 들은 모두 황폐해져 농사지을 땅이 없어 백성들이 살 수 없게 될 것입니다. 백 리 안에 인적이 끊어지는 폐해가 이에까지 이르면 어떻게 처리해야 할지 신은 알지 못하겠습니다.

또 돌을 캐오는 사역이 경기 지역 백성들에게 해독을 끼치고 있습니다. 돌 하나를 천 명이 옮기기 힘들 정도로 무겁고, 천자의 관과 같은 길이로 캐옵니다. 네 조각으로 봉하지 않을 수 없기는 하지만 어찌 반드시 긴 것으로만 합니까? 옛날에는 묘역에 나무를 심기는 했지만 돌로 만든 말, 돌로 만든 양 등에 대해서는 들어보지 못했습니다. 돌로 만든 사람[석용(石俑)]을 여러 개나 사용하는 것도 문제이지만, 지나치게 크게 만들려고 하는 것이 더 문제입니다. 석용은 사람과 유사하게 하는 것이 중요한 것인데 어떤 것은 거의 수십 척이나 됩니다. 크게 만드는 것에만 힘쓰고 있으며 그 모양이 사람이 아니라 마치 귀신같습니다. 게다가 사대부의 집안도 다투어 그것을 본받아 따라 하니 수백 년을 넘지 않고도 돌은 모두 캐질 것이고 산도 따라서 무너지게 될 것입니다. 돌을 캐는 사역은 감독이 지나치게 엄준하여 백성들은 채찍 끝에 매달려 있습니다. 단벌 베옷 속으로 눈보라가 찌르며 들어와 피부가 터서 괴로운데 저녁이 되어도 돌려보내지 않아서 얼음 벌판에서 죽는 자를 헤아릴 수 없을 만큼 많습니다. 급하게 몰아붙이지 말라는 지시를 내려도 일을 맡은 관리는 일을 처리하기에 급급하여 백성들의 구휼은 돌아볼 겨를이 없으니 관리만의 책임이 아니라 형세가 그렇게 하는 것입니다. 임금과 아비에게 정성과 공경은 충분하지 않으면서 한갓 내용 없는 형식만 좇아 말폐를 일삼아 옛 법도를 뛰어넘으려 하니 어찌 현명하다고 하겠습니까. 이는 장례를 가볍게 하는 것만도 못합니다. 장례를 가볍게 하라는 말은 진실로 까닭이 있습니다. 총인을 두어 옛 제도에 근거한 묘역 조성의 법규를 세우고, 돌을 캐는 것도 줄일 것을 결단하면 해를 입는 백성이 거의 없을 것이라고 생각합니다.[48]

시급한 폐해에 대해 올리는 상소

제왕의 곳집은 세 가지입니다.

인심은 도덕의 곳집입니다. 크기가 바깥이 없어 만물이 모두 갖추어져 있습니다. 이것을 발휘한다면 더 이상 좋은 것이 없습니다. 임금이 먼저 인극(人極)을 세워 그 곳집을 열어 사용한다면 일반 백성도 자신의 곳집을 열 것입니다. 그러면 기후가 고르게 되어 풍년이 들 것이고 재물이 물과 불처럼 넉넉해질 것입니다. 이는 한 고을의 넉넉함에 그치는 것이 아니라 온 나라 백성이 배불리 먹을 수 있게 되는 것입니다. 이것이 상책입니다.

조정은 인재의 곳집입니다. 인재는 온갖 물이 바다로 모이는 것과 같아 아무리 헤아려도 다 셀 수 없습니다. 이 곳집을 열면 어찌 정사가 고르지 않게 되겠습니까. 임금이 밝고 그를 보필하는 신하들이 선량하면 온갖 일이 평안하게 됩니다. 욕망의 샘이 저절로 마르고 단비가 내려 풀이 소생하듯 백성들이 다시 소생할 것이니 이것은 한 고을 백성을 구제하는 것에 그치는 것이 아니라 온 나라 백성을 지극한 다스림 속에 춤추고 노래하게 하는 것입니다. 이것이 중책입니다.

땅과 바다는 온갖 쓰임의 곳집입니다. 이것은 형이하이지만 이에 바탕 하지 않고 국가가 경영된 적은 없습니다. 만약 이 곳집을 연다면 백성들에게 미치는 이로운 혜택이 끝이 없을 것입니다. 농사를 짓는 것은 백성이 살아가는 근본입니다. 또 은을 채굴하고 옥을 캐고 물고기를 잡고 소금을 굽는 일 등은 사사로운 경영을 하여 이익을 좋아하고 재물을 탐하여 도타움을 인색케 하는 것이어서 비록 소인들이 좋아하는 바이고 군자가 응당 취하기를 즐겨하는 바는 아니지만 재물을 취하여서 백성 하나하나의 목숨을 구제하는 것 또한 성인이 행하는 것입니다. 이것이 하책입니다.

도덕의 곳집을 열려고 하면 형기의 사사로움이 그것을 닫아버리고, 인재의 곳집을 열려고 하면 간사한 신하들이 그것을 닫아버리고, 온갖 쓰임의 곳집을 열려고 하면 시기하는 무리들이 그것을 닫아버리기도 합니다. 임금이 살리기를 좋아하는 덕을 가지고 있는데도 도덕의 곳집이 활짝 열리지 않는 것이 의문입니다. 조정의 기풍이 맑아졌는데 인재의 곳집이 열리지 않는 것도 의문입니다. 산림과 천택을 백성들과 함께하면서도 온갖 쓰임의 곳집이 열리지 않는 것도 의문입니다.[49]

서경덕은 상복에 대한 의견을 개진하면서 상례가 잘못되어 백성을 곤궁으로 몰아넣는 지경에 이르렀음을 직언하였고, 이지함은 군주가 마음을 바로잡아야 그 은택에 백성에게 돌아감을 강조한다.

서경덕과 이지함은 모두 본말(本末)을 말하고 있다. 서경덕에게서의 본은 예제이고 말은 백성의 생업이고, 이지함에게서의 본은 군주의 마음이고 말은 재화이다. 즉 본이 바로 되어야 말이 풍성해짐을 말하는 것이다. 특히 이지함은 "덕은 본이고 재는 말이다. 그러나 본과 말의 한쪽을 폐할 수 없다. 본으로써 말을 마름하고 말로써 본을 마름한 연후에야 사람이 살아가는 방도가 궁하지 않게 된다."[50]고 하여 본말이 서로를 마름하듯 덕과 재도 서로를 마름하는 관계로 본다.

덕이 홀로 있으면서 가치를 지니는 것이 아니라 재와의 관계 속에서 가치를 지닐 수 있다. 재를 덕으로써 생산하며 덕에 기초하여 소비할 때 가치가 발견되는 것이다. 이것이 덕으로써 재를 마름하는 것이 될 것이다. 또 재가 홀로 있을 때 가치를 가지는 것이 아니라 덕과의 관계 속에서 가치를 가진다. 덕의 실현은 재로서 구체적으로 드러나는 것이기에 재로써 덕을 마름하는 것이다. 즉 덕과 재는 본말과 같이 상의 관계인 것이다. 따라서 덕만을 무겁게 여기고 재를 가볍게 여긴다면 실용이 없게 될 것이고, 반대로 재만을 무겁게 여기고 덕을 가볍게 여긴다면 사람으로서의 도

리가 약화될 것이다.[51]

이상과 같이 이지함은 서경덕의 기인적 풍모와 실용적 경세론의 계승이라는 면에서 의의를 지닌다. 이지함의 문인으로는 조헌(趙憲), 서기(徐起) 등이 있다.

9. 허엽(許曄)

호는 초당(草堂)이고, 1517년(중종 12년)에 나서 1580년(선조 13년) 64세의 나이로 돌아간 학자이며 관리이다. 차식, 이지함, 허엽은 나이가 같은 동문이다. 처음에는 김안국의 문인인 이여(李畬)에게 수학하였으나, 후에 서경덕에게 나아가 공부하며 스승으로 섬겼다. 허엽의 아들 허균(許筠)의 기록에 의하면 허엽이 가장 끝까지 스승을 모신 것으로 되어있다. 그리고 서경덕의 대표적인 논술 4편을 허엽이 받아 적어 전한 것으로 알려지고 있다.

허엽은 서경덕이 돌아가는 해인 1546년(명종 1년)에 급제하여 여러 관직을 거치며 대사성에 올랐다. 허엽은 서경덕을 변론하고 상찬하는 데 전력을 다했다. 그래서 이황에 의해 배척받기도 하고, 이이에 의해 비판받기도 한다. 여기서 서경덕 사후 조정에서 논의된 서경덕 철학의 성격에 대한 대화 한 꼭지를 엿보자.

> 왕께서 신하들에게, "서경덕의 저서를 내가 취하여 보니 기수(氣數)를 논함이 많으나 수신의 일은 언급하지 않으니 바로 수학이 아니겠는가. 또 그 공부에 의심되는 곳이 많다." 고 했다. (중략) 이이가 "서경덕의 학문은 실로 공부하는 자가 마땅히 본받을 바가 아닙니다. 서경덕의 학문은 장재에게서 나왔습니다. 그 저서가 성현의 종지와 들어맞는다고 말하지만 신은 알지 못하겠습니다. 다만 세상의 학자라는 자들이 다만 성현의 말을 모방하여 자신의 말로 삼지만

그 핵심을 얻는 바가 많지 않습니다. 서경덕은 깊이 생각하고 멀리 살펴 자득의 묘가 많으니 문자언어의 학문이 아닙니다."라고 했다. 허엽은 항상 서경덕을 기자(箕子)의 학통을 이었다고 존숭하였는데 이이가 서경덕의 학문은 장재에게서 나왔다고 논변하는 것을 듣고, 이에 이이를 책망하여, "군의 말이 이와 같으니 매우 염려되는 바이다. 만약 화담의 학문을 소장정주(邵張程朱)를 겸하였다고 하면 옳다. 군은 정밀하게 독서해서 10여 년 후에야 화담의 지위를 논할 수 있을 것이다."고 했다. 이에 이이가 "책을 읽으면 읽을수록 선생의 견해와 배치될까 두렵습니다."고 했다.[52]

이이는 서경덕 철학은 장재에게서 비롯된다는 인식을 하고 있었음에 비해 화담의 문인 허엽은 소옹・장재・정호・주희를 모두 겸하고 있다고 주장한다. 허엽이 서경덕의 문인이고, "화담을 높이는 사람은 극존하고 낮추어 보는 사람은 악평을 한다."는 명종의 언급, 허엽이 서경덕을 백사[白沙. 陳獻章]에 견준 것에 대해, "스승의 당부당(當不當)을 가리지 않고 극존한다."고 이황이 비평한 것을[53] 감안하면 허엽의 주장이 한 편으로 기울고 있다고 할 수도 있다. 그런데 '서경덕 학문의 깊이가 일반 학자들과 비할 바가 아니라는' 이이의 논조는 서경덕 철학의 장처를 드러내려는 의도가 있다.[54]

허엽은 스승 서경덕을 존중하고 높임으로써 서경덕과 그의 사상을 널리 알리는 데 기여했다. 허엽은 1575년 학계와 정치적 입장에 따라 동서로 분당될 때 동인(東人)의 영수가 되어 사림을 이끌게 되며, 오랫동안 벼슬을 했지만 생활이 검소하여 청백리로 기록되었다. 그의 사상은 허성(許筬), 허봉(許篈), 허균(許筠)과 난설헌(蘭雪軒) 등 자녀들에게로 이어진다.

10. 민순(閔純)

호는 습정(習靜)이고 1519년(중종 14년)에 나서 1591년(선조 24년)에 돌아간 학자이다. 처음에는 신광한(申光漢)에게 공부하다가 후에 서경덕을 스승으로 받들었고, 서경덕에게 주정(主靜) 공부에 대해 듣고 자신의 재(齋)를 습정(習靜)이라고 지었다.

과거를 보지 않았으나 효행으로 천거되어 잠시 벼슬에 있었고, 곧 고향으로 돌아와 학문에 전념하였다. 그 후에도 벼슬에 나갔다가는 곧 물러나기를 반복하다가 모두 사퇴하고 고향에서 후학 양성에 힘썼다. 민순은 붕당이 형성되는 정치 현실에서 물러나 처사로서의 입지를 지켰지만 그의 문인들은 북인(北人)과 연결된다. 문인으로는 홍가신(洪可臣), 홍이상(洪履祥), 윤효전(尹孝全), 이발(李潑), 한백겸(韓百謙) 등이 있으니 서경덕 학맥의 한 흐름은 민순을 통해 계승되었다고 해도 괜찮을 것이다.

11. 박순(朴淳)

호는 사암(思庵)이고 1523년(중종 18년)에 나서 1589년(선조 22년)에 돌아간 학자이며 관료이다. 박순의 아버지 박우가 송도 유수로 있을 때 박우는 박순을 서경덕에게 보내 공부를 시켰다고 한다.

박순은 18세인 1540년(중종 35년)에 진사에 합격하였으나 그에 뜻을 두지 않고 서경덕을 좇아 공부하였는데 서경덕은 그를 매우 칭찬하여 다른 제자들이 넘볼 바가 아니었다고 한다. 박순은 관직에 나가 15년간이나 정승의 위치에 있었으며, 허엽과 함께 서경덕을 우의정으로 추증하는 데 큰 역할을 했고 문묘에 종사할 것을 건의하기도 했다.[55] 박순은 시문에도 뛰어나 "내 시는 수백 년 동안 전해지는 데 불과하지만 박순의 칠언절구는 틀림없이 천지와 같이 오래 갈 것이다."[56]라고 평을 받는 것을 보면 문장에 있어도 일가를 이루었다.

박순은 동서 분당 시 동문인 허엽이 동인의 영수가 된 것과 달리 서인(西人)의 지도자가 되었다. 박순은 서경덕 사후 이황을 따르기도 하고 또 10여 년 후배인 이이와는 의기가 통하여 지우(知友)로 지낸다.

박순은 서경덕을 존숭할 뿐만 아니라 사상적으로도 스승의 학설을 충실히 계승한다. 이황의 논변을 촉발했던 이구(李球)[57]와 함께 박순도 서경덕의 이기론(理氣論)을 따른다. 박순은 이이와 세 차례 편지를 주고받으며 토론을 한다. 여기서 이기에 대한 서경덕의 주장 한 토막과 박순 편지의 일부를 보자.

> 태허(太虛)는 담연무형(湛然無形)하니 그것을 선천(先天)이라 부른다. 그 크기는 바깥이 없고 그 처음은 시작이 없어 그 온 곳을 궁구할 수 없다. 담연허정(湛然虛靜)은 기(氣)의 근원이다. (중략) 담연은 일자(一者)다. 일기(一氣)가 음양(陰陽)으로 나뉨에 양극이 고동쳐 하늘이 되고 음극이 모여 땅이 된다. 양이 고동친 끝에 그 정수가 맺어져 해가 되고, 음이 모이는 끝에 그 정수가 맺어져 달이 된다. 나머지 정기가 흩어져 별이 되고 땅에서는 물과 불이 된다. 이것을 후천(後天)이라 이르니 바로 용사(用事)인 것이다.[58]

> 태허는 허이면서 허가 아니다. 허가 곧 기다. 허는 무궁무외하고 기 또한 무궁무외하다.[59]

> 기의 담일청허는 끝이 없는 허에 꽉 차 있다. 모이기가 큰 것은 천지가 되고, 모이기가 작은 것은 만물이 된다. 모이고 흩어지는 세(勢)에 미저구속(微著久速)이 있을 뿐이니 크고 작은 것이 태허에 취산(聚散)함으로서 크고 작은 차이가 있게 된다. 비록 일초일목(一草一木)의 미미한 것도 그 기는 끝내 없어지지 않으니 하물며 사람의 정신지각이 모이기를 크고 또 오래한 것임에랴![60]

이상은 서경덕의 글이고, 아래는 박순이 이이게 보낸 편지이다.

충막무짐(冲漠無朕)은 이(理)와 기(氣)입니다. 동이양 정이음(動而陽靜而陰)도 이와 기입니다. 충막무짐의 이기가 천지만물의 이기가 되니 본래 하나인데 어떤 의심이 있겠습니까.[61]

천지가 생하기 이전은 음이라 할 수 있으나 양이라 할 수는 없습니다. 그런즉 이것 또한 일음일양이지 음도 아니고 양도 아닙니다. 바야흐로 태허가 적연하고 태극이 미동(未動)할 때 이도 진실로 충막하고 기도 형상이 있다고 할 수 없습니다. 담일허정을 어찌 또한 충막하다고 할 수 있겠습니까. 만약 태허담일의 기가 어찌 있겠냐고 말한다면, 태극은 허공에 매달려 홀로 서서 음양을 생하는 것입니까? 이기는 본래 선후가 없습니다.[62]

천지는 유한하지만 태허는 무궁무외합니다. 천지가 생하기 이전에 태허담일의 기는 적연부동하여 다만 충막무짐하나 태극이 그 가운데 있습니다.[63]

박순의 이기관을 정리하면 다음과 같다. 박순은 '차천지(此天地) 현상의 전개와 변화는 일음일양이고 소합벽(小闔闢)이며, 천지 이전 태허충막무짐의 동(動)이 차천지의 대합벽'[64]이라고 한다. 여기에서 차천지는 충막무짐의 일양[動]으로부터 오기 때문에, 차천지 이전을 일양의 근저로서의 음이라고 하는 것은 당연하다. 그러나 박순이 선천을 음이라고 부를 수는 있다고 했지만, 그것은 실체로서의 음을 말한 것은 아니다. 그래서 박순은 '일음일양이지 음도 아니고 양도 아니다' 라고 말하는 것이다. 즉 음양의 상징성을 차천지와 천지 이전에 대입하여 설명할 수는 있지만, 그것은 일음일양의 순환일 뿐이지 음 혹은 양이라는 고정된 실체를 상정한 것은 아니다.

박순의 입장은 극본궁원처 곧 충막무짐은 이이거나 혹은 기만이 아니라 이가 내재된 기라고 보는 것이다.[65] 충막무짐한 이는 태극이고 충막무짐한 기는 태허다. 만약 충막무짐을 이에만 배속시킨다면 극본궁원처에 있는 태극은 허공에 매달려 음양을 생할 수 없게 된다는 것이다.[66] 그렇다고 하여 태허를 극본궁원처에 배속시킨다고 하여 존재 근원을 음양합벽하는 기에 두려는 것은 아니다. 논리적인 '이선(理先)' 조차 인정하지 않는 것이다. 논리적인 이선을 인정하지 않는다고 하여 이보다 선재하는 기를 상정하는 것도 아니다. 근원에서부터 이가 기에 스며들어 있어 이기가 불리(不離)하다는 것에 철저했다. 바로 이런 측면, 즉 이기가 근원에서부터 떨어져 있지 않다는 이기원불리(理氣元不離)가 서경덕, 이구, 박순 이기론의 대전제인 것이다.

12. 그 외의 문인들

신역(申洓)은 신광한의 아들로서 1520년(중종 15년)에 나서 1561년(명종 16년)에 돌아간 학자이다. 서경덕에게 역(易)을 배웠다.

최력(崔櫟)은 1522년(중종 17년)에 나서 1550년(명종 6년)에 돌아가 학자이다. 어려서부터 서경덕의 문하에서 공부했으며, 후에 성수침과 조식의 문하에도 드나들었다. 민순과 지우(知友)였다고 한다.

서기(徐起)의 호는 고청초로(孤靑樵老)이고 1523년(중종 18년)에 나서 1591년(선조 24년)에 돌아간 학자이다. 천민 출신이었지만 이지함과 교류하며 학문에 전념했다. 서경덕에게 나아가 공부하기도 했고 이중호에게 수학하기도 했다. 서기는 유학을 정도로 삼으면서도 천문과 지리에도 해박했다. 그의 문인 가운데 이덕윤(李德胤)은 거문고에 관해 정리하여 후세에 금도(琴道)를 전한 인물로 알려져 있다.

마희경(馬羲慶)은 호가 죽계(竹溪)이며 1525년(중종 20년)에 나서 1589년(선조 22년)에 돌아가 학자이다. 벼슬에 뜻이 없어 학문에 전념하였고 서경덕에게 배우면서 학문의 깊이가 더해졌다. 이이에 의해 천거되기도 했으나 나아가지 않았다.

정지연(鄭芝衍)은 호가 남봉(南峯)으로 1525년(중종 20년)에 나서 1583년(선조 16년)에 돌아간 관리이다. 이중호에게 공부하다 서경덕의 문하에 드나들었다. 관직이 우의정에 이르렀다.

김근공(金謹恭)은 호가 척암(惕庵)이고 1526년(중종 21년)에 나서 1568년(선조 1년)에 돌아간 학자이다. 서경덕과 이중호에게 모두 사사받았다.

조선 최초의 양명학자라고 불리는 남언경(南彦經)의 호는 동강(東岡)으로 1528년(중종 23년)에 나서 1594년(선조 27년)에 돌아간 학자이며 관리이다. 과거를 보지 않았으나 학행으로 천거되어 벼슬을 하였고 탄핵과 발탁을 반복하였다.

남언경은 1546년(명종 1)에 홍인우의 매부가 되는데[67] 그때 남언경의 나이는 열아홉이고 또 화담이 돌아간 해다. 남언경은 소년 시절에 화담의 문하에 나아가 화담에게 직접 공부한 것으로 되어 있기도 하다.[68]

남언경은 홍인우와 만나기 이전에 이미 화담 및 그 문인들과 교유하고 있던 셈인데, 실제로 홍인우는 화담의 문인 허엽을 통해 남언경을 만나게 되는 것을 보아도 남언경은 홍인우를 알기 이전부터 화담 학파와 연관을

맺고 있다는 것을 알 수 있다.[69]

남언경에게 있어 학업의 시작은 화담 및 그 문인과 밀접한 연관이 있다고 할 것이다. 이후 명종 8년경 홍인우를 통해 이황과의 교유가 시작되니 이때 남언경의 나이는 20대 후반의 청년기였다. 남언경은 소년기에 화담 및 그 문인들에게 수학했고,[70] 홍인우와의 첫 만남은 허엽을 통해서였다. 화담의 고제 중 하나인 허엽의 집에서 홍인우는 『맹자』와 『심경부주』를 토론했다. 이것은 곧 남언경의 학적 계보가 화담 계로 연결되고 있음을 의미한다.[71] 남언경은 이황과 사우(師友)로 지내면서 편지를 주고받는다. 그 과정에서 이황은 남언경이 서경덕의 이기론에 치우쳐 있고, 양명학의 혐의도 있다고 비판한다. 이는 달리 말하면 남언경은 서경덕의 이기론을 계승하면서 한편으로 양명학을 수용하려는 입장을 가지고 있다는 반증이기도 하다. 문인으로 이요(李瑤)가 있다.

정개청(鄭介淸)의 호는 곤재(困齋)이고 1529년(중종 24년)에 나서 1590(선조 23년)에 돌아간 학자이다. 예학과 성리설에 밝아 호남의 명유로 추앙받았으며 박순과 교유하면서 후진 양성에 힘썼다. 박순이 천거하기도 했으나 나가지 않았고 60이 넘어서야 현감을 지냈다. 정여립(鄭汝立) 모반사건에 연루되었다는 죄목으로 유배지에서 숨졌다. 나덕준(羅德峻)·나덕윤(羅德潤)·나덕현(羅德顯)·나덕원(羅德元)·안중묵(安重默)·최홍우(崔弘宇)·정식(鄭湜)·유양(柳瀁)·윤제(尹濟)·정지함(鄭之諴) 등 호남 유력 가문의 자제들을 제자로 두었다.

홍성민(洪聖民)은 호가 졸옹(拙翁)이고 1536년(중종 31년)에서 나서 1594년(선조 27년)에 돌아간 학자이다. 서경덕에게 직접 배운 마지막 제자이며, 사류의 지도급 인물이었다.

종친(宗親)인 이구(李球)는 호가 연방(蓮坊)으로 태어난 해는 미상이며 1573년(선조 6년)에 돌아갔다. 오로지 학문에만 전념하였고 이황과의 논쟁을 통해 서경덕 이기론을 계승하고 옹호하였으며 그 과정에서 이황의 이기론이 학적으로 심화되는 계기가 되었다.

김혜손(金惠孫)의 태어난 해는 미상이며 1585년(선조 18년)에 돌아간 학자이다. 일찍부터 서경덕에게 배웠으며 평생 안빈낙도의 생활을 즐겼다.

박민헌의 아우인 박여헌(朴黎獻), 서경덕에게 옷을 선물로 준 이균(李均)과 황원손(黃元孫)은 서인들이다. 또 서경덕이 사신(士伸)이라 호를 지어준 김한걸(金漢傑), 최립(崔岦)의 아버지인 최자양(崔自陽), 윤담수(尹聃壽), 강문우(姜文佑), 정복시(鄭復始), 정복광(鄭復光), 최표지(崔標地), 김호(金鎬) 등도 생몰연대와 활동 상황을 알 수는 없지만 서경덕의 문인 목록에 이름을 올리고 있다.

서경덕 문인의 분류

서경덕 생존 시에는 훈구와 사림의 대립만 있었을 뿐 사림 간의 분파는 없었다. 따라서 서경덕은 정치적 입장인 당색(黨色)이랄 것도 없다. 또 이황과 이이 이전 사람이었기에 후에 발생하는 학파의 분화로부터도 자유로운 입장이다. 그래서 서경덕의 문인들은 각자의 성향이나 입지에 따라 당색과 학파에 자유롭게 참여할 수 있었다. 서경덕의 문인들은 당색과 학파도 다양하며 학문적 성향이나 신분에서도 각양각색하기에 문인들을 특정 기준에 의해 분류하는 것이 그리 바람직한 것은 아닌 것 같다. 해서 여기서의 분류는 문인들의 다양성이라는 면을 확인하는 정도일 뿐이다.

특징	학자
벼슬하지 않고 산림에 살며 학문과 후학 양성, 향리 교도에 힘쓴 처사형 사림	장가순, 이중호, 민순
관료로서 명성을 날리며 사림을 지도한 인물	민기, 박민헌, 허엽, 박순
서경덕의 이기론을 학적으로 계승하며 서경덕 철학의 특징을 알리는 데 힘쓴 문인	이구, 박순
예설에 정통하며 일가견이 있던 문인	이중호, 박지화
양명학적 경향을 지니는 문인	홍인우, 남언경
도가적 경향을 가진 문인	박지화, 이지함
기인의 풍모를 지닌 문인	박지화, 이지함, 서기
실용적 경세론을 펼친 문인	이지함
서류(庶類)이지만 일가를 이룬 문인	이중호, 박지화, 서기, 김근공, 이균, 황원손, 강문우
문장으로 이름을 떨친 문인	차식, 박순

서경덕의 발길이 머문 곳

장소의 의미

어떤 곳은, 그곳을 특별하게 여기는 사람에게 의미가 있는 곳이며 그 사람에게 의미를 만들어 준다. 장소에 대해 사람이 의미를 부여하기도 하지만, 장소가 사람에게 그런 생각을 하도록 한다. 한 사람의 삶의 흔적을 더듬어 보는 것은 과거로 가는 시간 여행이기도 하지만, 한편으로는 그의 삶이 펼쳐졌던 공간으로의 이동이기도 하다. 인간은 태어나면서부터 가족, 지역, 국가, 민족, 인류라는 사회적 네트워크에 안기게 되는 것을 거부할 수 없거니와 언어, 문화, 전통 풍습이란 각종 문화적 네트워크들로부터도 자유로울 수 없다.[1] 그렇기에 서경덕의 삶의 흔적은 시간 속에만 있는 것이 아니라 그의 장소들을 통해서도 파악될 수 있는 측면도 있다.

사물은 장소 속에서 자신의 존재 의미를 드러낸다. 예를 들어 사물로서의 정자는 사방을 모아들이면서, 산을 산으로, 하늘을 하늘로, 능선을 능선으로, 강물을 강물로 드러낸다.[2] 사물뿐만 아니라 사람도 장소 속에서 존재를 드러낸다. 동양의 산수화에서 인간이란 주체가 자연과 독립된, 즉 그가 처한 장소와 독립된 개체가 아니라 자연과의 네트워크 속에 거주하는 장소적 존재임을 분명하게 보여주고 있다.[3]

공간은 시간과 대비되는 개념이며 장소는 공간으로 이해되어 오기도 했다. 장소가 곧 공간은 아니지만 넘나드는 면이 있다. 세계를 공간으로 이해할 때, 공간은 사물을 담는 창고가 아니라 관계의 총체이다.[4] 그렇기에 한 사람이 있는 그곳은 물리적 공간이 아니라 사건의 장소이다. 우리 삶의 요소는 우리가 살고 있는 외적 공간이나 장소에서 발견되는 반면, 바로 그 공간과 장소들 자체가 우리 안에 통합된다.[5] 그래서 주체의 정신적 삶의 내용과 주체 자신의 자아 정체성과 자아 개념의 특성 모두 주체가 자신을 발견하는 장소와 결부되어 있다.[6]

요약하면 어떤 주체가 과거의 장소와 사물들을 경험하는 것이 강력한 자기 성찰을 위한 기회가 되는 방식[7]인 것처럼 그 주체의 경험을 지금의 내가 바라보면 그 주체의 경험은 과거에서 지금으로 이어지는 것이며, 그 경험 안에는 장소가 있기에 장소 또한 현재(顯在)된다. 즉 어떤 주체(여기서는 서경덕)의 장소를 탐험한다는 것은 그의 정체성의 일면을 볼 수 있다는 것은 확실한 것이며, 그에 가정하여 서경덕의 장소를 살펴보고자 하는 것이다.

서경덕의 장소들

서경덕은 처사형 선비였기 때문에 그에게 있어서의 장소가 다양하지는 않다.[8] 더욱이 서경덕은 당시의 수도인 한양에 갔었다는 기록이 없다. 한양은 조선 시대의 정치와 문화, 학술의 중심지이니, 서경덕은 정치 · 문화 · 학술에 있어 지리적 변방에 있었다고 할 수 있다. 그러나 중심과 주변이라는 구분은 다분히 중심적(한양적) 사고이다. 서경덕에게는 서경덕의 삶과 장소가 중심이다.

어찌 되었든 한양이 서경덕의 장소에 포함되지 않는다는 것은 몇 가지 특색을 가질 수 있다. 이 특색은 서경덕의 삶, 사상적 특질의 바탕이며 직조이기도 할 것이다. 먼저, 이황과 이이를 주자학자라고 하는 것에 누구나 동의를 하겠지만 서경덕은 주자학자로 단정하기 어려운 면이 있다. 물론 조선이라는 거시적인 장소에 서경덕이 있었기에 주희로부터 자유로운 것은 아니다. 즉 서경덕이 한양이 아닌 개성에 있었다는 것은, 주자학자로 적시되지 못하기에 주류에 편입되지 못하지만, 주자학으로부터 자유로운 개방성을 발견할 수 있는 것과 유사하다.[9]

다음으로 서경덕의 장소는 정치적 상황과 결부되지 않는다. 물론 당시는 정치와 학술이 구분되지 않는 시대이며 서경덕은 개성 유수, 개성의 교수들과 교류를 했기에 정치와 완전히 떨어져 있다고 볼 수는 없다. 하지만 서경덕에게서 정치적 행위와 직접적인 연관을 찾기는 힘들다. 서경덕의 장소는 정치와 한 발짝 떨어져 있다. 그러나 두 발짝은 아니다. 왜냐하면 서경덕은 유학자이며, 유학은 현실 상황을 도외시한 출세간적 입장을 지니지 않기 때문이다. 즉 서경덕은 정치가이면서 동시에 학자가 아니라 정치와 일정한 거리를 둔 학자이다. 그런 일군의 학자들을 처사형 사림이라고 할 때 서경덕은 그 부류에 포함될 것이다.

그럼 서경덕이 태어나고 자라고 돌아간 장소로서의 개경은 서경덕의 삶과 어떻게 서로를 직조하였을까? 그것은 서경덕 자신만이 알겠지만, 서경덕을 서경덕이게 만들었던 장소로서의 개경에 대해 생각해볼 수 있다. 장소의 독특한 경관, 장소와 관련된 활동, 장소의 의미가 얽혀 장소 정체성이 형성된다고 한다면[10] 서경덕의 장소, 서경덕의 활동과 장소 그리고 그 장소들의 의미를 탐색하는 것도 의의가 있을 것이다.

개경과 서경덕

개경(개성)은 고려의 수도였고, 한양(한성)은 조선의 수도였다. 개경과 한양은 각각 고려와 조선의 정치, 경제, 학술의 중심 장소이며 각각 고려의 정체성과 조선의 정체성이 깃든 장소라고 할 수 있다. 그래서 개경과 한양이라는 장소의 비교는 곧 고려와 조선의 비교와 맥을 같이한다. 고려에서 조선으로의 변화가 정치적 변화뿐만 아니라 사상적 변화도 의미한다면 개경과 한양 또한 마찬가지이다. 즉 조선에서의 개경은 정치적, 사상적 변방이 될 수밖에 없는 것이며, 특히 조선이 고려의 극복을 내걸고 건국된 이상 한양은 개경의 극복이고 흔적 지우기이다. 그래서 개경은 고려의 수도로서의 위상을 상실한 뒤 1백 년이 지나지 않아 폐허로 변했다.[11]

매우 큰 틀에서 개경과 한양을 비교하자면 개경은 황도이고, 한양은 왕도이다. 개경은 불교의 기반 위에서 주변에 각종의 의미를 부여한 사찰을 거느리고 있었으며, 한양은 성리학의 기반 위에 계획된 도시였다.[12]

학술적인 면에서 개경 자체를 하나의 학문적 경향으로 보는 입장도 있다.[13] 이 견해에 따르면, 인접한 한양문화권에 대응한 지역적 정체성과 선진 외래문화에 대응한 민족적 정체성이 제고되어 개성지방 특유의 사조가 형성되었고, 이 사조는 서경덕에 의해 학문적 체계를 이루었다. 그리고 서경덕에 의해 체계를 이룬 개경학은 개경학파를 형성하게 되는데 이 학파의 경향은 개성 유수를 통한 전승과 서경덕 문인에 의한 전승을 통해 조선 후기의 실학으로 연계된다. 이 주장은 개연성과 독창성 있기는 하지만 서경덕 자체보다는 서경덕과의 인적 네트워크를 중심으로 논리를 전개하고 있기 때문에 말 그대로 많은 개연성 가운데 하나를 상정하는 것이고, 그것이 곧 서경덕의 사상적 특성이나 정체성일 수 있는지도 검토되어야 할 부분이다. 다만 개성이라는 인문 · 자연적 환경이 한양보다 상업적이고, 실용 및 실리를 중시하고 상도(商道)가 강조되고 있다는 것은 분명 서경덕의 사상과 정체성에 영향을 주었을 것이다.

서경덕이 개경 전체의 환경 속에서 살았지만, 사건으로서의 서경덕의 장소는 많지 않다. 서경덕과 관련된 개경의 장소들을 편의상 유적과 경관으로 나누어 볼 수 있다. 유적으로는 만월대, 경덕궁, 영통사가 있고 경관으로는 금신사 뒤 봉우리, 대흥동, 지족사, 귀법사 앞 계곡, 박연폭포 등이 있다. 유적이든 경관이든 주어진 장소라는 측면이 강하다면, 꽃 못[화담(花潭)]은 서경덕에 의해 의미가 부여되어 서경덕을 상징하는 장소라고 할 수 있다. 즉 화담을 찾아간다는 것은 서경덕을 찾아간다는 것과 같은 말이다.[14] 그래서 화담을 찾아온 이들과 주고받는 시편이 여럿 있다.

개경의 유적과 서경덕

만월대는 고려의 궁전이었던 회경전(會慶殿) 안에 있던 궁터이고, 경덕궁은 고려 태조 이성계가 왕위에 오르기 전에 살던 사저이다. 영통사는 유적이기도 하고 경관이기도 하다. 대각국사 의천이 출가한 절임을 생각하면 정치적 장소에 가깝지만, 서경덕에게는 고려의 여러 왕들이 방문하여 참배하였고 또 왕들의 진영(眞影)을 모시고 있는 절이라는 의미가 더 크기에 유적으로 보았다.

심 교수가 만월대에서 노닐며 보여준 율시를 따라 지음

시름 씻어내는 푸른 산이 병풍처럼 둘러 있고 愁外青山列障屛

술잔 대하면 시간 흐르는지 묻지도 않네요. 對罇休問半千蓂

나라는 천수에 따라 열리고 닫히기 마련이고 國隨事廢關天數

만물이 때에 맞춰 홍하는 것은 땅의 신령함 때문이지요. 物遂時興職地靈

만월대 풍경 보고 있자니 시가 짧은 것이 부끄럽고 攬景月臺詩愧短

〈경기개성 서쪽에서 바라본 만월대 전경〉(일제강점기, 국립중앙박물관 소장)

하동에 신선 찾아가니 뼛속의 더러움이 싫어지네요. 尋仙霞洞骨嫌腥

날이 다하도록 즐겨도 근심하는 이 없으니 講歡終日人無悄

찾아드는 어스름 저녁을 어찌 앉아서 즐기겠는지요. 能樂何嘗坐豫冥

경덕궁에서 심 교수의 운을 따라 지음

궁궐 지을 적에 큰 계획이 있었으리니 有搆當日出宏謀

옛 대궐이지만 아직도 왕기가 떠다니네. 故闕猶餘王氣浮

먼 자취를 생각하니 단정히 서서 遐想遺蹤恭謖足

솟은 누각 둘러보느라 여러 차례 머리를 들게 되네. 縱觀隆宇屢擡頭

만 조각 떨어지는 배꽃 잎 뜰에 날리고 落梨萬片飄庭際

천 가닥 늘어뜨린 늙은 버드나무 길을 따라 그림자를 드리우네. 老柳千章蔭

道周

법좌에 함부로 참견하며 글 짓고 술 마셨으니 法座濫參文字飮

밤이 되어 반드시 나라님 꿈에 괴로워하리. 夜來應惱夢神州

영통사 현판의 운을 따라 지음

오솔길 따라 시내를 거슬러 올라 빽빽한 숲에 들어가니 沿溪一路入青林

숲 속 스님이 있는 곳 낮인데도 어둡다. 林下禪居晝亦陰

샘물은 바위에 부딪히며 천 가지 소리를 내고 觸石泉絃千曲咽

하늘로 뻗은 산 빛깔은 만 겹이나 깊어진다. 依天山簇萬重深

상쾌한 이 기쁨 아침부터 밤까지 누리고자 하나니 清歡直欲朝連夜

당연히 훗날에 이 흥취 잇기 어려우리. 勝會應難後繼今

얘기하고 웃으며 몇 판 바둑 두는 속에 數局閒碁談笑裏

구름 속의 태양 이미 서쪽으로 기운 줄 몰랐네. 不知雲日已西沉

이

활시위 당기듯 바람 몰고 숲으로 들어가니 御風弭節下叢林

탑 그림자 뜰에 길게 누워 노을을 잡고 있네. 塔影橫庭鎖夕陰

무너진 절 곳곳마다 타고난 재가 젖어있고 寺廢到頭餘燼濕

산이 끝나는 곳 골짜기는 더욱더 깊네. 山磨終古補溪深

일원(一元)의 반도 못되어도 옛날을 찾기 어려운데 一元纔半難探昔

억회(億會)가 가고 오면 누가 지금을 기억할까. 億會歸來孰記今

한 손님이 있어 현상 밖을 노니니 有客逍遙遊象外

다른 세상에 몸을 맡겨 저절로 뜨고 가라앉네. 任他天地自浮沉

〈송도사장원계회도병〉 中 만월대(국립중앙박물관 소장)

앞서 고려가 망하고 1백 년에 고려의 유적은 폐허로 되었다고 한 것처럼 서경덕에게 있어서의 만월대와 경덕궁은 폐허의 장소이다. 「송도사장원계회도병(松都四壯元契會圖屛)」에 보이는 만월대는 개경의 가을 풍경을 대표하는 곳으로 송악산을 배경으로 황량한 궁궐터가 있으며 그 주변에 여러 채의 민가가 있는 것으로 그려지고 있다.[15]

서경덕은 왕조의 흥망 또한 하늘의 운행 속에 있지만, 왕조의 흥망과 무관하게 만물은 때에 맞춰 홍한다는 것을 만월대를 통해 읽고 있다. 즉 만물의 성쇠가 모두 하늘의 운행과 땅의 신령에 기대어 있기 때문에 왕조의 흥망에 따라 만물의 생장성쇠가 결정되는 것이 아니다. 만물은 왕조가 가고 오는 정치적 상황이 아니라 사시의 운행과 대지의 기운을 받아 살아가고 사라진다. 그렇게 읽고 있는 서경덕에게 만월대는 서경덕의 사건 속으로 편입된다. 대지 위에 몸 붙여 살며 대지에 속한 것들을 보살피고, 하늘에 대한 경이로움을 잃지 않고, 성스러운 신적 차원을 겸허히 받아들이며, 동료 인간과 동행하는 연대적 삶을 살 수 있는 소통과 친교의 가능성이 인간의 본질에 있다[16]는 현대 어느 철학자의 혜안을 서경덕은 만월대를 통해 이미 읊고 있다. 하늘과 땅과 동료는 존재의 기둥이다. 존재의 기둥에 정치는 낄 자리가 없다.

경덕궁 또한 마찬가지이다. 왕조의 쇠망 흔적에 눈길이 가기는 하지만 실상 그곳에는 하얀 배꽃 잎이 흐드러지게 날리고 있고 막 물오른 싱싱한 버들가지들이 늘어져 있다. 그 모습은 왕조의 쇠망과 관계없는 모습 그 자체이다. 그렇지만 자연의 삶과 달리 인간의 삶은 정치라는 또 하나의 현실적 존재 기둥이 있기에 그 정치적 흔적을 서경덕은 배제하지는 않는다.

서경덕 당시의 영통사는 고려의 정치적 상징을 탈각한 것이기에 풍광으로 읽히고 있다. 첫째 시에서는 영통사 계곡에 묻혀 그 풍광과 하나 된 서경덕이 그려지며, 둘째 시에서는 시간 속에서 사라지는 영화와 번영의 물질적 흔적과 그와 함께 정신적 흔적도 흐려지겠지만 그것으로부터 초연코자 하는 서경덕의 심상이 읽힌다.

만월대, 경덕궁, 영통사는 모두 고려의 정치적, 사상적 장소이다. 하지만 서경덕에게 있어서의 그곳은 정치적 장소가 아니며, 정치적으로 읽지도 않는다. 하늘과 땅, 만물 그리고 사람이 존재의 기둥이며 그것의 직조

속에서 자신의 실현을 읽을 뿐이다.

개경의 경관과 서경덕

개경의 경관이야 많겠지만, 그리고 서경덕도 많은 경관 속에 있었겠지만 적어도 시로 지은 곳은 그 장소에 자신의 생각이 투영되었거나 혹은 그 장소가 서경덕에게 들어갔기 때문일 것이다. 우선 서경덕의 노래를 들어보자.

금신사 뒤에 있는 봉우리에서 지음

가장 높은 곳에 가고자 가파른 봉우리를 오르다가 欲窮高處陟危峯
고개 들어 높은 곳을 바라보니 높기가 그지없네. 仰面彌高高不窮
하늘 높이에 비한다면 아직 높지 않지만 若語天高猶未極
밟고 있는 이곳이 높음을 비로소 알겠네. 始知足底是高蹤

대흥동

분홍 빛 숲이 산에 병풍처럼 비추이고 紅樹映山屛
푸른 시냇물은 맑은 거울처럼 쏟아집니다. 碧溪瀉潭鏡
신선 세계를 거닐며 읊조리니 行吟玉界中
문득 마음이 맑고 깨끗해짐을 느낍니다. 陡覺心淸淨

지족사

발아래는 연평도 自卑延平島
머리 위는 보현봉 高尙普賢峰
산과 물을 내가 가졌으니 山水吾有取
짧은 대지팡이 짚고 읊조림에 잠깁니다. 沉吟倚短笻

귀법사 앞 시내에서 노닐며

시내와 봉우리를 위아래로 걷고 또 걸어 上下溪巒行復行
반나절을 한가롭게 있어도 맑음이 남아 있네. 偸閒半日有餘淸
훗날 푸른 산기슭에 살게 되면 他年會住靑山麓
오직 가야금과 책만 쥐고 일생을 보내리라. 只把琴書送一生

박연에서 노닐며

품은 것이 있으면 마땅히 즉시 이루어야 하니 有懷宜輒遂
백 년도 긴 것이 못되네. 百年未爲久
지팡이 짚고 읊조리며 신선 세계 들어가니 吟笻入洞天
흰 구름이 옷소매를 꾸며주네. 白雲粧衣袖
빼어난 경치 보고 혹은 시를 읊고 景奇或上詩
흥이 나면 술잔 들기도 하네. 興來時把酒
가을 깊어지면 계절의 변화가 느껴지고 窮秋感節換
나뭇잎 떨어지면 온 세상 파리해지네. 木落天地瘦
이곳에서 노니는데 어찌 아니 즐거우리오 玆遊曷不樂

〈송도사장원계회도병〉 中 박연폭포(국립중앙박물관 소장)

함께 온 사람들도 모두 뛰어난 수재인데. 同來皆俊秀

경관으로서의 장소 가운데 지족사와 박연폭포는 「송도사장원계회도병(松都四壯元契會圖屛)」뿐만 아니라 강세황의 『송도기행첩』, 정선의 「박연폭」 외에도 많은 화가들에 의해 그려져 왔다. 그 가운데 박연폭포는 개성 관련 회화 자료의 비중을 볼 때 단일 주제로는 가장 많은 편이다.[17] 박연폭포는 금강산의 구룡폭포, 설악산의 대승폭포와 함께 우리나라 3대 폭포로 알려져 있는데, 박연폭포는 경관의 빼어남에 황진이와의 전승이 더해지고[18] 서경덕의 전승도 더해져[19] 유명세를 타고 있다. 즉 박연폭포는 경관뿐만 아니라 서경덕, 황진이라는 사람과 직조되어 있는 장소이다.

서경덕의 시 또한 경관과 사람을 함께 얘기하고 있다. 빼어난 경치 그 자체로 흥을 일으키지만 그곳에 수재들과[20] 함께 있으면 즐거움[락(樂)]의 경지가 된다. 시간에 따라 경관이 바뀌는 것도 멋진 일이지만 그 경관에 인재가 더해짐으로서 하나의 사건이 되고 이야기가 된다. 경관은 있는 것이지만 이야기는 만들어진다.

지족사는 황진이와 지족 선사와의 전승이 떠오르는 곳이다. 물론 이 전승의 사실 여부야 왈가왈부하는 바이지만 큰 경관이 없던 지족사가 사람이 더해져 특별한 장소가 된 셈이다. 서경덕은 지족사의 모습을 산과 물을 다 가졌다고 표현하고 있다. 말하자면 가진 것으로 치면 더 이상 가질 것이 없는 셈이어서 지족(知足)인 것이다. 헌데 지족 선사(혹은 만석 선사)는 사람을[색(色)] 갖고자 산과 물을 버린 셈이니 그 아니 어리석을까. 서경덕은 산과 물을 가졌으면 그다음에는 읊조림 즉 산과 물을 노래하며 그와 하나 되는 것만 남았다고 보았다. 서경덕에게서의 지족사는 말 그대로 지족의 장소이다.

이 외에 금신사 봉우리는 한 발 두 발 걷고 있다는 자체가 이미 높은 곳에 있다는 깨달음, 대흥동과 귀법사 앞 시내는 마음도 풍광처럼 맑고 깨끗해야 한다는 다짐으로서의 장소이다. 내가 그곳에 있다면 그 장소는 풍광과 서경덕과 내가 함께 있는 사건이 되어 과거로부터 살아온다.

화담[꽃 못]과 서경덕

화담[花潭-꽃 못]은 풍광이면서 동시에 서경덕 자체이다. 풍광으로서의 화담은 특히 봄날이 절경으로 그려지고 있다. 화담은 오관산 금세동 골짜기에 있으며, 차일함이라는 너럭바위가 있다. 바위가 크고 넓어서 옛날 군신들이 이곳을 찾아 천막을 치고 연회를 열었다고 전해지며 서경덕이 낚시를 즐겼다고 한다.

이 골짜기에 바위가 움푹 패여 이루어진 연못 화담이 있는데, 서경덕이 풍류를 즐기던 곳으로 경치가 뛰어나 그의 호 역시 이곳을 따랐다. 연못 우측으로는 취벽(翠壁)이 깎은 듯이 우뚝 솟아 있고 마치 병풍 그림을 늘어놓은 것 같다.[21] 강세황이 그린 「화담」의 시제에는 연못 곁에 산의 꽃이 빼어나서 화담이라고 이름한다고 되어있다.[22] 즉 풍광으로서의 화담은 봄, 꽃, 골짜기, 연희, 낚시 등과 연결되어 있다.

〈강세황의 화담 그림〉

그런데 화담은 풍광이면서 서경덕이다. 서경덕을 만난다는 것은 화담을 찾는 것이다. 서경덕 입장에서는 풍광으로서의 화담으로 오는 사람은 자신에게 들어오는 것이다. 그럼 화담으로 찾아오는 사람에 대해 서경덕은 어떻게 맞이하는지 보자.

유수 이상국이 기수를 물리치고 화담을 방문한 것에 감사하며

술 한 병 손에 들고 깊은 골 찾아 探勝溪山酒一壺

하인들이 부르는 소리도 물리치네. 兩三僮僕罷傳呼
산야이건 서울이건 그에 맞게 행동하시니 靑山紫陌隨豐約
사람들 속에 대장부가 있음을 비로소 믿게 되네. 始信人間有丈夫

심 교수가 여러 학생과 함께 화담을 방문하니 즉석에서 그 운을 따라 지음

해는 떠 동쪽 산봉우리에 걸려도 잠 속에 헤매고 있는데 日出東岑睡正迷
창문 향해 우는 산 까치 소리에 문득 놀라 깼어요. 忽驚山鵲向窓啼
거적문 밀고 반가운 손님 기쁘게 맞나니 喜迎佳客推蓬戶
말발굽에 붙어 있는 꽃잎 조각 보기 좋네요. 好看殘花襯馬啼

술잔을 잡으니 지는 해 근심할 필요 없고 把酒未須愁夕景
갓 끈 씻어 맑은 시내 즐기는 바로 그것이 좋은 것이지요. 濯纓贏得弄淸溪
하늘이 우리에게 즐거움을 주셨으니 天敎樂事輪吾輩
봄을 마저 즐기고 또 만나자고 약속하지요. 擬趂餘春約更携

관원의 여러분들이 야유회를 하다 화담을 방문한 데 감사하며

만 겹 푸른 산에 초막 하나 萬疊靑山一草廬
평생토록 여러 권 성현의 글 읽습니다. 生涯數帙聖賢書
때때로 아름다운 손님들 찾아주니 時蒙佳客來相訪
숲과 연못이 그림보다 뛰어나네요. 有林潭畵不如

화담을 방문하는 사람들은 개성 유수 즉 관료(정치인) 또는 학자(교수)이다. 이들은 경관으로서의 화담에 기대어 학자로서의 화담(서경덕)을 방문하는 것이다. 물론 이 시 세 편의 인물들만 화담은 방문한 것은 아닐 것이다.

서경덕의 제자들은 화담에서 서경덕의 가르침을 받았으니 화담은 학습 장소이다. 그리고 학습 장소가 아닐 때는 자연경관 그대로이거나 간혹 방문해주는 손님이 있다면 연회와 소통의 장소가 된다.

서경덕 이전의 화담은 연회를 여는 경관으로서의 장소였다. 하지만 서경덕으로 인해 화담은 또 다른 장소가 된다. 서경덕에게서의 화담은 꽃 못으로서의 경관이며, 연구와 수양의 수련원이고, 교수와 학습이 이루어지는 학교이며, 그를 찾아주는 사람을 맞이하는 소통의 광장이다. 서경덕은 화담에서 일생을 보냈으며 또 그곳에서 생을 마감했다. 그래서 화담에는 서경덕의 삶과 사상이 녹아있다. 화담은 서경덕으로 인해 하나의 물리적 공간을 뛰어넘어 사건을 품고 이야기를 만들어 내는 장소가 된 것이다.

서경덕의 여행

서경덕은, 적어도 『화담집』에 근거하여 볼 때, 개경을 거의 벗어나지 않은 것으로 보인다. 예외적인지는 모르겠으나 나름대로 전국 유람을 했다. 연보에 의하면 34세 때(1522년, 중종 17) 4월에서 9월까지 약 6개월에 걸쳐 여행한 것으로 보인다. 이 여행은 말 그대로 유람이었기 때문에 특정 목적지를 정해놓고 지름길로 갔다가 돌아오는 여정은 아니었다. 하지만 여로도 명확하지 않으며, 6개월을 여행한 것치고는 여행에 대한 흔적(시나 산문이나 만난 사람 등등)이 거의 없는 셈이나 마찬가지이다. 이는 서경덕이 글을 남기지 않았기 때문일 수도 있고, 원고가 유실되었을 수도 있다. 그렇다고 해도 6개월 여행에 이렇게나 흔적을 남기지 않은 것은 특이하다.

어찌 되었든 지금 확인되는 것은, 6개월의 여행에서 서경덕의 장소로 등장하는 곳은 속리산, 변산, 지리산, 금강산이다. 여행 시작의 홍취를 풀어낸 시가 한 편이 있어 여행과 관련된 시는 총 5편이다. 시의 순서에 따르면 서경덕의 여정은 개성—속리산—변산—지리산—금강산 그리고 다시 개성이다. 개성에서 속리산, 속리산에서 변산까지 날아가는 것이 아닌 이상 분명 시로 글로 남긴 장소 외에 거친 곳이 많을 것이다. 또 길 떠나는 홍취를 노래한 부분을 보면 특별한 목적지를 향하는 것이 아니라 발길 따라가는 여행 그 자체를 즐기는 것이기에 많은 곳을 들렀을 것이지만[23], 여기서는 서경덕이 남긴 글만 보기로 하겠다.

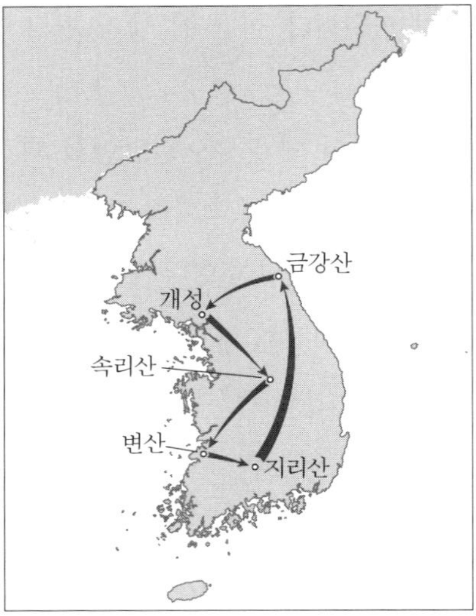

〈유람 순서〉

여행하면서

초연한 홍취 찾는 객이 있어 超然探興客

행동거지가 감정에 얽매이지 않네. 動止不羈情

경치 좋으면 주저앉아 시 읊고 境勝吟仍坐

날이 맑으면 즐겁게 떠나네. 天晴樂便行

강산은 여러 모양으로 좋고 江山千樣好

바람과 달은 맑기가 한가지네. 風月一般淸

세상 밖의 소식에 뜸하니 物外閒消息

제대로 아는 사람 없다네. 無人識得精

이

우리나라는 경치가 빼어나 海東形勝地

풍경이 아름답다고 해도 모자란다네. 風景剩探佳

넓디넓은 강산은 눈에 담고 浩曠江山眼

맑고 서늘한 바람과 달은 가슴에 품네. 淸凉風月懷

일찍부터 옳음과 천명에 안주할 줄 아나니 早知安義命

저 육신에 다시 힘을 쏟겠는가. 那復飭形骸

이번에 가서 살 곳을 옮기게 된다면 此去移居住

숲과 샘으로 작은 집을 지으리. 林泉起小齋

속리산 아래에서 쉬며

홍얼거리며 지팡이 짚고 오르느라 다리는 절뚝거려도 吟杖足騰蹇

행장은 담박하니 번거롭지 않습니다. 行藏淡不煩

세상 속 영욕은 마다하고 盡中謝榮辱

세상 밖 이치를 차지했네요. 物外占凉溫

산 빛깔은 사람을 즐겁게 하지만 山色開人悅

계곡물 소리는 세상 원망을 하소연합니다. 溪聲訴世寃

아득하고 먼 옛날 일 悠悠千古事

홀로 서 있으니 누구와 얘기할까요. 獨立向誰論

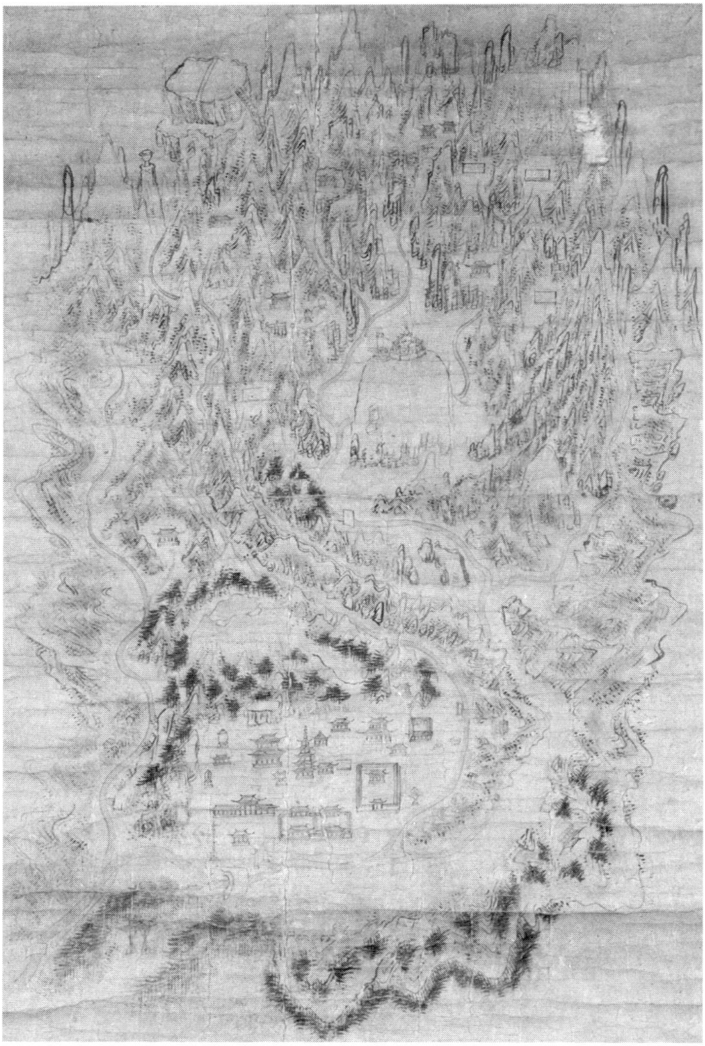

〈보은현 속리산 태봉도〉(국립중앙박물관 소장)

변산

크게 노래 부르고 지팡이 휘두르며 층층 산봉우리 올라가 浪吟飛杖陟層顚

사방을 돌아보니 넓고 넓은 바다 끝없이 솜을 깔아놓은 듯 여겨지고 四顧茫茫思渺綿

한없이 펼쳐진 푸른 들판은 땅을 깎은 듯 평평하며 萬頃青郊平削地

푸르고 큰 바다는 멀리 하늘과 닿았다네. 大洋滄海杳連天

안개 피어오르는 시냇가, 구름에 쌓인 봉우리 푸르고 또 푸르고 烟溪雲巘猶清越

달빛 받은 정자, 바람맞은 바위는 서늘하고 또 서늘하니 月榭風巖更洒然

맑고 소박한 이 여행에 마음은 태평스러워 淡泊玆遊心宇泰

이미 봉래인데 어찌 꼭 신선을 찾아 나서리. 蓬萊何必訪神仙

지리산 반야봉에서 묵으며

이 봉우리가 가장 높은 정상이다. 마침 날이 청명하여 가느다란 구름까지 모두 씻겨 풍경이 탁 트였다. 날은 저물고 길은 멀었으나 드디어 정상에서 묵게 되었다. 밤이 되니 은하수가 맑게 흐르고 초승달이 밝게 빛나 나무 사이 골짜기를 비춰주니 그윽한 기운이 뭉게뭉게 피어난다. 동쪽으로 해가 솟아 희미했던 뭇 봉우리가 점점 드러나니 태초에 세상이 갈라지던 때가 이와 같다고 생각하며 시를 짓는다.(峯乃最高頂也 是日清明 纖雲洗盡 萬里廓然 因日暮路遙 遂宿峯上 夜則星河皎潔 弦月明朗 林壑清瑩 淑氣藹然生也 比曉 日出暘谷 微茫衆峀 漸皆呈露 太初鴻濛之判 想必如此 乃作一詩)

해동을 지긋하게 깔고 앉아 우뚝 솟은 지리산 智異巍巍鎭海東

그 곳에 오르니 마음눈이 한없이 넓어지네. 登臨心眼浩無窮

깎아지른 바위는 장난스럽게 솟아 더욱 빼어나고 巉巖只玩峰巒秀

충만한 이 조화를 누가 알리요. 磅礴誰知造化功

〈지리전면도〉 금대암에서 바라본 지리산 전경(김윤겸 그림, 국립중앙박물관 소장)

땅에 쌓인 그득한 정기는 비와 이슬을 만들고 蓄地玄精興雨露

하늘이 머금은 빼어난 기운은 영웅을 낳네. 含天粹氣產英雄

산신께서 나를 위해 구름안개 걷어내 주시니 嶽祇爲我淸烟霧

천 리를 찾아온 정성이 통하는 바이네. 千里來尋誠所通

금강산에서

금강이 아름답다 들어오며 聞說金剛勝

마음에 품은 지 이십 년 空懷二十年

맑은 경치 찾아 이곳에 오니 旣來淸景地

가을날이라 더욱더 좋다네. 況值好秋天

단발령에서 바라본 금강산, 《신묘년 풍악도첩》(정선 그림, 국립중앙박물관 소장)

시냇가에 국화 냄새 퍼지기 시작하고 溪菊香初動

바위 사이 단풍은 타는 듯 붉어 巖楓紅欲燃

숲 골짜기 걸으며 읊조리니 行吟林壑底

마음이 맑고 또 맑아지네. 心廬覺蕭然

'여행하면서' 는 여행하는 자의 자유로움이 깊게 배어 나오고 있으며, 앞으로 만날 우리 강산의 풍광에 들떠 있는 모습을 볼 수 있다.

개성에서 출발해 내륙 깊숙한 충청도의 속리산까지 오면 여로에 지칠 때도 되었다. 담박한 행장을 멘 자신은 속세의 영욕도 잊었고 또 속리산의 아름다움은 충분히 미적 감흥을 주고 있다. 여행자의 편안함과 속리산의 풍광이 만나 마냥 온화할 것 같지만 실은 그 속에서 계곡물 흐르는 소리가 백성들의 원망을 대신하는 듯이 들린다.

물 흐르는 소리는 소리일 뿐이다. 어떻게 들리느냐는 듣는 사람의 심상이다. 세속의 영욕을 털고 자유롭게 여행하는 서경덕이지만 그는 계곡 흘러가는 소리를 백성의 원망으로 듣는다. 서경덕이 속리산의 계곡 소리를 왜 그렇게 들었는지는 객관적이고 사실적으로 분석해야 할 경계가 아니다. 크게 얘기하면 아무리 세속에 얽매이지 않고 여행하는 자의 자유를 누린다고 해도 선비인 이상, 그리고 백성들이 있는 이상 그들에 대한 우환(憂患)에서 완전하게 벗어날 수는 없다. 어쩌면 아름다운 풍광의 외피 속에 묻혀버린 백성들의 원망을, 그래서 더욱 슬픈 백성의 고단한 삶을 그곳 속리산 계곡에서 읽어낸 것인지도 모르겠다.

서경덕에게 속리산이라는 장소가 풍광과 원망으로 직조된 장소라면 변산은 들판, 바다, 산이 주는 자연적 풍요와 그것이 주는 마음의 평화가 어우러진 장소로 읽히고 있다. 서경덕이 변산에 이르기 전에 바다를 보았었는지는 알 수 없으나 변산에서 바다라는 풍광에 큰 인상을 받았음은 틀림없어 보인다. 즉 변산은 푸르고 너른 벌판과 바다, 빼어난 산의 정취, 정자에 내려앉은 달빛, 바위를 쓰다듬는 바람이 나그네의 마음을 태평하게 하는 장소이다. 서경덕은 변산에서 몸과 마음을 위로받았는지도 모른다.

지리산에 올라 본 사람은 누구나 지리산이 주는 웅장함, 신비함, 충만함을 느끼지 않는 사람은 없을 것이다. 더욱이 정상에서의 해돋이는, 해가 처음 고개를 내밀며 만물의 형상을 드러내어 주는 것이, 마치 태초의 모습을 상상하게 한다. 물론 태초의 모습이 그렇다는 것이 아니라 태초의 모습을 그렇다고 여기는 것이다. 서경덕도 지리산 반야봉의 해돋이를 그렇게 느꼈다. 우선 지리산이라는 푸근함과 지긋함을 읽고 천변만화의 산세는 누군가 의도적으로 조화롭게 빚은 것이며, 그 웅장함과 조화로운 지기(地氣)에서 영웅이 나오지 않을 리 없다고 말한다. 게다가 온전하게 해돋이를 한다는 그 자체에서 까닭 모를 고마움을 느끼기에 충분하다. 서경덕은 멀리서 찾아온 정성을 보아 신선이 구름을 걷어 준 것으로 그리고 있다.[24] 서경덕에게서의 지리산은 조화를 느끼게 하는 장소이다.

금강산의 풍광은 사계절 모두 아름답지만, 특히 가을의 금강산은 절경이라고 알려져 있다. 4월 봄날에 시작된 서경덕의 여행은 가을날 금강산에서 막바지에 이른다. 서경덕도 금강산에 대해서는 풍광에 초점을 맞추어 노래하고 있다. 풍광 그 자체에 어떤 심상이나 비유도 개입될 여지가 없을 만큼 절경이어서 일지도 모른다. 더욱이 가장 아름다운 시절인 가을임에랴. 국화 향기가 골짜기 계곡을 거슬러 피어오르고 추상 혹은 구상의 모습을 한 기암괴석들 사이사이로 붉디붉은 단풍들이 꽃처럼 만개한 그 속에 녹아들어 풍광과 하나 되어있는 나그네, 서경덕 자신. 이렇게 서경덕에게서의 금강산은 관람의 대상이 아니다. 맑은 경치에 녹아들어 자신도 맑아지고 있는 금강산의 한 부분이다.

꽃 못에는 여전히 서경덕이 있다.

장소를 떠난 존재자는 없다. 장소는 존재자의 존재 근거이다. 그래서 장소는 존재 그 자체라고 하기도 한다. 손짓 하나도 그 사람 자체이고, 그런 손짓을 하게 하는 까닭도 그 사람 자체이다. 그가 그인 까닭은 그로부터 연유하기도 하고 그 아닌 것으로부터 연유하기도 한다. 그 연유를 모두 알 수 없다. 우리는 그 사람을 알고 있는 것이 아니라 알아가는 여정에 있을 뿐이다. 그 여정은 종착점 없다. 여정만이 있을 뿐이다. 그도 나도 여정만이 있을 뿐이다. 그 여정의 한 노선을 그와 장소로 잡아 본 것이다.

서경덕의 장소에 관한 특징적인 면을 다음 몇 가지로 정리할 수 있을 것 같다.

우선, 『화담집』에 근거할 때는 서경덕의 장소는 많지 않다. 그 정확한 까닭을 알 수는 없다. 처사형 사림은 특정 장소를 벗어나 살지 않았다는 지리적 규정이 아니라, 선비임에도 현실 정치판에 개입하지 않았다는 의미이다. 처사형 사림이라고 해서 그의 장소가 제한적일 이유는 없다. 서경덕 자신이 많은 장소를 가지 않았거나 혹은 의미를 두지 않았다는 것이 옳을 듯하다. 그리고 다양한 장소에 있었고 의미를 두었다고 해도 그것을 기록으로 남기지 않았을 수도 있다. 서경덕은 다작하는 학자는 아니기 때문이다.

다음으로 그의 장소는 현실 정치와 관련 없다. 그가 개성에서 나고 살았기 때문만은 아니다. 개성 유수와의 수많은 만남에서도 정치적 정황은 드러나지 않고, 전국 유람 도중 분명 한양을 거쳤을 것임에도 불구하고 그에 대한 장소적 의미를 남기지 않았다. 그런 의미에서 서경덕은 분명 처사형 선비이다.

그리고 서경덕의 장소는 고려의 유적 몇 곳을 제외하면 대부분이 경관과 그 경관 속의 사람이다. 경관을 노래하기는 하지만 중심은 그 속의 사람에 있다. 그런 면에서 서경덕은 자연주의자가 아니라 인문주의자 선비이다.

화담[꽃 못]은 그 빼어난 경치 속에 늘 사람이 북적인다. 화담으로 사람이 모이듯이 서경덕에서 사람들이 들어간다. 화담은 서경덕 자신이면서 서경덕만의 것이 아니다. 서경덕이 없어도 화담은 있고, 서경덕이 돌아가고 없는 화담에도 서경덕은 있다. 그래서 화담이라는 장소는 시간을 뱉어내지 않고 쌓아가고 있다. 서경덕 사후에 찾는 화담도 경관만 보는 것이 아니라 서경덕도 만나는 것이다. 지금 내가 화담을 찾는 다는 것은 화담의 경관보다는 서경덕을 보고자 함이다. 그래서 화담이라는 장소는 시공간적 위치에 얽매이지 않고 아직도 살아 있는 서경덕 자체이다.

서경덕의 사물들

– '도죽장, 부채, 거문고'를 통해 본 서경덕의 풍모

사물과 사상

현대 사회는 물건은 넘쳐나고 정보는 해일처럼 밀려든다. 눈 한 번 깜박이는 찰나라도 물건과 정보에서 벗어날 수 없다. 이제 더 이상 물건과 정보는 나, 너, 우리와 무관하게 '그저 거기에 있는' 제4자가 아니다. 어쩌면 물건(物件)은 사물(事物)[1]이 되어 인간, 신과 함께 세계를 구성하는 하나의 기둥이 되어가고 있는지 모른다.[2]

우리는 세계의 주인공이 신 또는 인간이라고 여겨왔다. 상고대에는 신본(神本), 고대에는 인본(人本), 중세에는 다시 신본, 근대에는 인본의 시대였다고 할 수 있다. 그런데 근대 말부터 물건[여기서의 물건은 자연 상태의 물리적 물질이 아니라, 인간에 의해 만들어진 물건이다.]은 사람이나 신보다 혹은 사람이나 신만큼의 지위를 얻고 있는 것은 아닐까? 지금 인간의 의식이나 세계관에서는 사물들이 세계의 주인공이라고 할 수는 없다. 하지만 적어도 의식적이든 무의식적이든 사물을 물건, 혹은 물질로만 여기지 않고 있는 것은 확실하다.

물건을 사물로 전환하여 철학의 품으로 끌어들인 사람들도 있다. 우리는 너무 많아 셀 수 없는 사물들 사이에서 살아가는 존재임을 깨닫고 사물에 대한 우리의 태도를 고민하기도 한다.[3] 이제 사물은 객관적 대상(object)에서 주체(subject)가 되었다. 사물은 소유와 욕망의 대상이 아니라 소유와 욕망을 일으키는 매개이다.[4] 우리는 사물에 의해 욕망을 만든다. 내 안에 욕망이 있는 것이 아니라 사물에 의해 욕망이 만들어진다. 인간이 주인공인 듯하지만 그저 자연 속에서 하나의 배경에 지나지 않을 수도 있다. 예를 들어 인간이 여러 곡물 중에서 밀을 선택해서 재배한 것이 아닐 수도 있다는 것이다. 밀을 재배해서 얻는 인간의 이득보다 밀의 이득이 더 크다고 볼 수 있다.[5]

내가 사물을 만들고 의미 부여하는 것이 아니라 사물에 의해 내가 규정된다. 사물이 주체이고 내가 대상이 될 수 있다는 것이다. 주체-객체로 세계를 구분하여 보는 것도 인간의 관점일 수 있다. '인간-사물'을 '주체-객체'로 보아왔으나, 사물이 주체의 자리에 있다고 해서 반드시 사물-인간을 주체-객체로 여겨야 할 필요는 없다. 아직은 '보는 것'은 사물이 아니라 인간이다. 보는 것이 인간이라고 해서 인간이 반드시 주체이고 사물이 반드시 객체라고 여겨야 하는 것이 아니다.

주체-객체로 세상을 보고자 하는 전통은 서양 근대의 세계관에 기대어 있는 경향이 강하다. 동양 또는 우리나라의 사상적 전통에서는 사물과 인간이 대화한다. 무엇을 가지고['가진다'라는 표현보다는 '함께'라고 하는 것이 더 좋은 듯하다.] 있느냐가 곧 그가 어떤 사람이냐를 규정할 수 있다. 동양적 전통에서는 인간이 사물에 말을 걸기도 하고, 사물이 인간에게 속삭이기도 한다. 다양한 문체로 사물과 대화할 수 있지만 특히 시(詩), 명(銘), 부(賦)가 그런 경향이 두드러진다.

퇴계 이황은 식물을 벗으로 삼아 많은 시를 남겼다. 이황의 많은 시는 식물과의 대화이다. 특히 이황 앞에서는 함부로 대나무를 논하지 말라고 할 정도로[6] 대나무와 많은 대화를 하여 시를 남겼다. 그의 시를 보면 분명 대나무와 대화하고 있다. 어린 대나무에게 대나무의 일생을 일러주기도 하고, 추상화된 대나무가 아니라 실재하는 바로 그 대나무[7]를 노래하고 있다. 이황의 시는 대나무를 깨워 일으키고 있다. 부라는 글의 형식은 특정 사물이 어떤 시간을 겪어 왔고 그 시간 속에서 어떤 의미를 담게 되었는지를 말하는 것이며, 명은 사물에 기대어 가르침이나 경계를 하고자 하는 것이다.[8]

시이든 부이든 명이든 모두 사물과의 대화이다. 말은 입이 하는 것이 아니라 마음, 영혼이 하는 것이다. 따라서 어떤 사물과 함께 있는지가 그 사람을 규정하는 겉이라면, 사물과 어떤 대화를 했는지는 그 사람의 속이다. 겉과 속은 분명 다르지만, 속 없는 겉이 없고, 겉이 없는 속도 없다. 그래서 그 사람이 어떤 사물과 함께했는지를 알면 그의 겉을 상상할 수 있고, 사물과 어떤 대화를 했는지를 알면 속에 들어가 볼 수 있다.

서경덕이 청빈한 삶을 살았다는 것은 익히 알려진 사실이다. 허균이 서경덕의 제자인 자신의 아버지 허엽에게서 들은 바에 의하면 서경덕의 집 부엌의 솥에 이끼가 자랄 정도였다고[9] 한다. 허니 서경덕이 무슨 사물이 있었겠는가.

그럼에도 서경덕은 도죽장(桃竹杖), 부채, 거문고와 대화했다.[10] 도죽장에는 부, 부채에는 산문과 시, 거문고에는 명 두 편을 남겼다. 도죽장은 지체 높은 어르신들과는 무관한 사물이다. 지체 높은 사람들은 가마를 타거나 혹은 부축을 받으며 이동했을 터이니 말이다. 하지만 먼 길을 떠난다면 좋은 친구가 될 것이 분명하다. 부채는 더 없이 실용적이고 누구나 쉽게 함께할 수 있는 사물이지만 신분에 따라 손에 쥘 수 있는 모양과 재질이 달랐으니 신분의 표시라는 상징성과 기능성을 동시에 갖춘 사물이다. 거문고는 악기 중의 악기이면서 선비의 사물이다.

등 뒤로 거문고를 메고, 허리춤에는 부채가 꽂혀있고, 한 손에는 도죽장을 짚고 가는 선비. 문짝 곁에 도죽장이 비스듬히 기대어 있고, 거문고를 무릎에 앉히고, 부채를 흔들며 활짝 열린 문으로 들어오는 풍광을 바라보는 선비. 지금으로서는 낯선 모습이지만, 서경덕 삶의 한 장면임에는 틀림이 없을 것 같다. 이런저런 사물 중에 도죽장, 부채, 거문고와 함께하고 말을 주고받았으니 서경덕의 한 부분은 분명 그들이 칠해 놓았다. 서경덕과 사물의 대화를 통해 그의 겉과 속을 손끝으로나마 닿아볼 수 있을지도 모르겠다.

서경덕이 어떤 사물과 무슨 대화를 했느냐를 통해 서경덕의 특정 부분을 읽어낼 수 있을 것이다. 이 글은 그런 시도 가운데 하나이다. 사물을 통해 어떤 사람의 삶과 사상을 엿본다는 것이 상상에 기대는 면이 없지는 않을 것이나, 의미가 전혀 없다고 할 수는 없다. 특히 서경덕과 같이 저술을 많이 남기지 않은 사상가에게 있어서는 그의 사물 하나도 사상적 실마리로서의 가치는 높아질 것이다.

선비의 길 – 도죽장

도죽장은 도죽으로 만든 지팡이이다. 도죽[대나무]과 지팡이라는 두 상징이 합쳐져 도죽장이라는 새로운 사물이 된다. 도죽장을 자신의 사물로 삼아 대화를 시도한 것으로 두보(杜甫)의 「도죽장인(桃竹杖引)」이 있다. 두보가 안록산의 난의 여파를 피해 재주(梓州)에 피해갔을 때인 52세 때(763년) 지은 것이다.[11]

도죽장인증장유후 桃竹杖引贈章留後

강 속 반석에 도죽이 자라나니 江心蟠石生桃竹

푸른 물결에 적셔지고 잠기면서 지팡이 되기에 넉넉해 蒼波噴浸尺度足

뿌리 베고 껍질 벗기니 붉은 옥과 같으니 斬根削皮如紫玉
물의 여신 강비가 못내 아까워했네. 江妃水仙惜不得

재주의 그대가 한 묶음 풀어내니 梓潼使君開一束
가득 찬 집안 손님들 모두 감탄하는데 滿堂賓客皆歎息
늙고 병든 내가 가여워 두 개를 주니 憐我老病贈兩莖
들고 날 때 발톱에서 댕그렁 소리 나는 듯하네. 出入爪甲鏗有聲

이 늙은이 다시 동남쪽으로 길 떠나 老夫複欲東南征
파도에 일렁이는 뱃전 두드리며 백제성에 닿으리니 乘濤鼓枻白帝城
길이 으슥해지면 틀림없이 귀신들이 빼앗으려 들것이고 路幽必爲鬼神奪
어쩌면 검을 뽑아 교룡과 다투기도 하리라. 拔劍或與蛟龍爭

거듭 이르노니 重爲告曰
지팡이야, 지팡이야! 杖兮杖兮
네가 매우 바르고 곧게 살았으니 爾之生也甚正直
물을 보고는 뛰어올라 용이 되는 것을 배우려 하지 말게나. 愼勿見水踊躍學變化爲龍

네가 나를 지탱해주지 않아 使我不得爾之扶持
군산 호수 아득한 봉우리에서 흔적 없이 사라지게 하지 말아다오. 滅跡於君山湖上之青峰
아아, 바람 먼지 자욱한 골짜기에 승냥이 호랑이가 사람을 물어가니 噫, 風塵澒洞兮豺虎咬人
홀연히 두 지팡이 잃어버리게 되면 나는 장차 무엇에 의지할까나. 忽失雙杖

兮吾將曷從

두보는 도죽 자체의 신비로움을 노래하며 지팡이와 '함께' 하기를 기원하고 있다. 도죽은 도지죽, 종려죽이라고도 하며, 잎은 종려나무 같고 마디가 짧고 속이 꽉 차 있어 지팡이로 쓰기 좋다거나, 돌 위에서 자라고 종려나무와 흡사하고 크게 자란 것은 지팡이로 쓴다는 설명이 있다. 이런 사실적 설명에 따르면 도지죽은 지팡이에 가장 어울리는 대나무의 한 종류인 것으로 보인다. 그리고 돌 위에서 자라는 특성에 신화적 상상력을 끌어와 물의 신선과 인연을 맺어주어 신령스러움을 입히고 있다. 즉 도죽장은 지팡이라는 실용적 기능으로도 매우 좋고, 게다가 신이함도 함께 지니고 있다. 실용적 기능은 몸을 부축하고 위험에서 벗어나게 하여 먼 여행길을 잘 마치게 하는 '동행' 에 있다. 즉 지팡이는 여행의 동행자이다. 그 동행자는 나의 몸이 넘어지지 않게 해 주고, 들짐승을 만났을 때 몸을 지켜주기도 한다. 게다가 멋스러움까지 덧붙여 있으니 마음 든든하고 자랑스러운 동행이 분명하다. 두보는 그것을 노래했다. 지팡이는 든든하고 자랑스러운 여행의 동행자라고.

서경덕의 『화담집』 첫 글은 바로 이 도죽장을 노래한 「도죽장부(桃竹杖賦)」로 시작한다. 글을 숭상하던 조선이라는 나라에 살던 서경덕이었지만 글을 많이 남기지는 않았다. 흩어져 있던 서경덕의 글을 후인들이 모아 엮은 『화담집』 4권 가운데 1, 2권만 서경덕의 글이다. 서경덕이 부를 더 쓴 것이 있는지는 모르겠으나 현재는 「도죽장부」 한 편만 전하고 있다. 먼저 서경덕의 노래를 들어보자.

도죽장부 桃竹杖賦

아아, 대지의 신이 생명을 잉태하여 보배를 만들 때 惟后媪毓靈而效珍
반드시 특별한 땅에 용모가 기이하고 웅장하게 한다니 必奇崛之異地
마땅히 도죽이 유난히 빼어나다네. 宜桃竹之獨挺
멀리 떨어진 작은 섬 가파른 절벽에 의지하거나 寄絶嶼之孤峙
오산 꼭대기에 서리서리 뿌리를 내려 의탁한다. 託盤根於鰲頭
먼 사막에 우거지게 모여 그늘을 드리우고 蔭繁叢於龍堆
고래가 파도치며 뿜어내는 물결에 목욕하며 浴鯨濤之噴薄
천년 묵은 이끼와 함께 늙어간다. 老千年之蝕苔

그 잎은 종려나무 같고 그 몸은 대나무 같으며 椶其葉而竹其身
그 결은 무소뿔처럼 단단하고 그 속은 실하다. 犀其理而實其中
맑고 차가운 유궁을 이겨내며 歷淸冷之幽宮
몇 년간 서리와 바람과 싸웠다. 戰幾年之霜風
사물을 널리 아는 누군가에게 물어問誰氏之博物
물의 신선이 붙어있는 이것을 빼앗아 奪水仙之所寄
가지와 껍질을 깎아 지팡이를 만드니 削枝皮而爲杖
붉은 구술처럼 영롱한 빛은 따스하고 燠紫玉之陸離
바탕은 쇠와 돌처럼 튼튼하고 質分金石之堅確
소나무와 잣나무의 곧고 깨끗한 기상을 얻었다. 氣奪松栢之貞潔

바르고 곧아 굽어지지 않음이 旣正直而不亞
군자의 떳떳한 덕과 같으니 類君子之中德
내가 이 지팡이를 사랑하리라. 吾愛爾之扶老

많은 재물이 내게 주어진 것 같아도 等百朋之錫我
이 지팡이의 참된 아름다움을 아나니 知茲杖之信美
어찌 거친 사내의 욕된 지팡이겠는가. 豈野夫之辱策
나는 장차 구중에 갖다 바쳐 吾將持獻乎九重
묘당의 어른에게 내리게 하여 錫廟堂之大老
귀중한 몸을 부축하고 扶千金之逸躬
여유 있는 학 같은 걸음 보호함에 護徐趨鶴步
구슬 섬돌에 닿아 소리 내면서 鏗玉砌而有聲
대궐문을 함께 출입하게 하리라. 伴出入於禁闥

그렇지 않다면 그것을 짚고 멀리 노닐며 不然策爾遠遊
넓고 넓은 장관에 다다르고 極壯觀浩博
서로는 엄자를 지나고 西掠崦嵫
동으로는 약목에 이르며 東拂若木
남으로는 화유를 찾아가고 南探火維
북으로는 수천에 이르며 北窮水天
곤륜을 넘고 봉래를 지나며 超崑崙而駕蓬萊
하늘 세상의 뭇 신선들에게 인사하리라. 揖上界之羣仙
모험하며 험한 곳을 오를 때 紛冒險而陟阻
지팡이에 기대어 넘어지는 몸을 바로잡고 賴扶老而持顚
요사스런 뱀을 치고 사나운 호랑이를 물리치며 擊妖蛇而搏猛虎
우거진 수풀을 걷고 위험한 돌을 치우리라. 撥林莽而桃危石

그러나 그 가는 중간에 然恐爾之中道
내가 비틀대며 제대로 걷지 못할 때 效我職之不克

내 몸이 기댈 것을 잃게 되면 使余身而失憑

아, 홀로 서서 서성이게 될까 두렵지만 羌孑立而彳亍

만약 위험으로부터 내 몸을 보호하여 함께 돌아오게 된다면 倘相與衛身遠害

천금을 주고 그대의 공을 논하리라. 歸來委千金而論爾之功也

나는 그런 뒤에 은퇴하여 노닐고 吾然後棲遲乎衡門之下

초라한 집 안에서 소요하며 逍遙乎圭竇之中

뜰 오동나무에 걸린 갠 날의 달을 감상하고 玩庭梧之霽月

버드나무 울타리에 부는 맑은 바람을 노래하리라. 詠籬柳之淸風

윤건을 쓰고 배회하며 片綸巾而徙倚

그와 더불어 한가로이 즐기며 聊與爾而優遊

평생의 지기(知己)를 맺는다면 結平生之知己

들고남에 어찌 다른 생각이 있겠는가. 豈出處之異謀

거듭 말하노니 重曰

산호여! 사치스럽다. 珊瑚兮侈

쇠기둥이여! 수고롭다. 鐵柱兮勞

어찌 도죽 같이 豈如桃竹

풍류 있고 격이 높으리. 風流格高

알맞도다! 시선. 允矣詩仙

맑고 깨끗함이 절개와 한가지다. 瀟洒同節

지팡이여! 지팡이여! 杖兮杖兮

구부려도 꺾이지 않고 撓莫折

때에 따라 위태로움을 잡아주며 趨時扶危

나를 싫증내지 않는구나! 毋吾厭兮

'부' 라는 문장 형식 자체가 수식이 많은 것이 특징이기도 하겠지만, 두보가 도죽장에 대해 간명하게 얘기했다면 서경덕은 매우 화려하게 말하고 있다. 글의 전체적인 흐름이나 도죽장에 대한 생각을 보면 서경덕이 두보의 글, 즉 두보가 함께하고자 했던 도죽장의 이미지와 언어들을 어느 정도 가져오고 있는 것으로 보인다.

서경덕이 두보라는 시인의 글을 가져온 것도 예사로 넘길 일은 아니다. 두보와 한시에 있어서 쌍벽을 이루는 이백(李伯)이 달의 시인이라면 두보는 해의 시인으로 말해진다. 전란 속에 고통받는 백성의 아픔을 자기의 아픔으로 여기는 두보의 시는 만물을 생육하는 해에 견주어지기 때문이다.[12] 두보는 전란에 신음하는 민중의 고통을 동정적으로 써내는 시풍의 전통을 수립한다. 민중의 고통을 실제로 묘사하려 했고, 극히 진지하고 엄숙한 태도로 시를 지었다.[13] 두보의 마음에는 민중이 있었는데, 민중을 마음에 두는 것은 시대를 걱정하는 우환의식의 발로이자 선비들의 근심이다. 즉 두보는 전형적인 선비라고 할 수 있다. 서경덕이라는 인물은 은둔적이고 도가적인 경향이 있다고 해석하기도 하나 적어도 두보와 그의 도죽장을 인용하고 있다는 면에서 서경덕은 유학자이며 선비이다.

도죽 지팡이를 자신의 사물로 삼은 것은 '대나무' 라는 상징도 큰 몫을 한다. 대나무는 선비의 사물이고 매화, 난초, 국화와 함께 사군자이다. 대나무는 단단하고, 곧고, 항상 푸르러 강직, 정의를 상징한다. 속이 빈 것은 욕심이 없는 청렴결백을, 마디는 절의를 표상한다. 그리고 사군자 중에서도 특이하게 대나무는 효(孝)를 상징하고, 대나무를 소재로 한 시조는 거의 사대부들의 작품이다.[14] 이황은 매화, 국화, 연꽃, 소나무, 대나무 그리고 자신을 여섯 벗으로 삼았다.[15] 그런데 이황의 다섯 벗 가운데 함께 길을 가는 동행자가 될 수 있는 것은 대나무이다. 다섯 벗은 인간이 다가가야만 함께할 수 있지만, 대나무는 지팡이가 되어 인간과 함께 다닐 수 있다.

도죽장을 짚고 가는 것은 선비와 함께 걷는 것과 같다. 선비는 자신을 닦고 백성의 아픔을 자신의 아픔으로 여기며 좋은 사회를 만들고자 노력하는 사람이다. 두보가 그런 사람이다. 두보의 「도죽장인」에는 백성의 고통에 대한 심상이 직접 그려지고 있지는 않지만, 도죽장의 이미지에 이미 그것이 담겨있다.

서경덕의 「도죽장부」는 도죽 자체의 신이함에 선비의 기상이라는 옷을 입히고, 도죽의 내면에 '떳떳한 덕' 이라는 선비의 마음을 부여하고 있다. 선비의 큰 쓰임 가운데 하나가 궁궐의 높은 어른의 마음을 지탱해주는 것인 것처럼, 도죽장의 큰 쓰임은 궁궐의 높은 어른의 몸을 지탱해주는 것이다. 선비가 궁궐 어른의 마음을 지탱해주면 그 은택이 백성에게 돌아가는 것처럼, 도죽장이 궁궐 어른의 몸을 지탱해주면 그 은택도 백성에게 돌아간다. 도가 실현되기 어려울 때 세상에서 물러나 스스로 도를 지키는 것이 선비인 것처럼, 궁궐 높은 어른의 몸을 지탱하지 못할 상황이면 나그네의 동행자 되는 것이 도죽장이다.

서경덕은 글의 끝에 도죽장은 사치스럽지 않고, 수고롭지도 않다고 말한다. 이는 서경덕이 도죽장으로부터 이끌어 낸 것이다. 사치스럽지 않기에 선비이고, 수고롭지 않기에 무궁한 쓰임이[16] 있게 된다. "선비가 되고, 쓰임이 있어라!" 도죽장이 서경덕에게 외친다.

서경덕이 도죽장을 노래한 것은 스스로 선비가 되어 세상 교화에 참여하거나 혹은 도를 품고 세상 밖에 노닐겠다는 얘기이다. 세상에 도가 있어도 혹은 없어도 도죽장은 서경덕의 동행자이다. 서경덕에게 도죽장은 여정에 동행하는 선비이다.

존재의 근원 탐구 – 부채

부채는 실용성이 눈에 띄는 사물이다. 일상에서는 더위를 쫓고, 햇빛 가리고, 얼굴 가리고, 불을 지필 때 화력 높이고, 또 장식으로 사용하기도 하고 의례에 쓰이기도 하고, 전쟁 시 지휘봉이 되기도 한다.[17]

현재 남아 있는 실물 부채로 가장 오래된 부채 유물은 경남 의창군 다호리 고분에서 출토된 옻칠 된 부채 자루이며,[18] 황해도 안악 3호분 고분의 주인공이 깃털 부채를 들고 있는 것으로 보아 부채가 신분의 상징 가운데 하나였을 것으로 짐작된다. 선비의 부채는 인풍(仁風), 곧 어진 바람을 일으켜 백성을 위로하는 것을 상징하기도 한다.[19]

"항간에서는 여름은 부채요, 겨울은 책력으로 생색을 낸다(鄕中生色 夏扇冬曆).", "단오 선물은 부채요, 동지 선물은 책력이다."라는 말이 있듯이 단오에 부채를 주고받는 선물용 부채를 단오선이라고 한다.[20] 단오에 부채를 주고받는 것은 더위를 이기라는 의미이다. 기온이 높아서 오는 괴로움을 부채로 씻어내듯이 이런저런 괴로움을 이겨내라는 정신적인 선물이다. 나아가 주고받는 이들이 지도자들이라면 그들의 부채는 자신의 더위를 이겨내는 데 그쳐서는 안 되며 백성의 더위도 씻어주어야 한다. 즉 어진 바람을 일으키라는 의미를 함께 담고 있다.

계절은 알 수 없으나 서경덕은 자신보다 11년 선배이자 후원자 격인 김안국에게 부채를 선물로 받는다. 세시풍속에 따른다면 단오 즈음일 수 있다. 김안국은 높은 벼슬에 있는 사람이고, 서경덕은 벼슬은 하지 않았지만 산림의 학자이니 둘 다 선비라고 할 수 있다. 선비가 선비에게 주는 부채이니 인풍의 상징성을 담고 있지 않을 수 없다. 우선 서경덕과 부채의 대화를 들어보자.

김상국께서 부채를 주신데 감사하며 謝金相國名安國字國卿號慕齋惠扇

묻노니, 부채를 휘두르면 바람이 나오는데 바람은 어디에서 따라 나오는가? 만약 부채에서 나온다고 말한다면 부채 속에 일찍이 바람이 있었던가? 부채에서 나오지 않는다고 말하면 마침내 바람은 어디에서 따라 나오는가? 부채에서 나온다고 해도 말이 되지 않고, 부채에서 나오지 않는다고 해도 또한 말이 되지 않는다. 만약 허(虛)에서 나온다고 한다면 저 부채를 떠나서 허가 어찌 스스로 바람을 내는 걸까?

나는 이와 같은 말을 할 필요가 없다고 생각한다. 부채는 바람을 쳐낼 수 있는 소이(所以)이지 부채가 바람을 만들어 내는 것이 아니다. 바람이 태허(太虛)에 쉬고 있을 때는 고요하고 맑고 맑아 아지랑이와 티끌이 일어나는 것조차 볼 수 없다. 그러나 부채를 흔들면 비로소 바람은 일어난다. 바람은 기(氣)다. 기가 시간 · 공간에 가득 차 있는 것은 물이 계곡에 널리 퍼져 그들먹한 것과 같다. 빈틈이 없다. 저 고요하고 담담한 때에는 모이고 흩어지는 형상을 전혀 볼 수 없다. 기가 어떻게 일찍이 공(空)을 떠날 수 있으리오. 노자(老子)가 말한 바, "비었으되 다하지 않고, 움직일수록 더욱 낸다."라고 한 것이 이것이다. 저 부채로 하여금 비로소 움직여 몰아치면 고동쳐 솟아나 바람이 된다. 그래서 "형체 있는 것이 밀치게 되면 기가 팽팽하게 부풀어 운다."라고 했다. 問 扇揮則風生 風從何出 若道出於扇 扇裏何嘗有風在 若道不出於扇 畢竟風從何出 謂出於扇 旣道不得 謂不出於扇 且道不得 若道出於虛 却離那扇 且虛安得自生風 愚以爲不消如此說 扇所以能鼓風 而非扇能生風也 當風息太虛靜泠泠地 不見野馬塵埃之起 然扇纔揮風便鼓 風者氣也 氣之撲塞兩間 如水彌漫溪谷 無有空闕 到那風靜澹然之頃 特未見其聚散之形爾 氣何嘗離空得 老子所謂虛而不屈 動而愈出者此也 纔被他扇之揮動 驅軋將去 則氣便盪湧爲風 故詩曰 形軋氣來能鼓吹

한 자 맑은 바람 초당으로 부쳐 오시니 一尺淸飇寄草堂
오동나무 아래 부채질 그 맛이 최고라네 據梧揮處味偏長
누가 알리, 한 뿌리에 꼭지 꿰여 誰知一本當頭貫
모든 가지 스스로 줄기 펼쳐 便見千枝自幹張
형체 있는 것이 밀치게 되면 기가 팽팽하게 부풀어 올라 形軋氣來能鼓吹
깊은 고요 속 문득 서늘한 바람 이니 有藏虛底忽通凉
먼지 일으킬 필요 없이 不須拂洒塵埃撲
정처 없이 떠나보세 대지팡이와 함께. 竹杖相將雲水鄕

띠 집 묘당 가리지 않고 不擇茅齋與廟堂
맑은 바람 곳곳에 신선하게 불어주네 淸風隨處鮮吹長
덕의 조화는 만물을 모두 아우르고 德和濟物兼玄白
도의 위대함은 사람을 좇아 거두고 펼쳐진다. 道大從人聽翕張
돌아보니 나는 무더위를 몰아낼 수 없었는데 顧我無能驅暑濕
그에 기대어 가을의 서늘함을 돌려올 수 있다네 賴渠還得引秋凉
장부는 뭇 생명의 열기를 씻어야 하니 丈夫要濯羣生熱
마땅히 서늘한 바람 온 나라에 뿌리리. 當把泠飇播帝鄕

산문 한 편과 시 두 편인데 특히 두 번째 시는 부채를 선비 혹은 지도자로 그리고 있다. 즉 인풍을 일으키고 그 맑은 바람이 백성의 초가집과 궁궐에 모두 불기를 바라고 있다. 빈부와 귀천을 가리지 않고 모든 이를 아우르는 것이 바람의 덕이다. 그래서 공자는 "군자의 덕은 바람이요 소인의 덕은 풀이다. 풀 위에 바람이 불면 풀은 반드시 눕는다."[21]라고 하여 바람과 군자를 동일시하고 있다. 허니 바람을 일으키는 부채 또한 군자의 상징이 된다. 서경덕은 장부가 마땅히 백성의 어려움을 씻어내야 한다는 것을 부채로 바람을 일으켜 뭇 생명의 열기를 씻어내는 것으로 은유하고 있다. 이 시는, 나 부채가 바람을 일으켜 더위를 씻어내 주듯이, 너 장부는 어짊을 베풀어 백성의 어려움을 씻어내야 하는 것이라고 말하고 있다.

두 번째 시의 부채가 선비의 전형적인 상징이라면, 산문과 첫 번째 시는 서경덕만의 이야기로, 서경덕이 아니면 부채와 이러한 대화를 나눌 수 없다. 바람은 어디에서 오는가? 이것은 만물의 기원에 관한 근원적 질문이기도 있다. 모든 존재를 유(有)라고 할 때, 그 유는 어디에서 오느냐는 것이다. 무(無)에서 온다고 하면 이미 무는 무가 아니며, 유에서 온다고 하면 자신이 자신의 근원이 되는 모순이 된다.

서경덕은 이 문제를 부채와 바람의 관계로부터 파고든다. 부채가 흔들리지 않을 때, 어떤 자극이나 운동이 없을 때는 바람은 없다. 부채가 흔들리고 자극이나 운동이 있게 되면 바람은 있다. 그럼 바람의 본질은 유인가 무인가? 유라고 하면 없는 때를 설명할 수 없고, 무라고 하면 있는 때를 말할 수 없다. 이 모순을 어떻게 해결할까? 서경덕은 이 문제의 해결을 위해 문제의 구조에서 벗어나는 전략을 취한다. 즉 유와 무의 대립 구도로부터 한발 뒤로 물러나는 것이다. 유와 무의 대립 구도에서는 바람을 온전히 설명할 수 없다. 사실 바람은 유와 무의 동시적 현상이다. 마찬가지로 모든 사물은 유와 무의 동시적 현상이다. 있으면서 동시에 없으며, 없으면서 동시에 있는 것이 존재이고 사물이다. 있기만 한 사물은 없고, 없기만 한 존재는 이미 존재가 아니다.[22]

있음과 없음, 있으면서 없고 없으면서 있는 것은 우리의 이원적이고 대립적 시각으로는 쉽게 이해하기 힘들다. 서경덕은 있음과 없음을 아우르는 것으로 태허(太虛) 혹은 기(氣)를 제시한다. 우리의 감각으로는 파악할 수 없지만 감각 세계의 근원이 되는 것을 형이상의 실체라고 많은 학자들이 말한다. 서경덕 또한 그에 동의하면서도 형이상과 형이하를 모두 하나의 기[일기(一氣)]라고 보는 면에서 그의 독특성이 있다. 형이상과 형이하가 다른 속성의 차원이라면 있음은 없음에서, 바람은 바람 아닌 것에서 온다고 말해야 한다. 그러면 있음과 없음의 매개나 바람이 바람 아닌 것으로부터 와야 하는 모순을 해결해야 하는데, 여기에서 전지전능한 창조주나 이데아 혹은 이(理) 등과 같은 도그마가 생길 수 있다.

노상풍정, 《행려풍속도병》
(김홍도 그림, 국립중앙박물관 소장)

서경덕은 이것을 쉽게 이해한다. 바람은 바람 아닌 것에서 오는 것이 아니라는 것이다. 다만 바람으로 있을 때[감각으로 파악될 때]와 고요할 때[감각으로 파악되지 않을 때]의 다른 양태가 있을 뿐이다. 위대한 통찰이다. 모든 존재는, 그리고 우리는 있음과 없음의 두 양태를 동시에 지니고 있으며, 이것이면서 동시에 저것이다. 이것이기만 하거나 저것이기만 한 존재는 없다. 아버지이기만 한 사내가 없으며 후배이기만 한 사람도 없다. 우리는 모두 '동시적 존재' 이다. 우리는 모두 '~와 ~ 사이[간(間)]' 의 존재이다. 서경덕의 철학은 존재론이든 인식론이든 가치론이든 모두 간(間), 중(中), 복(復)으로 설명할 수 있는데, 그 이유는 형이상과 형이하를 모두 기(氣)로 설명하기 때문이다.[23]

부채는 서경덕에게 존재의 근원을 일러준다. 물론 서경덕은 부채가 아니라도 존재의 근원에 대해 부단한 고민을 했고 때로는 논문으로[24], 혹은 시로[25] 표현하고 있다. 일반의 선비 혹은 학자들이 부채를 인풍, 군자의 바람으로 보는 것은 일상적이다. 그런데 부채를 가지고 존재의 근원까지 파고 들어간 것이 바로 서경덕이다. 즉 서경덕에게서의 부채는 더위를 식혀주는 것이면서[백성의 곤궁을 씻어주는 것]이면서 동시에 존재의 근원을 일러주는 철학자인 것이다.

형이상과 형이하의 일관 – 거문고

거문고는 적어도 동양 그리고 우리나라에서는 악기 중의 악기이다. 거문고는 어떤 악기보다 이념성이 강하기 때문이다.[26] 거문고의 기원은 상고시대의 순임금에게로 거슬러 올라간다.

> 순이 다섯 줄의 거문고를 연주하면서 남풍의 시를 읊조리니 당에서 내려오지 않아도 천하가 다스려졌다.[27]

이 짧은 이야기에서 여러 가지를 생각해볼 수 있다. 우선 거문고의 기원이 매우 오래되었고, 둘째 처음의 거문고는 다섯 줄이었고, 셋째 거문고는 잘 다스려짐의 상징이라는 것이다. 첫째 문제는 고고학의 주제일 것이고, 둘째 문제는 악기 형태 연구자의 몫이고, 셋째 문제가 바로 사상적 또는 철학적으로 접근해야 할 주제일 것 같다.

거문고는 그 모양부터 철학적으로 고안되어 만들어졌다고 전해진다.

> 악기를 만드는 것은 사람에게 달려 있지만 음(音)은 태고(太古)를 머금고 있다. 그 길이가 3척 6분 6촌이니 일 년의 날 수를 상징하고, 넓이가 6촌이니 상하사방을 상징하고, 현이 5인 것은 오행을 상징한다. 허리의 넓이가 4촌인 것

은 사시를 상징하고, 앞은 넓고 뒤가 좁은 것은 존비를 상징하고, 위가 둥글고 아래가 네모진 것은 천지를 상징한다.[28]

거문고가 처음 생길 때부터 위와 같은 의미를 담고 제작되었는지는 알 수 없으나 적어도 거문고의 형태를 상수역학(象數易學)에 의거해 해석하는 것은 확실하다. 이에 의하면 거문고는 세계 혹은 우주의 형상을 본떠 만든 것이며, 그 안에 우주 운행의 질서를 품고 있다. 따라서 거문고를 연주한다는 것은 유희적 차원에만 머무는 것이 아니다. 이것이 여타 악기와 다른 거문고만의 상징이다. 거문고는 우주의 질서와 존재의 근원 그리고 그 속에서 천지[천지의 원리]와 하나 되고자 하는 인간의 열망이 담겨있다. 그래서 거문고는 선비의 악기이다. 조선시대 선비나 문인들은 거의 예외 없이 거문고를 소장하고 있었는데[29] 이는 내면의 덕성이나 정신세계를 공유할 수 있는 소통의 기제가 되는 측면도 있다.[30]

선비들에게 있어서 거문고는 수양을 위한 스승이다. 그래서 선비들은 거문고에 명(銘)을 붙여 늘 함께하고자 했다. 명의 내용은 주로 마음을 바로잡는 내용이다. 주희(朱熹)는 "그대 중화(中和)의 바른 성(性)을 기르고/ 너의 분욕(忿欲)의 사특한 마음을 금하라.(…)"[31]라고 읊조렸다. 이이(李珥)는 "(…)한 번 뜯음에 귀를 깨우고/ 두 번 뜯으니 마음이 맑아지네./ 줄 없으면 너무 담박하고/ 번거로운 곡조는 지나쳐(…)"[32]라고 노래한다. 이와 같이 거문고를 지니고 있는 거의 모든 선비들은 금명을 지었다.[33]

이이의 명에 '줄이 없으면 너무 담박하다.(無絃太淡)' 는 구절에서의 무현(無絃)은 도연명(陶淵明)[34]에게서 유래한다. 도연명은 "음률은 몰랐지만 줄 없는 금을 늘 곁에 두고서 술이 적당하게 되면 금을 어루만지며 제 마음의 소리를 읊었다."고 한다. 도연명 이후로 많은 학자들이 무현금(無絃琴)을 노래했고 서경덕도 그 가운데 한 명이다. 여기서 서경덕의 명을 음미해보자.

무현금명 無絃琴銘

거문고로되 줄이 없으니 체는 두고 용을 버렸도다. 참으로 용을 버린 것이 아니니 고요함이 그 움직임을 머금었도다. 琴而無絃 存體去用 非誠去用 靜其含動

소리 있는 데서 듣는 것이 소리 없는 데서 듣는 것보다 못하고, 형체에서 즐기는 것이 무형에서 즐기는 것보다 못하다. 聽之聲上 不若聽之於無聲 樂之形上 不若樂之於無形

무형을 즐김으로써 그 오묘함을 얻고, 무성(無聲)을 들음으로써 미묘함을 얻는다. 樂之於無形 乃得其徼 聽之於無聲 乃得其妙

밖으로는 있음에서 얻고, 안으로는 없음을 깨달으니, 그 가운데서 즐길 것을 생각하니 어찌 줄 위의 공부를 일삼겠는가. 外得於有 內會於無 顧得趣乎其中 奚有事於絃上工夫

이

그 줄은 쓰지 않고 그 줄이 줄 됨을 쓴다. 不用其絃 用其絃絃

궁상(宮商) 밖의 운율에서 나는 그 근본[天]을 본다. 律外宮商 吾得其天

소리로써 즐김은 그 소리가 소리됨을 즐김이니 귀로 그것을 듣는 것이 아니라 마음으로 그것을 듣는다. 樂之以音 樂其音音 非聽之以耳 聽之以心

저 종자기야, 어떻게 내 거문고를 들을 수 있으리오. 彼哉子期 曷耳吾琴

금명 琴銘

그대가 가락을 치니 내 마음이 즐겁구나! 鼓爾律樂吾心兮
다섯 곡조가 어울려도 음란함이 드러나지 않네! 諧五操毋外淫兮
절도로서 화(和)하니 하늘의 순서와 맞구나! 和以節天其時兮
통달로서 화(和)하니 용모가 봉황이로세! 和以達 鳳其儀兮

이

조화로움을 뜯으니 돌아가는 도다, 요순으로! 鼓之和回唐虞兮
사특함을 씻어내니 하늘과 함께하는 무리로구나! 滌之邪天與徒兮
높고 넓은 곡조 어느 사람이 들을까나! 操峩洋人孰耳兮
번거로운 듯 간략하니 여운이 있구려! 繁而簡 有餘味兮

서경덕의 「무현금명」과 「금명」 가운데 주로 「무현금명」이 주목을 받아왔다. 그 까닭은 유학자인 서경덕이 '무현금'을 읊었기 때문이다. 물론, 유학자 가운데 무현금을 읊은 이가 서경덕 한 명만 있는 것은 아니다.[35] 이언적은 "이치는 하늘과 들어맞고 악(樂)은 내 마음에 깃들어 있네. 그 의취를 묘하게 얻으면 음(音)을 빌릴 것이 없도다. 그윽하고 고요함 속에서 만물이 모두 돋아나도다. 정신은 태고에 노닐고 손은 천진(天眞)을 어루만지네."[36]라고 무현금을 노래하고 있다.

얼핏 보면 이언적의 이 노래는 도가적 경지를 묘사한 것으로 이해되기도 할 것이나, 실은 철저하게 유학적 해석이라고 할 수 있다. 이언적은 조한보와의 「태극도설(太極圖說)」 논쟁에서 조한보가 무극(無極)을 무(無), 태극(太極)을 유(有)로 구분하여 본 것에 대해, 무극과 태극은 별개가 아니며 양상에 따라 표현이 다를 뿐이라고 본다. 이언적은 무극을 무나 적(寂)으로만 보는 것은 불교나 도가의 입장이라고 본 것이다. 유학의 '무극이태극(無極而太極)' 은 무(無)와 유(有), 적(寂)과 감(感)이 별개로 있는 것이 아니라, '무이유(無而有)' 하고 '적이감(寂而感)' 하는 것이다. 이언적의 「무현금명」도 이런 연장선에서 해석할 수 있다. 명적(冥寂) 속에 만물이 돋아나는 것이다.

서경덕의 「금명」은 유가적 천인합일(天人合一)과 이상적 통치를 거문고에 담아내고 있다. 그런데 서경덕의 「무현금명」이 이언적의 「무현금명」과 같은 경계를 말하고 있는지는 검토해 볼 일이다. 줄이 없는 것을 체(體)로 규정하였고, 무형(無形)과 무성(無聲)의 즐김과 공부는 도가적 혐의가 전혀 없는 것은 아니다. 노자는 대음(大音)은 희미하게 들릴 뿐[37]이라 했고, 장자는 거문고를 연주하면 도가 허물어지고 연주하지 않으면 허물어지지 않는다고[38] 했다. 노자와 장자는 악기를 통해 나는 소리는 전체의 소리가 아니며, 하나의 소리가 나면 다른 소리는 배제될 수밖에 없음을 통찰한다. 그리고 귀는 소리에 갇히기 마련이고, 마음[이지적 분석이 구별]은 주관적 편견을 벗어날 수 없다. 따라서 자연[도]의 소리 전체는 감각과 주관을 버려야 들을 수 있는데[39] 서경덕의 「무현금명」

암하탄금도 (작자 미상, 국립중앙박물관 소장)

이 바로 이런 경계를 노래하고 있는 셈이다.

그러고 보면 서경덕은 「금명」을 통해 거문고의 유가적 경계 혹은 유가의 이념성을 적나라하게 읊으면서도 「무현금명」에서는 도가에서 이르고자 하는 경지를 노래하고 있다. 그래서 서경덕이 거문고를 통해 추구하고자 했던 금도의 경지란 마음의 사악함을 씻고 조화를 이루어 고악의 이상을 회복하고자 하는 유가의 예악론을 따르면서도 동시에 무성, 무형의 음악을 통해 도가에서 말하는 지극한 도의 경지에 이르고자 했다[40]는 평을 할 수도 있다.

그러나 무형, 무성이라는 개념적 단서를 도가에서 차용해온 것이라고 해서 서경덕이 도가의 경지를 추구했거나 혹은 도가와 유가의 결합을 지향한 것은 아니다. 서경덕 철학에서 유와 무, 형이상과 형이하는 모두 일기(一氣)의 다른 양태이기 때문에[41] 「무현금」과 「현금」 또한 거문고의 다른 양태일 뿐이다.

선비들에게 거문고는 수신(修身)과 정심(正心)의 표식이라는 면이 매우 강하다면 서경덕에게 거문고는 수신의 동반임과 동시에 유와 무, 형이상과 형이하, 체와 용의 일관(一貫)을 일러주는 스승인 것이다.

선비, 철학자 그리고 서경덕

도축장, 부채, 거문고 이외에도 서경덕이 사물과 대화를 시도한 것으로 이끼, 복숭아나무, 소나무, 국화, 도마, 붓, 옷 등이 있다. 이런 사물들 하나하나가 서경덕의 삶과 사상에 특별한 의미가 있는 것은 분명하다.

도축장, 부채, 거문고는 일상의 용품이기 때문에 특정 사상의 전유적 상징은 아니다. 하지만 그 사물로부터 어떤 의미를 발견해내고 있느냐는 사상적 경향에 달려 있다. 서경덕은 여러 사물 가운데 도죽장, 부채, 거문고에 대해 특별하게 기록해 두었다.

부채를 든 서경덕, 도죽장을 짚은 서경덕, 거문고를 품고 있는 서경덕. 우리가 상상해볼 수 있는 그림들이다. 그리고 그 사물들과 대화하는 서경덕을 그려볼 수 있다. 도죽장을 보고 치세에 도움이 되리라 다짐하는 서경덕, 부채로부터 존재의 근원을 탐구하는 서경덕, 거문고로부터 수신하고 정심해야 하며 현상에만 집착하지 말고 현상과 본원을 함께 아우를 수 있는 근거를 찾는 서경덕이다.

도죽장에 투영된 서경덕의 뜻은 백성의 곤궁과 험한 세상을 구제해야 한다는 현실 참여적이다. 부채에 비치는 서경덕은 백성의 어려움을 씻어줘야 하는 현실적 선비의 모습과 함께 존재의 근원을 탐구하는 철학자이다. 거문고에서 찾을 수 있는 서경덕은 현상과 근원, 체와 용, 형이상과 형이하, 유형과 무형을 일기(一氣)로 파악하는 기철학자이다. 현이 있는 거문고와 현이 없는 거문고는 모두 거문고이다. 거문고가 유가적 이상을 상징하는 이념성이 강하고 서경덕 또한 그 연장선에 있다면, 순임금이 금을 뜯음[용]에 천하가 바로 다스려질 수 있는 까닭은 바로 줄 없음[체]과 둘이 아니기 때문이라고 서경덕은 보고 있다.

도죽장, 부채, 거문고를 통해 본 서경덕은 세상의 아픔을 걱정하고 좋은 세상을 이루어야 한다는 현실감을 지닌 선비이고, 존재의 근원을 파고드는 철학자이며, 기(氣)의 논리로 요순의 통치가 이루어질 수 있음을 확신하는 이상가이기도 한다.

서경덕의 철학

– 세계, 세계보기, 참삶

서경덕은 주자학자인가

사물이나 세계의 근원을 찾아가는 것이 존재론이다. 사물의 근원이 있다거나 혹은 없다고 주장하는 것, 사물의 근원은 물질이라거나 정신이라고 주장하는 것 등이 존재에 관한 철학적 관점들이다. 그리고 존재의 근원을 어떻게 확증할 수 있느냐, 근원을 근거 지울 수 있는 것이 있느냐, 근원이 어떻게 설명되어야 하느냐 등등의 문제도 있다.

성리학은 만물의 근원이 있으며, 만물의 근원은 확증될 수 있으며, 설명할 수도 있다고 보는 관점의 철학이다. 동양 철학의 전통에서는 정신과 물질을 대립 항으로 보지는 않지만, 마음과 육체적 욕구를 구분해야 한다고 본다.

맹자에 의하면 육체적 욕구는 생존을 위한 조건이고, 마음은 인간다움의 조건이다. 그런데 맹자는 마음과 육체의 근원이 같은지 다른지는 별도로 논의하지 않는다. 맹자의 관심은 인간다움의 실현에 있었기 때문에 육체든 마음이든 모두 하늘로부터 부여받는 것이라고 뭉뚱그린다. 왜냐하면 맹자에게서의 하늘은 이러저러한 것이라고 규정되고 받아들여져 온 하늘, 곧 '선이해(先理解)' 의 개념이기 때문이다.

맹자를 비롯한 고대 유학자들은 '하늘' 을 존재의 근원으로 보는 것을 당연시했다. 그 까닭은 상고 시대로부터 이어져 온 관념을 논리와 분석에 앞서 있는 그대로 흡수했기 때문이다. 공자는 상(商)나라의 신비적이고 종교적인 문화와 주(周)나라의 인문적이고 합리적인 문화를 융합하였지만, 그 역시 하늘에 대해서 재래의 관념을 흡수한다. 공자는 하늘에 대해 신비적이고 종교적인 면만 부각하는 것이 아니라, 인간의 위상과 역할을 중시하며 "하늘이 내게 덕을 주었다."[1]라고 하여 하늘과 인간을 덕(德)으로 연결시키고 있다. 공자와 맹자가 존재의 근원을 파헤친 언설을 하지 않았다고 해서 그들에게 존재론적 관점이나 입장이 없었다고 할 수는 없다. 그들 사상의 밑바닥 혹은 어느 한 부분은 존재론적 관점을 전제하고 인간다움의 실현을 주장했을 것이다.

유학 사상에서 존재의 문제를 체계적으로 제시하기 시작한 것은 북송 시절이다. 흔히 북송의 다섯 선생이라고 불리는 주돈이, 소옹, 장재, 정호, 정이에 의해 유학 사상은 포괄적이고도 정합적이면서, 공자와 맹자의 이념을 실현하려는 체계적인 이론을 갖추기 위한 노력이 전개된다. 그리고 그 노력의 결실은 주희에 의해 성리학이라는 학문으로 집대성된다. 성리학은 양명학이나 고증학과 같이 관점을 달리하는 여러 유학적 입장으로부터 견제와 비판을 받지만, 그 비판을 수용 혹은 배척하면서 20세기까지 동아시아의 정신세계와 실제적 삶의 지침이 되어 왔다.

서경덕은 조선 초기의 사상가이다. 조선이라는 나라가 성리학을 이념으로, 곧 유교적 문명국가 건설을 기치로 건국된 나라이기에 서경덕이 성리학의 그늘 속에 있었음은 당연하다. 이황과 이이를 주자학자라고 말하는 것에 이의를 제기할 사람은 없다. 오히려 누가 더 주희의 사상을 본래대로 계승하였는가가 논쟁 가운데 하나이다. 그런데 서경덕이 주자학자이냐는 질문에 답하는 것은 그리 간단치는 않다. 넓은 의미의 주자학자라고 볼 수도 있다고 주장하기도 하지만, 주자학자는 아니라고 하는 입장도 있고, 또 일정 부분만 주자학적 범주에서 해석될 수 있다고 보기도 있다.

서경덕 철학의 특성을 달리 보게 되는 근원적인 까닭은 바로 이(理)와 기(氣)의 개념 규정에 있다. 주희, 이황, 이이가 각각 이와 기에 대한 내용의 범주, 기능, 역할을 규정하는 철학적 관점의 차이가 없는 것은 아니지만 큰 틀에 있어서는 맥을 같이한다. 하지만 서경덕은 그렇지 않다. 서경덕 철학이 그들과 대척점에 있는 것은 아니지만 개념 규정에서부터 주희와 관점을 달리한다. 즉 세계를 이와 기로 설명한다는 면에서는 서경덕 철학이 주자학의 프레임에 있다고 할 수 있지만, 개념의 내포와 외연이 같지는 않다.

주자학의 기본 구도

주희, 이황, 이이는 모두 이(理)를 형이상으로, 기(氣)를 형이하로 본다. 이것은 "형이상을 도(道)라 하고, 형이하를 기(器)라 한다."[2]는 『주역』의 언급에서 도를 이로, 기(器)를 기(氣)로 환치하여 이해하려고 했기 때문이다. 주희는 "이는 형이상의 도로써 생물의 본(本)이다. 기는 형이하의 기(器)로서 생물의 구(具)다. 사람과 만물이 남에 이를 부여받은 연후에 성(性)이 있게 되고, 기를 부여받은 연후에 형(形)이 있게 된다."고 한다. 『주역』의 언급을 이, 기 개념으로 환치하여 존재의 생성과 특성을 모두 설명한 셈이다. 그런데 그 이론의 구조는 다분히 이원적이다.

이	—	형이상	—	도(道)	—	본(本)	—	성(性)
기	—	형이하	—	기(器)	—	구(具)	—	형(形)

이런 대응 구조에서의 이기 관계는 논리적으로 설명하기 어렵다. 개별 사물에서 분석할 때는 사물 각각은 이와 기라는 두 근원의 결합이며, 이

와 기는 선후가 없다. 즉 이기이원론(理氣二元論)이 된다. 그런데 주희는 사물이 생기는 최종 근원으로 거슬러 가면[소종래(所從來)] 이가 먼저 있다고 말해야 한다고 주장한다. '먼저 있다' 고 하지 않고 '이가 먼저 있다고 **말해야 한다**' 고 표현한 것은 고육지책일 수 있다. 먼저 있다고 말해버리면 이와 기를 별개의 것으로 확정하는 것이기 때문이다. **말해야 한다**고 표현한 것은 실재의 세계가 그렇다는 것이 아니라 논리와 당위라는 관점에서 그렇다는 것이다. 그렇게 봄으로써 이는 기보다, 성은 형보다 가치면에서 우위에 있게 된다. 즉 가치의 근원은 이, 성이 되는 것이다. 이것은 맹자가 육체와 마음을 구분하고 인간다움의 실현을 육체가 아니라 마음에 둔 것과 맥을 같이한다. 성리학에서는 인간다움의 실현을 기가 아니라 이에서 찾고 있는 것이다.

그러나 위와 같이 보면 실재의 세계와 당위의 관점, 즉 이의 소이연(所以然)과 소당연(所當然)이 정합적으로 설명되지 않는다. 이가 소이연과 소당연 모두를 내포하기에는 논리적 어긋남이 있다. 그렇기에 주희도 어쩔 수 없이 '말해야 한다' 라고 할 수밖에 없었을 것이다. 허나 논리적 어긋남이 있다고 해서 옳지 않은 것이라고 할 수는 없다. 논리적으로 들어맞는 것은 옳음 혹은 좋음이고, 논리적 간극이 있는 것이 그름 혹은 나쁨이 되는 것은 아니다. 이런 의문으로 접어들면 존재론이 아니라 인식론의 경계로 들어가게 된다. 인식론의 경계는 뒤로 미루겠다. 어찌 되었든 주희는 '인간의 바른 삶', '인간성이 실현될 수 있는 사회 구조' 를 궁극 목적으로 삼았고, 그것이 실현될 수 있는 근원으로서 이를 상정한 것이다. 그 이는 고래의 하늘, 상제의 관념을 받아들인 기반 위에서 추상화된 개념이다. 하늘, 상제가 인격적 혹은 주재적인 면이 크다면 이는 원리적이고 이지적인 면이 강하다. 그것이 성리학의 특징이기도 하다.

이황은 주희의 이론을 더욱 심화시켜 나간다. 상대적이기는 하지만, 이는 귀하고 기는 천하다고 본다. 귀천(貴賤)이라는 말 자체는 가치 평가가 담겨있기 때문에 존재론적 용어라기보다는 가치론적 용어다. 존재를 설명하는 개념인 이기에 귀천이라는 가치를 매긴 것이다. 그리고 소당연은 '측(則)', 소이연은 '까닭[고(故)]'이라고 하였다. 여기서 측은 법칙, 당위이며 까닭은 법칙과 당위가 실현되는 원리이다. 이에 대해 이황은 "임금에게 있어서의 인(仁), 신하에게 있어서의 경(敬)은 소당연의 측이다. 임금이 인하고, 신하가 경하는 것은 소이연의 까닭이다."라고 설명한다. 그렇다면 소이연과 소당연은 모두 이의 두 측면이지만 소이연과 소당연은 일치되어야 할 지향이지, 실재의 세계에서는 항상 그리고 저절로 일치되는 것은 아니라는 것을 인정한 것이다. 즉 일치되어 있지 않기 때문에 일치를 강조하는 셈이다. 이런 어긋남 또한 당위와 실재를 모두 이로 설명하기 때문이다.

당위(가치)와 실재가 일치하지 않기 때문에 당위와 실재를 다른 것으로 보아야만 하는 것은 아니다. 왜냐하면 가치(당위)의 근원이 무엇이냐고 할 때, 그 가치가 실재를 떠나 있는 것이 아니기 때문이다.

가치의 근원이 무엇이냐, 무엇이 옳은 것이냐에 대한 논의는 간단치가 않다. 그런데 성리학, 나아가 동양에서는 '있는 그대로의 모습' 혹은 실재가 옳음이고 좋음과 다르지 않다고 본다. 있는 그대로의 모습이 아닐 때 그름이고 나쁨이다. 있는 그대로의 모습이 아닐 때, 당위와 실재가 어긋나는 것이다. 당위와 실재가 어긋나 있다고 해서 실재가 아닌 것에서 당위를 찾아야 하는 것은 아니다. 실재의 회복, 되돌림이 당위이다.

존재에서 당위를 찾는 동양적 사유에 대해 존재와 가치를 구분하지 못하는 '잘못 놓여 진 구체성의 오류'를 범하는 것으로 지적하기도 한다. 그러나 실재를 벗어난 것에서 당위를 찾고자 하는 것은 실재와 당위의 어긋남이 자연스러운 것이며, 실재와 당위의 일치는 자연스럽지 않은 것이 된다. 실재와 당위의 일치를 자연스러운 것이 아니라고 보는 것은 마치 사람의 본성을 어그러뜨려야 인의(仁義)를 실현할 수 있다고 보는 고자(告子)의 입장과 같다. 맹자는 사람의 본성이 선을 향하는 것은 '자연스러운 것' 이라고 본다. 자연스럽다는 것은 있는 그대로의 모습이다. 실재가 옳음이고 좋음인 것이다.

이이 또한 이와 기의 개념에 대해 주희의 이론에 충실하다. 이이는 기는 소연(所然)이고 이는 소이연, 발(發)하는 것은 기이고 발하는 소이(所以)는 이라고 한다. 이이의 주장은 이와 기를 동시성으로 보는 것이기 때문에 이기이원적 해석의 여지를 차단하고 이기일원(理氣一元)을 확정하게 한다. 하지만 여기서도 '발하는 것' 과 '발하는 소이' 의 충돌이 불가피하다. 그래서 이이는 기의 자이[自爾. 저절로 그러함]와 이의 주재(主宰)를 내세운다. 자이한 기에도 반드시 이의 주재가 있다는 것이다.

그렇다고 해도 여전히 '자이' 와 '주재' 가 부딪힌다. 자이라면 주재가 필요 없을 것이고, 주재가 필요하다면 자이가 아니기 때문이다. 하지만 이 또한 사실과 당위를 모두 이와 기로 설명하려고 하는 데서 오는 논리적 어긋남이다. 이이는 사실의 세계가 펼쳐짐은 '기발이이승지(氣發而理乘之)' 에서 벗어나지 않지만, 발의 중절(中節)과 부중절(不中節)에 따라 당위와의 일치와 불일치가 있게 된다는 주장으로 어긋남을 비껴가려고 한다. 그러나 이이도 주희의 이기론 안에 있기에 있는 그대로의 모습 곧 실재에서 당위를 찾고 있는 어긋남에서 완전히 벗어날 수 없다. 기자이라고만 하면 실재와 당위의 불일치를 설명할 수 없기 때문에 기발이이승지라고 했지만, 이때의 이가 무엇이냐는 것이다. 엄밀하게 말하면 이때의 이는 주재적 성격을 갖기보다는 가치적 표준의 성격이 강하다. 즉 존재론적으로는 '기자이' 라고만 해도 되지만, 가치론적으로 볼 때는 '이승지' 가 필요한 것이다. 그래서 존재론적으로는 이기일원이지만 가치론적으로는 이기일원이라고 하기 힘들다. '이승지'의 이는 기의 원리가 아니며, 기에 국한되지 않는 것 즉 기를 초월한 개념이기 때문이다.

주희, 이황, 이이는 학문적 분위기와 학적 논의의 주제에 따라 힘주어 말하고자 하는 부분에 다소의 차이가 없는 것은 아니다. 하지만 주희 성리학의 틀에서 이와 기의 개념 정의 및 이와 기의 관계를 정리하기 때문에 이는 형이상, 기는 형이하라는 구도를 벗어나지 않는다. 형이상과 형이하는 존재를 설명하는 개념이지만, 그것이 이와 기로 환치되면서 이는 존재론적으로는 형이상이면서 가치적으로는 완전한 선까지 보증해야 한다. 그래서 선의 실현이 이에 달렸느냐, 기에 달렸느냐는 심급의 논의가 파생된다.

서경덕의 존재론

'있음'은 '좋음'으로 자신을 드러낸다.

주희 성리학의 이기론에서 존재와 당위의 불일치와 선 실현의 관건이 이에 있느냐 기에 있느냐의 문제에 대해 주희, 이황, 이이는 각각의 해답을 제시하고 있다. 서경덕이 성리학의 이런 문제에 대해 인식하고 있었는지는 확인하기 어렵지만, 이와 기에 대한 서경덕의 관점을 따라가다 보면 주희, 이황, 이이와는 다른 지평에서 이 문제에 접근하고 있음을 알 수 있다. 성리학의 이기론과 서경덕의 이기론은 몇 가지 점에서 차이가 있다. 첫째는 기의 개념 규정이고, 둘째는 이의 역할 즉 이와 기의 관계이다.

성리학에서는 아무리 정밀한 기라도 기는 기(器)의 범주 안에 있다. 주희와 이황은 매우 정밀하여 형상 없는 기라고 해서 태극(太極)이라고 하거나, 기가 정밀하면 이가 된다는 것은 있을 수 없다고 한다. 이이는 이는 무형이고 기는 유형이며, 이는 통(通)하고 기는 국(局)한다고 하여 기는 형체를 갖는 이상 그 형체에 갇히지 않을 수 없다고 주장한다. 즉 성리학에서의 기는 세계의 질료나 재료 혹은 에너지이며 형이하의 범주를 벗어나지 않는다.

하지만 서경덕은 기의 본질에 대해 허(虛), 무형(無形), 담연(澹然), 허정(虛靜), 무외(無外), 무시(無始) 등의 수식을 붙인다. 성리학에서의 이는 형태와 조작과 계도(計度)가 없다. 서경덕에게서의 기는 형태가 없기도 하다는 면에서 성리학에서의 이와 유사하지만 조작과 계도가 있다. 성리학에서는 조작과 계도는 기의 몫이고 무형은 이의 몫이다. 그래서 적어도 존재론적으로 이원론을 벗어날 수 없다. 하지만 서경덕은 기에 무형과 조작과 계도가 모두 있다. 즉 서경덕은 기에도 형이상의 측면이 있음을 강조하는 것이다.

기에 형이상과 형이하의 측면이 모두 있다고 볼 때, 적어도 성리학적 구도에서 피해 나가기 어려운 존재와 당위의 불일치 문제가 해결된다. 그리고 가치론적으로는 가치 실현이 기 밖에 별도로 선의 준거나 근거가 있는 것이 아니다. 존재와 당위가 분리되지 않기에 존재 자체가 당위이며, 그 안에 가치를 내포한다. 존재가 곧 당위라는 것은 일종의 정언 명령과도 같다. 있음을 벗어나 좋음이 없다. 있지 않고서는 좋음도 없다. 있다는 자체가 좋음이다. 좋음은 있음을 통해 드러나고, 있음은 좋음으로 자신을 드러낸다.

이렇게 보면 서경덕은 성리학에서의 이, 기의 논리적 충돌을 해결한 것으로 보인다. 하지만 현실의 모든 현상과 존재가 과연 당위이고 좋음이냐는 문제, 이에 대한 개념, 이와 기의 관계 정립 등의 또 다른 문제가 야기된다.

먼저 모든 현상과 존재가 당위이고 좋음이냐에 대해 서경덕은 '그렇다' 고 답할 것이다. 이에 대해 서경덕은 다음과 같이 말한다.

> 하나의 양(陽)이 다시[복(復)] 홀연히 약동하여 스스로 그만둘 수 없는 그 묘함, 그것에서 천지의 마음을 볼 수 있다. '천지의 운행이 바뀌지 않는다[무개이(無改移)]' 고 하는 것은 무엇을 말하는가? 하늘의 한 주기가 365와 1/4도이고 일 년은 365와 1/4일이니, 지일(至日)을 물시계와 해시계로 측정해보면 각도와 날짜의 나뉨이 약속한 듯이 꼭 들어맞는다. 일찍이 남거나 모자란 적이 없이 만고에 '일정하니[상상(常常)]', 그 마음이 바뀌지 않는다는 것을 볼 수 있다. 이것에서 천지의 '지극히 알맞고 지극히 착하며 지극한 믿음[중용지선지신(中庸至善至信)]' 의 덕을 인식할 수 있고, 역(易)이 '몸뚱이가 없다[무체(無體)]' 는 것도 알 수 있다. 해의 궤도가 남쪽으로 돌고 봄볕이 북쪽으로 옮아가며 양기가 대지에 서리면 땅속에서 기가 반응하니 그것을 '공간에 얽매이지 않는다[무방(無方)]' 고 말하지 않겠는가. 낮과 밤이 바뀌고, 추위와 더위가 서로 갈마듦에 한순간이라도 머묾이 없으니 몸뚱이가 없다고 하지 않겠는가.[3]

음(陰)이 가장 극성인 것이 지일[至日: 동지]이지만, 지일이 되면 어김없이 하나의 양(陽)이 다시 솟구쳐 나온다. 없던 것이 생기는 것이 아니라 있던 것이 다시 고개를 드는 것이기에 '복(復)' 이라고 한다. 지일이라는 자연현상을 통해 천지지심(天地之心)의 '무개이, 상상, 무방무체' 를 확인할 수 있고 그것을 덕으로 표현하면 중용지선지신이 된다.

지일이라는 특정한 현상을 통해 천지지심을 설명하고 있지만 지일은 '복의 이치' 를 가장 쉽게 확인하는 것일 뿐이고, 실제로 천지지심은 있지 않은 때가 없고, 천지지심이 있지 않은 물은 없다.[4] 천지지심은 있지 아니한 곳이 없고, 있지 아니한 사물이 없기에 천지지심을 읽어내는 실마리인

'복의 이치' 도 있지 않은 곳이 없다. 세상의 모든 곳에 있으며, 세계의 모든 것이 자기 자리에 있을 수 있는 것은 바로 천지지심 때문이며,[5] 따라서 세계의 모든 존재와 현상은 그 자체로 당위이며 가치를 내포하고 있는 것이 된다.

있음과 없음이라는 실체는 없다.

그럼 과연 하나의 개념이 형이상과 형이하를 모두 담을 수 있는 것인가가 문제 된다. 형이상이면서도 동시에 형이하일 수 있는 것, 존재의 근원이면서 동시에 하나의 개별 존재이며, 형체가 없으면서 동시에 형체가 있을 수 있냐는 것이다. 이에 대해 서경덕은 '그렇다!' 라고 대답할 것이며, 그 부분이 바로 성현들이 미처 보지 못했거나 보았다고 해도 엿보았을 뿐이라고 자부하는 곳인지도 모른다.

서경덕은 무(無)와 유(有), 무형과 유형, 뿌리와 가지, 형상(形相)과 질료(質料)를 모두 기(氣)로 본다. 기는 태허(太虛)와 개물(個物)을 포괄하는 것이지만, 태허에서 개물이 생성되는 것은 아니다. 생성은 소멸과 짝한다. 생성하는 모든 것은 소멸한다. 세계를 생성에서 소멸로의 진행으로 보든, 생성과 소멸의 순환으로 보든 생성과 소멸은 대립적 관계이다. 생성이라는 말 자체에 이미 선과 후가 전제되어 있다. 선후의 구분이 있어야 생성이라는 개념이 이루어진다. 그런데 서경덕은 선후의 개념을 무너뜨린다. 그것을 기의 무시(無始)라고 표현한다. 시작이 있는 것은 끝이 있다. 시작이 없다면 끝도 없다.

여기에서 서경덕은 취산[聚散: 모이고 흩어짐]이라는 개념을 제시한다. 생멸을 취산으로 대체하는 순간 있음과 없음이라는 구분은 없어지게 된다. 세상이 없던 적이 있었는가? 없던 적이 있다면 세상은 무로부터 온 것이리라. 그렇다면 무는 어디서 온 것인가? 세계는 형이하이고 형이하는 없던 적이 있지만, 형이상은 없던 적이 없다고 한다면 세계는 형이상으로부터 온 것이리라. 그렇다면 형이상은 어디서 온 것인가? 형이상이 어떻게 형이하를 만든단 말인가? 이 모든 것은 세계를 형이상과 형이하로 구분하여 다른 실체로 여기면서 생기는 문제이다. 하지만 서경덕은 둘을 모두 기의 양태일 뿐이라고 본다. 기는 형이상의 측면과 형이하의 측면을 모두 가지고 있다. 기는 유이면서 동시에 무이다. 그것이 세계의 실재 모습이다.

미시적으로 하나의 사물을 보자. 서경덕은 초를 예로 든다. 초는 있음, 유로 판명되는 듯하다. 그리고 초가 타면서 유였던 초가 무로 향하는 것 같아 보인다. 초가 타지 않고 그냥 있더라도 초가 불변의 상태로 영원히 있는 것은 아니다. 빠르고 늦음의 차이는 있지만 초는 유에서 무로 향해 간다. 하지만 잘 보면 초는 무화하는 것이 아니라 타면서 혹은 산화하면서 형이하에서 형이상으로 흩어진다. 모이면 형이하이고 흩어지면 형이상이다.

흩어지고 모이는 것은 기다. 흩어지고 모이는 것에 크고 작은 크기의 차이[대소(大小)], 오래고 빠른 시간의 차이[구속(微著)], 드러나고 은미함과 드러남의 형상의 차이[미저(微著)]로 인해 세계는 다양성을 갖게 되지만 그것은 기의 전개를 벗어나지 않는다. 그래서 기는 시간적, 공간적, 형상적 제약에서 벗어나 있다. 이 때문에 이황은 서경덕이 기를 이로 잘못 알고 있다고 비판하고, 이이는 아무리 정밀하고 크다고 해도 개개 사물로서의 기는 형체에 국한되는 것임을, 즉 서경덕은 기국(氣局)을 모른다고 비평한다.

이황과 이이의 비평은 주자학의 이기관에서 볼 때, 충분히 가능하고 타당한 것이다. 하지만 서경덕의 이기관은 주자학의 이기관과 부합하지 않는 면이 있다. 기는 형이하는 물론 형이상에도 해당되는 개념이며, 유무는 없고 취산이 있을 뿐이라는 것이다. 따라서 세상은 어떤 무엇[주자학으로 이해하면 태극]에 의해 근거되거나 촉발되거나 연원하여 형이하의 두 인자인 음과 양이 생성되어 변화되며 그로 인해 세계의 다양성을 갖는 것[논리적이든 실제적이든]이 아니라, 기의 취산에 의해 전개되며 취산의 대소미저구속(大小微著微著)에 의해 다양성을 갖는다는 것이 서경덕의 생각이다.

존재의 존재 근거는 존재이다.

그래서 서경덕은 어떻게 세계의 모습이 이루어질 수 있는지에 대한 관찰과 탐구, 말하자면 형이하의 배후에 떡하니 버티고 있는 별도의 개념을 찾으려 하는 것이 아니라 세계의 모습 그 자체에 눈을 돌리지 않을 수 없게 된다.

서경덕 공부 방식의 특징으로 지목되고 있는 '격물(格物)'은 그런 맥락에서 더욱 두드러진다. 세계의 배후가 없다는 전제는 세계 그 자체를 파고들게 한다. 배후가 없다고 해도 세계는 전개되고 다양성을 갖는다. 왜냐하면 기가 대소미저구속의 취산을 하기 때문이다. 주자학적 의문으로는 대소미저구속은 형이하의 문제이기 때문에 별도의 형이상적 근거나 소이(所以)가 있어야 한다고 볼 것이다. 하지만 서경덕은 그 의문을 기가 형이상과 형이하를 포괄하는 것으로 가뿐하게 넘어간다.

기는 형이하이며 동시에 형이상이다. 그것을 서경덕은 '허즉기(虛卽氣)'라고 표현한다. 허는 형이상, 기는 형이하의 측면을 표시하지만 허와 기는 '즉(卽)'이기에 동시적이고 동위적이며 둘이 아니다. 허는 기의 국한성을 극복하게 하고, 기는 허의 공적함을 이겨낸다. 주자학의 이는 국한성은 극복하였지만 공적을 이겨내기 쉽지 않다. 그래서 이는 기에 품부된다고 하여 이의 공적을 벗어나려 한다.

서경덕의 허즉기는 이것을 돌파하는 개념이다. 허즉기에서의 허는 기의 형이상을 담보하고, 기는 허의 실유성을 확보해준다. 주자학의 입장에서 비평하면, 허를 기로 보는 것이 옳지 않다고 할 수도 있고, 기를 허로 보는 것이 옳지 않다고 할 수도 있다. 하지만 서경덕은 세계는 기 외에 별도의 '무엇' 으로부터 세계가 전개되는 것이 아니라고 본다. 그에게 있어서의 관심의 초점은 '무엇' 을 찾고자 하는 것이 아니라, 세계 전개의 '모습' 을 밝히는 것에 있다.

허(虛)는 허(虛)라고밖에 할 말이 없다. 허에 대해 무엇을 덧붙이는 순간 허는 허가 아니다. 그렇다면 서경덕의 허는 기의 형이상을 확보해주면 된다. 이제는 기의 취산이 초점이 된다. 여기서도 취산의 원리나 근거, 외재적 동인이 있다고 보는 것이 아니다. 기 그 자체에 이미 취산이 있다. 기는 모이거나 흩어지지 않을 수 없다. 그것을 서경덕은 '자능이(自能爾)' 혹은, '기자이(機自爾)' 라고 부른다. 자능이나 기자이는 기가 취산하지 않을 수 없는 불가피성 혹은 자연성을 표현하는 것이다. 기의 취산이 외래적으로 부여되는 것이 아니라는 것을 강조하는 것이다. 이것을 존재론적으로 표현하면 존재의 존재 근거는 존재 밖에서 찾을 수 없다는 것이 될 것이다. 이것이야말로 인식의 전환이고, 세계의 참모습이라고 서경덕은 깨달은 것이다.

서경덕의 기론을 현대 물리학과의 아주 작은 유사성을 꼬투리 삼아 선견지명이 있다는 식으로 높이기도 하지만, 이는 말 그대로 보푸라기를 가지고 옷 전체를 말하는 것에 지나지 않는다. 서경덕의 기론은 질량불변의 법칙도 아니고, 빅뱅이론도 아니다. 기의 취산에는 대소가 있다. 그 크기와 작기를 우리는 가늠하지 못한다. 다만 논리적 추론을 할 수 있을 뿐이며, 기가 취산한다는 것만 인지할 수 있을 뿐이다.

세계는 없음과 있음의 길항도 아니고, 없음에서 있음으로 전개되는 것도 아니며, 없음과 있음의 순환도 아니다. 기라고 명명되는 것의 취산에 의해 각각의 사물이 펼쳐지며 각 사물의 기는 허로 흩어진다는 것이 서경덕 존재론의 밑그림이다. 요약하면 세계는 유무, 형이상과 형이하, 존재와 당위의 이원적으로 있는 것이 아니다. 세계는 유무, 형이상과 형이하, 존재와 당위가 분리되지 않는다.

이와 기는 동시, 동위이다.

다음으로 이(理)의 문제이다. 서경덕은 이에 대해 특별한 설명을 하지 않는다. 간혹 이를 언급하더라도 반드시 기와 함께 말한다. 서경덕은 '이의 때[時]', '기의 재(宰)' 라고 말한다. 기는 그 자체가 동정(動靜)이고 취산(聚散)이다. 멈춤 또한 취산의 한 지점이다. 이의 때나, 기의 재는 기의 동정을 벗어나 있지 않다. 이는 기의 동정에 관여하여 기 동정의 바름[正]을 재(宰)한다. 따라서 이는 기 밖에 있거나, 기의 앞이나 뒤에 있지 않다.

주자학의 강조점이 이의 형이상적 특징, 기에 대한 이의 선재 혹은 우월에 있다면 서경덕이 강조하는 부분은 기의 형이상적 특징, 기와 이의 떨어지지 않음[불리(不離)]에 있다. 기에 형이상적 특징을 부여한다는 것 자체가 주자학적 구도와 완전히 다른 것이다.

그렇다고 해서 서경덕이 이를 형이하라고 하지는 않는다. 만약 기는 형이상, 이는 형이하라고 한다면 이것은 이는 형이상, 기는 형이하로 규정하는 것과 언표만 다를 뿐 구도와 내용은 같다. 서경덕이 이를 형이하라고 본 흔적은 어디에도 없다. 주자학에서는 형이상의 관점에서는 이만 있고, 형이하의 사실로 들어올 때 비로소 이와 기가 함께 있게 된다. 하지만 서경덕에게서는 형이하의 사실에서도 이와 기와 함께 있을 뿐만 아니라, 형이상의 관점에서도 기와 이는 함께 있다. 사실이든 관점이든 이와 기가 분리되는 것 자체가 허용되지 않는다.

사실을 반영하지 않는 관념은 공허한 것이고, 관념을 담지 않은 사실은 거칠기 그지없다. 이를 서경덕은 "이 하나로는 공허하고, 기 하나로는 거칠다. 합(合)하니 묘(妙)하고 묘하다."[6]라고 말한다. 여기에서 핵심은 합(合)과 묘(妙)이다. 합하여 있는 그것, 합하기에 공허와 거침이 상쇄되며 동시에 서로를 요구한다. 기는 세계가 펼쳐지는 존재적 근원이고 실재의 모습이며, 이는 존재들이 바르게 펼쳐지는 원리이다. 따라서 이는 기의 소이가 아니며 소당연 또한 아니다. 서경덕에게서 기의 소이는 기 자체이고 소당연 또한 기의 취산에 있다. 기는 자신 밖에 존재 원인이나 근거를 갖고 있지 않으며, 기의 존재의 모습 그 자체가 소당연이다. 이는 기의 취산에 있어서 그 취산이 바르게 이루어지도록 제어한다. 그래서 이는 기보다 선재하거나 기의 근원이 아니다.

세계는 기의 취산이다. 기는 스스로의 존재 근거이다. 기가 취산하여 전개되는 모습 그 자체가 소당연이다. 이는 기의 취산이 바르게 이루어지도록 제어한다. 이는 기의 취산을 제어하는 것이지, 기가 취하거나 산하지 못하게 할 수 있는 것은 아니다. 기는 취산하지 않을 수 없다. 이는 취산 자체를 제어하는 것이 아니라, 취산의 펼쳐짐을 제어하는 것이다. 그래서 이는 기를 떠나 있지 않다. 떠나 있지 않다고 해서 존재적으로 뒤이거나, 가치적으로 아래라는 것이 아니다. 존재적으로 동시이며 가치적으로는 동위이다. 이것이 주자학과 다른 면이다. 주자학의 이기는 존재적으로 이선기후이며, 가치적으로는 이귀기천이기 때문이다.

서경덕의 인식론

세계를 바라보는 세 가지 지평

어떻게 알 수 있는가? 알아낸 것이 정확한 것인가? 무엇을 알 수 있는가? 등의 문제는 답하기 매우 어렵다. 어렵다기보다는 어떻게 대답하느냐에 따라 그 사람의 철학과 사상이 규정된다. 서경덕은 이 질문에 대해 나름대로 해답을 찾으려고 노력한 것으로 보인다.

인식의 방법이나 수단, 과정에 관한 질문에 대해 서경덕은 소옹(邵雍)의 관점을 빌어 대답한다. 우선 소옹의 인식론에 관한 기본적인 관점을 살펴보자.

1. 눈으로 세상 보기

우리가 대상에 대해 알 수 있는 까닭은 감각 기관에 의해 가능하다. 이를 이목관물[以目觀物. 감각 기관으로 대상을 봄]이라고 한다. 이(以)는 수단이나 방법을 뜻하고 목(目)은 눈, 곧 감각 기관을 말한다. 관(觀)은 보인다는 것이 아니라 살핀다는 의미가 더 크다. 물은 세상의 모든 것이다. 세상의 모든 것이기에 크기, 길이, 형체 등 인식 대상의 범위를 제한하지 않는다. 감각 기관과 그 기관의 감각으로 대상에 대해 알 수 있다는 주장은 옳은 면이 있지만, 문제는 그렇게 획득하게 된 앎이 전적으로 믿을 수 있는 것인지 대답하기는 어렵다는 것이다.

2. 마음으로 세상 보기

둘째는 이심관물[以心觀物. 마음으로 대상을 봄]이다. 감각 기관과 감각이 있다고 해서 앎이 가능한 것이 아니라는 입장에서 볼 때는 영혼이든,

이성이든 혹은 선험(先驗)으로 불리든 간에 감각과는 다른 층위의 조건이 나 능력이 필요하다.

> 귀나 눈과 같은 감각 기관은 생각하는 능력이 없어 사물에 가리게 된다. 귀나 눈으로만 사물을 접하게 되면 사물에 끌려가게 될 뿐이다. 마음이라는 기관은 생각을 한다. 생각하면 얻을 수 있고 생각하지 않으면 얻지 못한다.[7]

> 귀로 듣지 말고 마음으로 들어라. 마음으로 듣지 말고 기(氣)로 들어라. 귀는 듣는 것[감각적인 것]에 그치기 마련이고, 마음은 자신에게 부합되는 것에 그치기 마련이지만 기라는 것은 허(虛)하여 만물을 포용한다.[8]

앞은 맹자, 뒤는 장자의 말이다. 맹자이든 장자이든 감각과 감각 기관을 부정하지는 않지만 그렇다고 신뢰하지는 않는다. 감각과 감각 기관과는 다른 층위 혹은 다른 지평에 서야 한다고 보는 것이다.

맹자는 이목구비의 감각 기관과는 다른 '마음[心]'에 눈을 돌리고 있다. 이목구비가 각각의 감각 기능을 지니고 있는 것처럼 마음의 직능 가운데 하나는[9] 사유 능력[思]이다. 맹자가 사유에 관심을 갖는 이유는 이성적이고 논리적인 추론 능력이라기보다는 도덕 판단과 실행 능력의 근거를 찾고자 한 것에 있다. 말하자면 순수 인식론적 관심이 아니라 가치론적 관점에 기울어져 있다. 맹자는 감각과 감각 기관에 근거해서는 도덕 판단과 실행이 가능하지 않다고 보는 셈이다. 이를 인식론적으로 해석하면 모든 앎은 아닐지라도 도덕과 관련한 앎은 감각에 기댈 수 없다고 하겠다.

장자는 맹자와 마찬가지로 감각 기관과 감각이 각각의 감각에 매여 있을 수밖에 없기에 정확한 인식 수단이 되지 못한다고 본다. 그렇다고 해서 장자가 말하는 마음이 맹자가 말하는 마음과 같은 것인지는 확인할 수 없다. 다만 마음의 한계를 '부합[符]' 이라고 한 것으로 보아, 장자의 마음은 그것이 이성이든 사유이든 감정이든 간에 자의적, 자기중심적, 주관적 기틀에서 벗어날 수 없는 것으로 보인다.

맹자의 마음은 도덕 판단과 실행 근거이고, 도덕 판단과 실행은 보편적인 것이라고 볼 수 있다. 왜냐하면 맹자에게서의 도덕 근원은 하늘[天]이고, 그 하늘은 인간 각자에서 성(性)으로 주어져 있기 때문이다. 감각은 주관적일 수 있지만 성과 하늘은 객관이고 보편이다. 그래서 맹자는 자신의 성을 알면 하늘을 안다고 말한다. 하지만 장자의 마음은 보편성을 담보하지 못한다. 그 마음이 '나' 의 마음인 이상 '나' 에 얽매이지 않을 수 없다는 것이다. 해서 보편성을 획득하기 위해서는 얽매임이 없어야 하는데, 얽매임이 없는 것이 기이고 허이다. 장자가 기에 관심을 갖는 이유는 도덕 판단이나 실행 능력의 근거에 있지 않고, 세계의 모습 그 자체에 대한 인식과 그와 하나 됨에 있다. 맹자보다는 장자의 주장이 인식론에 가깝다. 그렇다고 해서 장자가 인식 그 자체를 인식의 목적으로 여긴 것은 아니다. 장자 또한 어떤 경지를 추구했고, 그 경지를 인식하기 위한 방안을 찾고자 한 것이다.

3. 있는 그대로 보기

셋째는 이물관물[以物觀物. 대상으로써 대상을 봄]이다. '눈' 으로 본다와 '마음' 으로 본다는 것은 수단이 명확하게 이해되지만, '물(物)' 로 본다는 것은 무엇을 가지고 본다는 것인지 쉽게 파악되지 않는다. 인식의 수단이 있는 것인지 의문스럽기도 하다. 이목관물과 이심관물은 '나' 와 '대상' 의 구별이 전제되어 있다. 하지만 이물관물은 나와 대상을 구별하라는 것인지 말라는 것인지도 모호하다. 이에 대해 장자는 '기[허]' 로 보라고 하고 그것을 심재(心齋) 혹은 좌망(坐忘)이라고 한다. 심재, 좌망은 감각과 인식 주관에 얽매이지 말고 대상을 대상 자체로 보라는 것이다. 그런데 감각과 인식 주관을 벗어나 어떻게 대상을 볼 수 있다는 것인지, 그야말로 '특별한 경지'를 상정할 수밖에 없다. 소옹은 '이(理)'로 보라고 한다. 표현의 차이, 장자와 소옹의 시간적 거리, 장자와 소옹의 사상적 경향의 다름을 고려하더라도 기로 본다는 것과 이로 본다는 것이 무슨 뜻인지 쉽게 다가오지 않는다. 장자의 기는 허로 대체될 수 있기 때문에 감각과 주관에서 벗어나라는 것으로 이해가 될 수 있다.

인식 방식의 두 갈래

이목관물, 이심관물, 이물관물의 방식에 대해 소옹은 이물관물이 세계를 제대로 바로 볼 수 있는 방식이라고 한다. 눈과 마음은 '나'라는 것에서 완전하게 자유스러울 수 없기 때문에 세계나 대상이 굴절되어 인식된다는 것이다. 대상이 굴절된다는 것은 긴 것을 짧게, 흰 것을 검게 보는 물리적 차원의 오류를 가져온다. 또 감정이나 자의적 판단으로 슬픈 것을 슬프지 않은 것으로, '아'를 '어'로 이해하는 것도 굴절이다. 소옹은 이목관물은 대상의 형[形. 물리적 차원]을 보는 것이고, 이심관물은 대상의 정[情. 정감적 차원]을 보는 것이라고 한다.

대상의 형을 그 자체로 볼 수 있는 것인지는 확신할 수 없다. 또 대상을 정감적으로 본다는 것은 대상에 투영된 나의 정이지 대상에 정이 속성으로 내재해 있는 것은 아니다. 예를 들면 나뭇잎이 붉게 물들고 있다고 보는 것은 이목관물이고, 그 나뭇잎에서 쓸쓸함을 읽어내는 것은 이심관물이다. 이물관물은 나뭇잎의 형을 보는 것도 아니고, 나뭇잎에 정을 투영하여 보는 것이 아니라 나뭇잎의 성(性)을 보는 것이다. 나뭇잎을 나뭇잎 자체로 보는 것이지 나의 감각과 주관으로 보는 것이 아니다.

소옹의 인식 방법에 대해 자세하게 탐구한 서경덕은 소옹의 인식론을 대체로 수용한다. 서경덕은 소옹과 마찬가지로 인식의 궁극적 목적, 인식의 궁극적 내용은 형이나 정이 아니라 성이라고 본다. 그리고 성은 다른 말로 하면, 특히 주희에 의하면 이(理)와 다르지 않다. 서경덕은 이목관물, 이심관물에 대해서는 이런저런 논평을 하지 않는다. 그것은 그런 인식이 그만큼의 의미 부여는 가능하겠지만 앎의 목적이나 궁극적 내용이 아니기 때문이다. 그렇다고 해서 감각과 형, 주관과 정이 부정되는 것은 아니다. 형과 정에 얽매이는 것도 바람직하지 않지만, 형과 정을 부정하려는 것도 바람직하지 않다. 형과 정에 얽매이는 것은 도교의 연단술이고, 형과 정을 부정하려는 것은 노자나 석가의 허무이다.[10] 형과 정에 얽매이면 안 되지만, 그렇다고 해서 형과 정이 부정되면 성 자체도 인식할 수 없다. 성은 형과 정을 통해 자신을 드러내고, 형과 정에는 성이 내재되어 있기 때문이다.

서경덕은 성을 알아내는 방식과 그 단초 혹은 상징을 제시한다.[11] 먼저, 성을 알아내는 방식을 두 가지로 설명한다.

> 세계가 처음 시작되는 때로 거슬러 보면 – 역관혼돈시(遡觀混沌始)
>
> ……
>
> 사물을 미루어나가면 – 약능추사물(若能推事物)
>
> 만물을 좇아 탐구하는 속에서 변화를 알 수 있고 – 연종물상능지화(研從物上能知化)
>
> 근본으로부터 찾아가면 그윽함을 깨칠 수 있네. – 수자원두가파현(搜自源頭可破玄)

전자는 '천기[天機: 하늘의 기틀]', 후자는 '관역음[觀易吟: 주역을 읽고 노래함]'이라는 시의 일부분이다.

전자의 '역관혼돈시(遡觀混沌始)'와 '약능추사물(若能推事物)'은 인식의 방법과 관련된 것인데, 개념화하면 '역관'과 '추물'이라고 할 수 있다. 역관은 역으로 보는 것이다. 즉 가까운 것에서 먼 것을 보는 것이 아니라 먼 것에서 가까운 것을 보기, 보이는 것에서 보이지 않는 것을 보는 것이 아니라 보이지 않는 것에서 보이는 것을 보기, 뿌리로부터 가지를 보는 것이 아니라 가지로부터 뿌리를 보는 방식이다. 추물은 역관의 역이다. 역관과 추물은 눈, 심, 이(理)라는 인식 수단을 말하는 것이 아니라 그야말로 인식 혹은 추론의 방식이다. 역관과 추물은 각각의 인식 방식이면서도 보완적이다. 역관에 치우치면 현실에 소홀할 수 있고, 추물에 기울면 현실에 매몰될 수 있다. 역관에 치우친 것이 노자와 석가이고, 추물에 기운 것이 도교이다.

후자의 '수자원두(搜自源頭)'와 '연종물상(硏從物上)'을 줄이면 '수원', '연물'이라고 할 수 있다. 그리고 수원은 역관, 연물은 추물의 다른 표현이다. 추물, 연물은 현실적으로 펼쳐져 있는 구체적인 사물과 현상에 대한 탐구를 통해 현상의 이를 알아내는 것이다. 역관, 수원은 근원으로 곧바로 파고들어 현상을 바라보는 것이다. 추물과 연물을 귀납, 역관과 수원을 연역에 대입하는 것은 어리석은 일이다. 귀납과 연역이 보려는 것과 서경덕이 보려는 것이 전혀 다르기 때문이다.

서경덕 공부 방식의 특징으로 사물에 대한 탐구를 했다는 면에서 귀납이라는 수식을 붙이는 경우가 있다. 여타의 유학자들과 상대적으로 비교하는 면에서는 아주 틀린 평이라고 할 수는 없지만, 그렇다고 서경덕이 귀납적 방식을 신봉하는 것은 아니다. 귀납이 도달하는 곳은 확률과 특수이지 확정과 보편이 아니다. 서경덕은 확정과 보편을 보고자 했고, 그것이 바로 성이다. 어찌 되었든 서경덕에게 귀납적이라는 평을 붙이는 근거로 제시되는 것이 '온천변[溫泉辨: 따뜻한 샘물에 대한 분석]' 이라는 짧은 논문이다. 온천이라는 '사물' 을 탐구했다는 면에서 귀납적이라 평하지만, 사실 '온천변' 을 논리적으로 보면 '소원리 → 온천이라는 사물의 관찰 → 원리의 확산' 의 3단 구조로 되어 있다. 이런 구조가 바로 추물이고 연물이다. 중요한 것은 '사물의 관찰' (여기에 주목했기 때문에 귀납적이라고 평한 것이다.)이 아니라, '원리의 확산' 이다. 서경덕은 따뜻한 물이라는 현상을 통해 음양의 원리를 확인하고 그것으로 인륜 질서를 파악하고자 한 것이다. 즉 '자연의 원리 → 사물의 현상 → 인문 질서' 의 구조로 논의를 전해한 것이 '온천변' 이고 그런 인식 방식과 과정이 연물이고 추물이다.

수원과 역관의 인식 방식을 잘 보여주는 것은 '성음해[聲音解: 소리와 음에 대한 풀이]' 이다. 서경덕 철학의 특색으로 수학(數學)을 제시하는 경우가 있는데, 이 또한 다른 성리학자와의 비교하는 면에서 일견 타당하다. 서경덕 스스로 "사람들이 내가 수학을 한다고 여기지만 나는 수학에 연유하여 깨달은 것이 아니다. 대개 알지 않을 수 없을 뿐이다."[12]라고 한 것으로 보아 서경덕 당대에도 서경덕 학문의 특징을 수학으로 보는 논의가 있었던 것으로 보인다. 서경덕은 수(數)를 알지 않으면 안 되는 것으로 본다. 서경덕은 "이가 얽히고설킨 곳은 수로 분석하여 이해할 수 있다."[13]고 하여 수를 알아야만 하는 까닭은 이를 이해하는 방편이 되기 때문이라고 본다. 즉 수는 이 혹은 성을 파악하는 수단이다. 하지만 수가 방편이나 수단의 가치만 있는 것은 아니다. "사람들이 외상외수는 알 수 있지만 내상내수는 알지 못한다."[14]고 하여 수에는 실용적 측면과 함께 원리적 측면도 있음을 암시하고 있다. 수에 실용적 측면만 있다면 이를 파악하는 방편이 되기에는 부족한 면이 있다. 수에는 원리적인 특징이 있기 때문에 천지 만물은 수로 표현될 수 있다. 사물은 소리, 색깔, 기운, 맛 등을 지니고 있고 그 가운데 가장 범위가 넓은 것이 소리이다. 그 넓디넓은 소리를 포착하여 이해하고 분석할 수 있는 것이 수이고, 그것을 해설한 것이 '성음해' 이다. 뿌리로부터 몸통을 미루어 가고, 몸통을 미루어 쓰임을 다하고자[15] 한 것인데, 이런 인식이 수원이고 역관이다.

인식 주체의 자세

서경덕은 성(性)을 파악하는 인식 방식으로 역관[수원]과 연물[추물]을 제시한다. 역관과 연물은 인식 방식인데, 인식 방식이 있다고 해서 바른 인식이 가능한 것이 아니다. 사실 소옹의 이목관물과 이심관물은 인식 주체에 의해 바른 인식이 제한되고 있음을 말하는 것이다. 그래서 제시되는 것이 이물관물인 바, 이물관물이라고 할 때 인식 주체가 설 자리가 어디인지 애매한 면이 없지 않다. 서경덕은 이물관물에 대한 직접적인 언급은 하지 않는다. 하지만 인식 주체의 태도나 자세는 어떠해야 하는지에 대한 단초를 찾을 수 있다.

> 눈에 발을 드리우고 귀를 꼭 닫아도
> 바람에 흔들리는 소나무 소리, 계곡 흐르는 소리는 떠들썩하네.
> 나를 잊는 경지에 이르면 만물이 만물이 되어
> 마음이 이르는 곳마다 저절로 맑고 따스하다네.[16]

서경덕의 '제목 없음' [無題]이라는 시이다. 여기서 핵심으로 보아야 할 구절은 세 번째이다. '나를 잊는 경지' 는 '망오(忘吾)' 이다. 나를 잊는다 함은 감각에 얽매이는 이목, 감정에 휘둘리는 이심의 양면을 모두 잊는 것이다. 즉 감각과 감정에 얽매여 인식 대상의 물리적 특징이나 주관을 인식 대상에 투영하지 않는 것이 망오이다. 그리할 때 사물은 사물 그 본연의 모습, 곧 성으로 인지될 수 있다.

감각과 감정에 얽매이지 않는 것이 감각과 감정을 소멸시키는 적멸을 지향하는 것이 아니라, 감각과 감정의 '사이[간(間)]' 에 있는 것이다. 감각이 부정되면 대상에 대해 어떤 형식이나 형체도 인식할 수 없고, 감정이 없으면 대상에 의미 부여가 가능하지 않다. 그렇다고 해서 대상의 형식이나 형체가 대상 그 자체의 본질을 보증하는 것이 아니며, 의미 부여는 대상에 대한 주체의 입장만을 나타낼 뿐이다.

감각과 감정의 '사이' 에 위치해야 하는 근본적인 이유는 천지의 기틀이 그렇기 때문이다. 천지는 감각과 감정에 얽매이지 않는다. 그리고 천지는 '흐름' 이다. 천지가 흐름이기에 천하 또한 고정되어 있지 않고 흐른다. 흐름의 본질을 보기 위해서는 흐름의 패턴 혹은 흐름의 기제를 파악해야 하는데, 그것을 서경덕은 '되돌아옴[복(復)]' 이라고 표현한다.

복은 서경덕이 창출한 개념이 아니라 역(易)에서 나오는 개념이다. 복은 순음(純陰)에서 양기(陽氣)가 발동하는 것을 말한다. 사실 순음이나 순양은 없다. 왜냐하면 천지는 흐름이기 때문이다. 복은 그 흐름의 단초를 여실하게 알 수 있는 계기이다. 그래서 선대의 학자들 또한 복의 깨달음을 위해 노력하였다. 복을 '고요함[정(靜)]' 으로 보기도 했고, '움직임의 실마리[동지단(動之端)]' 로 보기도 했으며, '고요함과 움직임의 사이[동정지간(動靜之間)]' 로 보기도 했다. 서경덕은 복을 천지의 마음[자연의 흐름 혹은 자연 운행의 본질 또는 기제]라고 하였다. 천지의 마음을 읽어낼 수 있는 계기가 복이고, 망오를 통해서 제대로 인식될 수 있다는 것이 서경덕의 주장이다. 즉 인식의 궁극 지점은 복의 이치이고, 복의 이치를 인식하는 주체의 자세 혹은 태도는 망오이며, 인식의 구체적인 방식은 역관

[수원]과 연물[추물]이라고 서경덕의 인식론을 정리할 수 있다.

서경덕의 공부론

깨우침

서경덕은 공맹이나 소옹, 주희 등을 스승으로 여겼지만 특정한 사승(師承)이 있는 것은 아니다. 그래서 서경덕의 공부에 대해 스스로 깨우쳤다는 자득(自得)이라는 수식이 붙어 다닌다. 이는 아마도 이이의 평가에 기대고 있는 면이 있다.

> 근래 나흠순, 서경덕, 이황 세 선생의 학설을 살펴보면, 나흠순이 가장 높고 이황이 그다음이고 서경덕이 또 그다음이다. 나흠순과 서경덕은 자득의 맛이 많고, 이황은 의양(依樣)의 맛이 많다.[17]

이이의 평가는 많은 것을 생각하게 한다. 우선, 이이는 자신의 선배 학자들 중에서 나흠순, 서경덕, 이황을 뛰어난 학자로 선정했고 그 선정 기준은 학설이다. 이이는 나흠순의 이기일물설(理氣一物說), 서경덕의 일기장존설(一氣長存說)[18], 이황의 이기호발설(理氣互發說)을 여타 학자와 구별되는 그들의 특징으로 지목했을 것이다.

이황은 주희 성리설의 계승자임을 자임하였지만 주희 성리설과 어긋남을 감수하면서도 도덕 감정의 순수성을 이론적으로 확보하였다는 면에서는 독창적인 사상가라고도 할 수 있다. 서경덕은 소옹과 장재의 북송 철학과 주희의 성리학을 천착하였지만 그들이 미처 보지 못했거나 미진하게 설파한 부분을 꿰뚫었고 그것을 자부하였다는 면에서 자신감이 넘치는 철학자라고 할 수 있다. 어찌 되었든 세 사상가는 특색을 갖는 인물이라고 할 수 있고, 이이는 그런 면을 파악했다.

다음으로 자득과 의양으로 세 학자를 분류한 것이다. 이황이 주희의 학문에서 추호도 벗어나지 않으려 했다는 것과 함께 다른 학문이나 학설에 대해 적극 변설한 것에서도 의양의 맛이 있다고 평했을 것이다. 나흠순과 서경덕은 이황과 비교해 볼 때 주희의 사상으로부터 좀 더 유연한 면이 있는 것이 사실이다. 특히 서경덕은 주희가 이해한 장재나 소옹의 철학을 공부했다기보다 주희에게 여과되지 않은 장재, 소옹의 철학을 탐구했기에 여타 조선의 성리학자들이 지니지 않은 맛과 색을 지녔을 가능성이 많다. 이이는 그런 면 때문에 자득과 의양이라는 틀로 자신이 학문적으로 인정하는 세 학자를 분류했다.

다음으로 '높고 낮음'의 문제이다. 이는 두 가지 면을 동시에 보아야 한다. 자득과 의양 자체에 높고 낮음의 차이가 있다는 것인지, 아니면 세 학자의 학설에 높고 낮음이 있냐는 것이다. 앞서 이이의 말을 보면 자득, 의양과 무관하게 학설에 있어 높고 낮음이 있는 것으로 읽히기도 한다. 하지만 이이의 말을 자득과 의양의 높고 낮음으로 이해하여, "이이가 일찍이 이황의 의양이 서경덕의 자득보다 낫다고 하여 우열이 있다고 한 바는 공부하는 사람이 갖추어야 할 것을 책한 것이다."[19]라는 평이 있기도 하다. 이것은 이이가 서경덕보다 이황을 높게 본 것을 그대로 받아들이기보다는 후학을 경계하려는 의미로 읽어야 한다는 것이다.

사실 이이는 서경덕의 장점을 자득에서 찾기도 한다. 다른 학자들이 입으로만 경전을 외우고 있는 데 비해 서경덕은 사색을 통해 스스로 깨우침을 얻었다는 것이다. 그러면서도 이이는 자득에 치우침을 경계하기도 한다. 서경덕이 스스로 깨우친 면이 있기는 하지만, 그것에 머물러 진리의 전체가 아니라 일면만 보고 말았다는 것이다. 그럴 바에야 의양에 기대어 성현의 학설을 충실히 따르는 것이 낫다는 것이다. 이로 보면 높고 낮음은 자득과 의양의 공부 방식이 아니라 나흠순, 서경덕, 이황의 학설을 평가하는 기준이라고 보는 편이 옳다. 그리고 자득과 의양은 높고 낮음의 구별이 아니라 서로 보완해야 할 공부 방식으로 보아야 한다. 의양에 치우치면 위인지학(爲人之學)에 빠질 것이고, 자득에 치우치면 전체를 보지 못하고 부분에 매몰될 수 있기 때문이다.

어찌 되었든 이이는 나흠순, 서경덕, 이황의 학설 가운데 서경덕의 일기장존설을 비평하면서도 기의 기자이(機自爾) 혹은 기의 세계관의 일부를 수용한다. 하지만 이황의 이기호발설을 받아들이지는 않는다. 왜냐하면 주희의 성리설과 어긋난다고 보았기 때문이다.

결론적으로 이이는 서경덕을 선배 학자들 가운데 나흠순과 이황보다는 높지 않지만 나름대로 학설을 펼친 학자로 인정하는 셈이다. 이이가 서경덕과 직접 대면하지는 않았지만 서경덕의 제자 박순과 교분이 두터웠고, 또 박순과 논변을 통해 서경덕의 학설을 접했기에 가능한 일이었다. 그런 과정에서 서경덕의 학설이 의양으로는 도달하지 못하는 경지임을 인정한 셈이다.[20]

이로 보면 자득의 장점은 남이 보지 못하였거나, 혹은 보았더라도 미처 다 보지 못한 것에 이를 수 있다는 것에 있다. 그리고 서경덕은 제자들에게 자득을 강조하기도 한다.

> 내가 말하는 것 또한 모두 문자의 찌꺼기일 뿐이다. 긴요한 것은 깊이 생각하여 자득하는 데 있다.[21]
>
> 문자에 있는 의리는 모두 옛사람들의 말초다. 긴요한 것은 깨우침에 있다.[22]

문자에 얽매여 핵심을 보지 못하는 것을 경계하였고, 결국 진리는 이해의 차원을 넘어 체득해야 함을 강조한 것이다. 자득은 문자나 타인의 의견에 기대기보다는 스스로 알아낸다는 의미와 함께 그 앎을 주체화한다는 의미를 함께 가지고 있는 셈이다. 이이에 의하면 자득이 진리의 일면만 보는 문제가 있다고 했지만, 진리의 일면만 보았든 전체를 보았든 진리를 엿볼 수 있는 것은 부정할 수 없다. 그 까닭을 성리학적으로 설명하면 성(性)과 이(理) 때문이다.[23] 자신의 성을 살피면 이를 알 수 있다. 이것은 멀리는 자신의 성을 알면 하늘을 알 수 있다고 한 맹자의 말, 가깝게는 주희의 성즉리(性卽理), 이일분수(理一分殊)와 맞닿는다. 자득이 완전한 공부 방법은 아닐지라도 서경덕 철학이 독창성을 지닐 수 있는 이유 가운데 하나였다는 것은 분명해 보인다.

수양은 인식의 열매

성리학의 우산 아래 있기에, 도덕적 인간 실현 추구를 지향하는 유학자이기에, 서경덕에게 있어서 도덕 실현은 최대의 과제이다. 도덕에 관한 핵심 명제는 성(性)이다. 인간이 도덕을 알 수 있고 도덕적 행위를 할 수 있는 것은 성선(性善)이기 때문이고, 성이 선한 이유는 그 근원이 하늘이기 때문이다.

서경덕이 성에 대해 분석적으로 언급한 것은 없는 것으로 보인다. 그 까닭은 학문하는 서경덕의 태도 때문이다. 서경덕은 선현이 이미 해 놓은 말과 똑같은 말을 굳이 할 필요가 없다고 본다. 즉 성에 대해서는 선현들의 주장이나 학설에 대해 다른 의견을 갖고 있지 않은 것이다. 이론적으로 성에 대해 언급하지 않는다고 해서 성을 등한시하는 것은 아니다. 성을 버리고 도덕을 완성할 수 없기 때문이다.

성(性)을 알아낸 곳에서 마땅히 잘 익히고 길러야 한다.[24]

'웃으며 즐김' [소희(笑戲)]이라는 시의 한 구절이다. 성을 알아내었다면 그 지점에서 그 성을 잘 길러야 한다. 알아내는 것은 인식이고 잘 익히고 기르는 것은 수양이다. 인식은 수양의 뿌리이고 수양은 인식의 열매이다. 수양 없는 인식은 허구적 지식이고, 인식 없는 수양은 맹목적 몸부림이다. 인식과 수양은 선후나 경중으로 갈라질 수 없다. 인식은 수양에 힘을 주고 수양은 인식을 확실하게 해준다.

서경덕의 인식론에 대해서는 앞에서 개설하였다. 여기서는 수양과 관련된 것에 관심을 기울이겠다.

담담한 하늘빛이 의구(依舊)하노니 비로소 나의 성이 좇아 나온바[소종래(所從來)]를 알리로다."[25]

'창문을 열고서' [개창(開窓)]라는 시의 한 구절이다. 여기서 주목할 것은 '하늘', '의구원', '성', '소종래' 이다. 의구원은 하늘을 규정하는 것으로서 영원성과 불변성을 나타내는 말이다. 불변하기에 영원하고 영원하기에 불변이다. 하늘이 변하면 세계는 망한다. 천지가 망하지 않는 것은 하늘이 불변하기 때문이다. 물론 여기서의 하늘은 천심(天心)이고, 그 천심의 단초로 복(復)을 잃어낼 수 있다.

나의 성은 그 하늘로부터 좇아 나온다. 따라서 나의 성을 아는 것은 하늘을 아는 것이고, 나의 성을 실현하는 것은 천심을 실현하는 것이다. 하늘이 자신을 실현하여 세계가 펼쳐지듯이, 나의 성을 실현하는 것은 세계에 선을 실현하는 것이다. 그러면 성을 실현하는 구체적 양태는 무엇일까? 이에 대해 서경덕은 '지(止)' 를 제시한다. 『주역』 간(艮)괘에는 "지할 때 지하고, 행할 때 행한다."라고 되어 있는데 서경덕은 이에 대해 "행할 때 행하는 것이 행에 지하는 것이고, 지할 때 지하는 것은 지에 지하는 것"[26]이라고 해석한다.

서경덕은 개성의 교수 심의를 보내며 쓴 글에서 '그침'[지(止)]을 제시한다. 이별문에서 그침을 제시한 속내는 그치지 못하는 심의에게 충언을 하는 것이다. 그런데 그것은 비단 심 교수 개인에게 향하는 글이 아니라 우리 모두에게 하는 소리이다. 우리는 모자라서가 아니라 넘쳐서 문제를 일으키며, 고요해서가 아니라 부산해서 다친다. 서경덕은 그것을 경계하고자 한 것이다. 그러나 지한다고 해서 허무나 적멸이 아니다. 오히려 더 적극적이다. 움직일 때 움직이고, 멈출 때 멈추는 것이 지이기 때문이다. 이것은 움직이고 멈추는 주체의 결단을 요구하는 것이며, 그 결단은 주체의 자의가 아니라 상황 속에서 판단되어지는 것이다.

> 천하의 만물과 모든 일은 각기 그 그침이 없을 수 없습니다. 하늘이 위에 그침을 우리는 압니다. 땅이 아래에 그침을 우리는 압니다. 산은 솟고 물은 흐르며 새는 날고 짐승은 엎드려 각기 자신이 그칠 곳에 그쳐 어지럽지 않음을 우리는 압니다. 더욱이 사람에게 있어서는 그침이 없으면 안 됩니다. 그침은 한 가지가 아니라 마땅히 각각 그 처한 바에 따라 그것에 그쳐야 합니다. 예를 들어, 부모와 자녀는 은혜에 그쳐야 하고, 임금과 신하는 옳음에 그쳐야 하니 이것은 모두 사람의 성(性)에서 유래하는 것이고, 만물에 비유하면 법칙입니다.[27]

자연에는 물리적 위치가 있다. 시공간적 자리매김을 통해 자연의 세계는 질서 지워진다. 인간 세계인 천하 또한 구성원 각자의 자리매김을 통해 운영된다. 즉 인간 세계의 구성원들은 각각의 사회적 위치를 가질 수

밖에 없고, 그 사회적 위치에서 행할 것을 행하고, 멈출 곳에 멈추는 것이 지이다.

사회적 위치를 신분으로 이해할 필요는 없다. 우리는 누구나 상하와 좌우의 어느 지점에 있다. 위에만 혹은 아래에만 있는 사람은 없으며, 왼쪽과 오른쪽 없이 위치할 수 있는 사람은 없다. 결국 '나'는 '나'의 상하와 좌우에 의해 자리 매겨진다. 누구의 위이며 또 누구의 아래, 누구의 왼쪽 혹은 누구의 오른쪽. 그것이 나의 자리이다. 그것을 인간관계에 빗대면 부자(父子), 부부(夫婦), 군신[君臣. 서경덕에게서의 군신은 말 그대로 임금과 신하이겠지만, 현대에서는 윗사람과 아랫사람으로 이해하면 될 것이다.], 붕우(朋友), 장유(長幼)를 벗어나지 않는다.

나는 언제나 자식이고 언제나 부모가 아니다. 나는 누구에게는 자식이고 누구에게는 부모이다. 허니 자식일 때는 자식에 그치고, 부모일 때는 부모에 그쳐야 한다. 자식에 그치는 것은 자식의 도리를 행해야 할 때 행하고, 자식의 도리를 넘치는 곳에 멈추는 것이다. 부모에 그친다는 것은 부모의 역할을 행해야 할 때 행하고, 부모의 역할을 넘어서는 곳에서는 멈추는 것이다. 우리는 자식이 되어서는 행해야 할 때 행하지 않고, 부모가 되어서는 행하지 말아야 할 것을 넘어서기 일쑤이다.

서경덕의 글 몇 편

이기(理氣)의 근원[1]

태허(太虛)는 맑고 형체가 없다. 그것을 선천(先天)이라고 부른다. 공간적으로 보면 바깥이 없고 시간으로 보면 처음이 없으니 유래를 헤아릴 수도 없다. 맑고 비어있고 고요한 그것이 기(氣)의 본모습이다. 기는 바깥이 없이 아득히 먼 곳까지 널리 퍼져 가득 차 빈틈이 없으니, 터럭 하나만큼의 틈도 허용되지 않는다. 그러나 끌어당기려 하면 비었고 잡으려 하면 없다. 그럼에도 오히려 충실하나니 없다고 말할 수 없다. 이곳에서는 소리 없는 것도 들을 수 있고 향기 없는 것도 접할 수 있다. 많은 성현들이 이 경지에 대해 말하지 못했고, 주돈이와 장재는 이끌어 내려했으나 밝혀내지 못했으며 소옹은 한 글자도 쓰지 못했다. 성현들의 말을 모아 그 본래의 모습으로 거슬러 살피면, 『주역』의 '고요하여 움직이지 아니하다.[적연부동(寂然不動)]', 『중용』의 '참됨은 스스로 이룬다.[성자자성(誠者自成)]' 고한 것이 이에 해당한다. 그 맑은 몸통을 일기(一氣)라 하고, 그 혼연한 둘레를 일러 태일(太一)이고 한다. 주돈이는 어찌 표현할 수 없어 '무극(無極)이면서 태극(太極)' 이라고 말했다. 이것이 바로 선천이니 기이하지 아니한가? 기이하고 기이하다! 묘하지 아니한가? 묘하고 묘하다!

갑자기 뛰어오르고 문득 열리니 누가 그렇게 하도록 시키는 것일까? 스스로 그렇게 하는 것이며, 또한 그렇게 하지 않을 수 없다. 이것을 '이의 때[이지시(理之時)]' 라고 한다. 이에 대해 『주역』은 '느껴서 비로소 통한다.[감이수통(感而遂通)]' 고 했고, 『중용』에서는 '도(道)는 스스로 도가 된다.[도자도야(道自道也)]' 고 했으며, 주돈이는 '태극이 움직여 양을 낳는다.[태극동이생양(太極動而生陽)]' 이라고 했다. 움직임과 고요함[동정(動靜)]이 없을 수 없고, 닫히고 열림[합벽(闔闢)]이 없을 수 없으니 그 무슨 까닭인가? 기틀이 스스로 그러한 것[기자이(機自爾)]이다. 일기라고 했거니와 '일(一)' 은 자기 안에 저절로 '이(二)' 를 머금고 있으며, 태일이라 했거니와 일은 이를 품고 있으니 일은 이를 낳지 않을 수 없다. 이는 서로를 낳고 이겨낸다.[생극(生克)] 생이 곧 극이고, 극이 곧 생이다. 아주 은미한 것이나 고동쳐 거세게 움직이는 것 모두 모두 생극이 그렇게 하는 것이다. 이는 무엇을 말함인가? 음양이요, 동정이요, 감리(坎離)다. 일은 무엇을 말함인가? 음양의 처음이요 감리의 몸통이니, 맑음이 일이 된다.

일기가 나뉘어 음양이 된다. 양극이 고동쳐 하늘이 되고, 음극이 모여 땅이 된다. 양이 고동치며 극에 달하면 그 정기가 맺어져 해가 되고, 음이 모여 극에 달하면 그 정기가 달이 되고 나머지 정기들이 흩어져 별들이 되며, 지상에서는 물과 불이 된다. 이것을 후천(後天)이라고 하니 곧 운용[용사(用事)]이다.

하늘은 기를 운용함에 움직임[동(動)]을 주로 하여 둥글게 돌아 쉬지 않으며, 땅은 그 형상을 엉김에 고요함[정(靜)]을 주로 하여 그 사이에 걸려 있다. 기의 성(性)은 움직여 위로 오르는 것이며, 형(形)의 바탕은 무거워 아래로 떨어지는 것이다. 기는 형의 바깥까지 둘러싸고 있으며, 형은 기 가운데 실려 있어 위로 올라가든 아래로 떨어지든 머물러 있다. 이것이 바로 태허 가운데 매달려 오르지도 내리지도 않고 좌우로 둥글게 돌아 예나 지금이나 떨어지지 않는 것이다. 소옹이 "하늘은 형에 의지하고 땅은 기에 기대어 있다." 고 말한 바, 서로 저절로 의지하고 기대는 것이다. 의지하고 기대는 기틀이여, 묘하도다!

허는 기의 샘[연(淵)]이다.

일은 수가 아니다. 수의 몸이다.

이(理) 그것 하나로는 허하고, 기 그것 하나로는 거칠다. 그것을 합하니 묘하고 묘하다!

『주역』에 "달리지 않아도 빠르며 행하지 않아도 이른다."고 했다. 기는 있지 않음이 없으니 달릴 바가 있겠는가! 기는 이르지 않음이 없으니 갈 바가 있겠는가! 기가 맑고 형체 없이도 묘함을 신(神)이라 한다. 이미 기라고 했으니 형적과 관계되지 않을 수 없다. 그러나 신은 형적에 관계되지 않으니 과연 특정하게 있을 곳이 있겠으며, 재어볼 바가 있겠는가! 그 까닭을 이(理)라 하고, 까닭이 묘함을 신이라 하며, 자연 진실한 것을 성(誠)이라 하고, 뛰어서 흘러갈 수 있음을 도(道)라 하고, 총괄하여 갖추지 아니함이 없음을 태극이라 한다. 움직임과 고요함은 서로 이어지지 않을 수 없으니 운용되는 기틀이 스스로 그러한 것이다. 이른바 "한번 음하고 한번 양하는 그것을 일러 도라 한다."는 것이 바로 이것이다.

정호와 장재가 "하늘의 크기는 바깥이 없다."고 하였으니 이것은 태허가 바깥이 없다는 것이다. 태허가 일이 됨을 안다면 나머지는 모두 일이 아님을 알 수 있다. "어떤 이가 이 천지의 바깥에 별도의 천지 만물이 있어 이곳의 천지 만물과 다르다고 하는데, 나는 그것을 알 수가 없다. 나만 알 수 없는 것이 아니라 성인 또한 그것을 알 수 없다."는 소옹의 이 말은 마땅히 깊게 생각해 보아야 한다.

선가(禪家)에서, "공(空)은 큰 깨달음에서 나오니 바다에서 거품이 이는 것과 같다."고 하거나, 또 참된 공[진공(眞空)]과 아둔한 공[완공(頑空)]을 말한 것은 하늘 크기가 바깥 둘레가 없음을 알지 못하는 것이고 허가 바로 기[허즉기(虛卽氣)]임을 알지 못하는 것이다. 참된 공과 아둔한 공을 말하는 것은 이기가 이기가 되는 까닭을 알지 못하는 것이니 어찌 그것을 성(性)을 안다고 말하며, 또 도를 안다고 할 수 있겠는가!

이(理)와 기(氣)에 대하여 2

바깥이 없는 것을 태허라 하고 시작이 없는 것을 기라 한다. 허가 바로 기다. 허는 본래 다 함이 없고 기 또한 다함이 없다. 기의 본 모습은 일(一)이다. 기일(氣一)은 이(二)를 끌어안고 있다고 이미 말했다. 태허가 일인데 그 가운데 이를 품고 있다. 이미 이이니 열리고 닫히지 않을 수 없고, 움직이고 고요하지 않을 수 없으며, 서로가 서로를 낳고 이기지 않을 수 없다. 열리고 닫힐 수 있으며, 움직이고 고요할 수 있으며, 서로를 낳고 이길 수 있음을 이름 붙여 태극이라고 한다.

기 바깥에 이는 없다. 이는 기의 주재[재(宰)]다. 주재라고 해서 바깥으로부터 와서 주재하는 것이 아니다. 기의 운용이 소이연(所以然)의 바름을 잃지 않을 수 있는 것을 주재라 한다. 이는 기보다 앞이 아니다. 기는 시작이 없다. 그래서 이도 참으로 시작이 없다. 만약 이가 기보다 먼저라고 한다면 기는 시작됨이 있는 것이 된다. 노자가 "허가 기를 낳을 수 있다." 고 하였는데 그렇다면 기는 시작이 있고 끝도 있게 되는 것이다.

역(易)은 음양의 변화다. 음양은 이기(二氣)다. 한 번 음하고 한 번 양하는 것이 태일이다. 이이기에 변화하고 일이기에 묘하다. 변화 바깥에 별도로 묘가 있는 것이 아니다. 이기가 낳고 변화하여 그치지 않는 것이 바로 태극의 묘다. 만약 변화 바깥에서 묘를 말한다면 역을 아는 것이 아니다.

태허에 대하여[3]

태허는 허이면서도 허하지 않다. 허는 곧 기다. 허는 다함이 없고 바깥이 없다. 기 또한 다 함이 없고 바깥이 없다. 허라 해놓고 그것을 어떻게 기라고 할 수 있는가? 허정(虛靜)이 바로 기의 몸통이고, 모이고 흩어짐[취산(聚散)]은 그 쓰임이다. 허가 허하지 않음을 안다면 그것을 무(無)라고 말할 수 없다. 노자는 유(有)는 무에서 생긴다고 했는데 허가 곧 기임을 모른 것이다. 또, 허가 기를 낳을 수 있다고 했으니 틀린 것이다. 만약 허가 기를 낳는다면, 기가 낳아지지 않았을 때는 기가 있지 아니한 것이고 그때의 허는 죽은 것이 된다. 이미 기가 있지 아니한데 어찌 스스로 기를 낳겠는가!

기는 처음이 없고, 낳아지는 것도 아니다. 처음이 없는데 어디에서 그치며, 낳아지지 않는 것인데 어떻게 없어지겠는가. 노자의 허무와 석가모니의 적멸은 이기의 근원을 알지 못하는 것이니, 또 어찌 도를 알 수 있겠는가.

귀신과 생사에 대하여[4]

정호, 장재, 주희의 글에 죽음과 삶, 귀와 신에 대해 설명이 잘 되어있다. 그러나 그렇게 되는 까닭에 대해서는 설파하지 못한 면이 있으니, 실마리를 이끌어 내기는 했으나 명확하게 밝히지는 못하여 학자들이 스스로 깨우칠 수밖에 없었다. 이후로 배우는 사람들이 하나는 얻고 둘은 모르고, 조잡한 것만을 전해 받고 정수에 대해서는 제대로 보지 못하게 되었다. 내가 세 선생의 은미한 뜻을 취하여 골똘히 논의하나니 오래된 의문을 깨트리기에 충분할 것이다.

정호가 "죽음과 삶, 사람과 귀신은 하나이면서 둘이고 둘이면서 하나다."라고 하였으니 매우 극진하다. 나 또한 죽음과 삶, 사람과 귀신은 다만 기의 모임과 흩어짐[취산(聚散)]일 뿐이라고 말하겠다. 기의 본 몸뚱이는 취산은 있지만 있음과 없음[유무(有無)]은 없다.

기는 맑고 고요하지만 바깥이 없는 허에 가득 차 있다. 기가 크게 모인 것은 하늘과 땅이 되고, 적게 모인 것은 만물이 된다. 모이고 흩어지는 형세에 은미함 · 드러남 · 오래됨 · 빠름[미저구속(微著久速)]이 있을 뿐이다. 태허에 크게 혹은 작게 모이고 흩어지면서 큰 것과 작은 것의 다양함이 있게 된다. 비록 풀 한 포기, 나무 한 그루같이 미미한 것도 그 기는 끝내 흩어져 없어지는 것이 아니다. 하물며 크고 또 오래도록 모인 사람의 정신지각에랴!

육신과 넋이 흩어져가는 것을 보면 무로 돌아가는 것과 비슷하지만, 모두가 이곳에 대해 경솔하게 깊이 생각하지 못하였다. 세 선생의 제자들도 그 지극한 것에 이르지 못했다. 거친 지게미만을 주워 모아 학설을 삼았을 뿐이다.

태허에 근원한 맑고 고요한 기는 움직여 양을 낳고, 고요하여 음을 낳는 시작이다. 점점 모여서 넓고 두터움에 이르러 하늘과 땅이 되고 우리 사람이 된다. 사람이 흩어진다는 것은 육신과 넋이 흩어지는 것일 뿐이다. 맑고 고요한 기에 모이는 것이지 끝내 없어지지 않는다. 태허로 흩어지는 것은 모두 하나의 기일 뿐이다. 지각이 모이고 흩어지는 것에 오래됨, 빠름이 있을 뿐이다. 흩어짐이 빨라 하루, 한 달, 일 년인 것은 미미한 사물이겠지만 그 기는 끝내 없어지지 않는다. 무엇 때문인가? 기의 맑고 고요함은 시작이 없고 끝이 없기 때문이다. 이것이 바로 이기가 지극히 묘한 것이다. 학자가 힘써 공부하여 이 핵심에 이르러야 비로소 성인들이 전하지 못한 미묘한 뜻을 엿보아 깨칠 수 있다. 한 조각의 향과 초의 기가 눈앞에서 흩어지는 것처럼 보일지라도 그 나머지의 기는 끝내 흩어져 없어지는 것이 아니다. 어찌 그것을 무로 소진된다고 할 수 있으리오.

지난날 박광우(朴光佑) 선생과 토론하다 이에 이르렀는데 박 선생이 듣고는 명쾌해 했다. 그 후에 박 선생이 과연 핵심에 이르려고 힘을 다했는지는 알지 못하겠다.

혼자만의 견해를 거칠게나마 풀어서 박민헌, 허엽 및 놀러 온 사람들에게 주었다. 이 논설이 비록 표현은 서툴러도 성인들이 전하지 못한 핵심에 이를 수 있게 할 것이다. 중간에 잃어버리지 말고 후학에게 전하여 중국과 여러 나라의 먼 곳에까지 퍼지게 하면 우리나라 학자에 나왔음을 알게 될 것이다.

귀신의 조화는 음양의 극치다. 후학들은 「계사전」, 주돈이, 정호, 장재, 주희의 학설에서 많이 얻어 내었다. 중요한 것은 남의 학설을 공부하는 것에 그치지 말고 스스로 크게 힘쓴 연후에야 깨닫게 될 것이다.

일찍이 계사(繫辭)의 은미한 뜻을 밝히려고 정호와 주희가 힘을 다했었다. 그러나 그 대략만 설파하여 후학들이 확 트일 수 없었고 조잡한 것만을 볼 뿐 깊은 의미를 보지 못했다. 해서 얕으나마 나의 견해를 덧붙여 후학들이 그 핵심을 찾도록 하려 한다. 나의 힘이 다할 때까지 글을 쓰려 했으나 뜻을 이루지 못하였으니 진실로 하나의 한이다. 그러나 한이라고 할 만하지도 않다. 주석에 다시 주석을 더하면 후학들이 번거롭고 복잡함에 괴로워 그것을 깊이 생각하지 않을 것이니 말이다. 어찌할까나!

을사년[1545년] 윤 정월 초닷샛날 밤, 촛불을 밝히고 쓴다.

'복(復), 그것에서 천지의 마음을 보는 것' 에 대하여[5]

옛날 성현들은 동지[지(至)]에 대해 깊게 생각하였다. 요임금은 동지를 탐구해서 일 년의 날 수와 윤달을 계산해냈고 공자는 천지의 마음을 논하였으며, 정호와 소옹 또한 그에 대해 논한 바가 있다. 그 후의 학자들도 지일에 대해 힘써 공부하여 얻은 바가 깊고 넓으니, 한 사물을 궁구하여 하나를 알아내는 것과 비교할 바가 아니니다.

한 사물을 충분히 공부하여 깨친다면 거기서도 지극한 이치를 볼 수 있을 것이다. 그러나 지일을 살핀다면 해당되는 바가 넓고 크다. 지일은 천지가 비로소 돌고 음양이 처음으로 변화하는 날이다. 그래서 "복(復)에서 천지의 마음을 볼진저!"라고 한 것이다. 앞선 학자들은 고요함[정(靜)]을 천지의 마음을 여겼고, 정호는 움직임의 단서[동지단(動之端)를 천지의 마음으로 보았고, 소옹은 움직임과 고요함의 사이[동정지간(動靜之間)]라고 했다. 정호와 소옹의 말이 다르기는 하지만 애초에 두 가지 견해가 아니라 모두 '한 번 움직이고 한 번 고요함' [일동일정(一動一靜)]에 근거하여 음양을 아우른 위에서 말한 것이다. 소옹은 태극의 몸통을 가리키려 했고 정호는 태극의 운용을 말한 것인 듯하다.

뿌리로 되돌아가 고요함을 회복하는 곤(坤)의 시기에 양기(陽氣)가 발동하는 것이 복의 기틀이다. 있고 없음의 극치도 이것에 비유될 수 있고 선후천의 설도 이를 통해 알 수 있다. 『주역』의 "고요하여 움직이지 않다가 느껴서 비로소 통한다."와 『중용』의 "성(誠)은 스스로 이루고, 도는 스스로 도가 된다."는 이를 말한 것이다. 또 맹자의 "일이 있으되 무엇이 되기를 기약하지 말고, 마음에서 잊지도 말며, 억지로 조장하지도 말아라." 고 한 것 또한 이것을 체득한 것이다.

바야흐로 천지가 맑고도 차가우며, 물맛도 담박하고, 큰 소리가 나는 것 같지만 거의 들을 수 없고, 막막하고 고요하여 마치 아무 일도 없는 것 같은 그때, 하나의 양이 문득 다시 뛰어올라 스스로도 그만둘 수 없는 묘함! 그것에서 천지의 마음을 볼 수 있다.

천지의 운행이 바뀌지 않는다[무개이(無改移)]고 하는 것은 무엇을 말하는가? 하늘의 한 주기가 365와 1/4도이고 일 년은 365와 1/4일이니, 지일을 물시계와 해시계로 측정해보면 각도와 날짜의 나뉨이 약속한 듯이 꼭 들어맞는다. 일찍이 남거나 모자란 적이 없이 만고에 일정하니, 그 마음이 바뀌지 않는다는 것을 볼 수 있다. 이것에서 천지의 지극히 알맞고 지극히 착하며 지극한 믿음[중용지선지신(中庸至善至信)]의 덕을 인식할 수 있고, 역(易)이 몸뚱이가 없다[무체(無體)]는 것도 알 수 있다. 해의 궤도가 남쪽으로 돌고 봄별이 북쪽으로 옮아가며 양기가 대지에 서리면 땅속에서 기가 반응하니 그것을 공간에 얽매이지 않는다[무방(無方)]고 말하지 않겠는가. 낮과 밤이 바뀌고, 추위와 더위가 서로 갈마듦에 한순간이라도 머묾이 없으니 몸뚱이가 없다고 하지 않겠는가.

"한 번 음하고 한 번 양하는 그것을 일러 도라 하고, 그것을 잇는 것이 선(善)이다."라고 했으니 이 말은 지일의 이치를 다한 것이다. '한 번 음하고 한 번 양하는 것', '한 번 고요하고 한 번 움직이는 것' 은 본래 두 가지가 아니라 하늘의 한결같은 일이다. 음양은 운용이고, 움직임과 고요함은 기틀이다. 이것이 유행하여 두루 돌아 스스로 그만두지 못하는 까닭이다.

어떤 이가 중용지선지신의 덕은 지일에서만 말할 수 있고 다른 것에서는 말할 수 없는 것이냐고 묻는다면, 그러지 아니한 때가 없고 그 덕이 있지 아니한 사물이 없다고 답할 것이다. 360의 운행과 24절기의 나뉨이 지일의 유행이 아님이 없으리니 그것이 이른바 때에 알맞음[시중(時中)]이다. 그러나 그 덕을 알기에는 지일과 비교할 수는 없다. 하늘과 땅이 다시 시작되고, 음양이 바뀌고, 움직임과 고요함이 마주치며, 별들이 자리를 잡고, 뭍과 들이 나뉘어 모두 그 본래의 자리로 돌아가 가지런히 정돈됨을 알기에는 지일이 좋다. 온갖 변화가 시작되는 곳, 온갖 다양함의 뿌리이니 음양의 핵심 가운데 핵심으로서 모든 것을 하나로써 꿰뚫을 수 있다. 우리 인간으로 돌이키면 인지(仁智)의 성(性), 충서(忠恕)의 도니 모두 지일의 이치가 아님이 없다.

움직임과 고요함에서도 문득, 눈 깜짝할 사이에도 은미하게 지일의 이치가 있다.

온천에 대하여 분석함[6]

하늘은 양을 주로 하고 땅은 음을 주로 하나니, 불은 뜨겁고 물은 차가운 것이 그 성(性)이다. 불에 차가운 것이 있다는 것은 들어보지 못했으나 샘은 간혹 따뜻한 것이 있는데 어째서일까?

소옹은 "일기가 나뉘어 음양이 되고, 음양이 나뉘어져 형체와 바탕이 갖추어지며 음양이 각기 치우쳐 성정이 달라진다."고 했다. 이를 안다면 샘이 따뜻한 것을 괴이하다고 여길 것이 없다.

하늘이 애초부터 음이 없는 것이 아니며 땅이 애초부터 양이 없는 것이 아니니, 물과 불은 각자의 곳에 서로를 품고 있다. 또 하늘의 양은 마땅히 땅의 틈을 꿰뚫고 땅은 그것을 받지 않을 수 없다. 그래서 "하늘은 일(一)이면서 실하고 땅은 이(二)이면서 허하다."라고 한 것이다.

땅속에 양이 쌓이고 모임에 간혹 기가 한 곳으로 몰려들어 쌓이고 쪄지게 되면, 샘의 수맥이 뜨거움을 쏘이게 되어 열이 나게 된다. 즉 물이 양기로 채워지니 양이 물속에 잠겨 들어감을 알 수 있다.

물은 천일(天一)에서 나고 지육(地六)에서 완성되며, 흙은 천오(天五)에서 나고 지십(地十)에서 완성된다. 이러하니 물과 흙에 양이 없는 것이 아니다. 하물며 해가 땅의 위아래로 나고 들어 양이 널리 퍼져 애초부터 안과 밖이 없이 혼연하다. 허니 땅이 어찌 뜨거움을 쏘이지 않을 수 있겠으며, 간혹 뜨거움이 쌓이지 않을 수 있겠는가. 그것이 샘에 스며들면 물이 끓어오르며 흐르지 않을 수 있겠는가. 샘만이 그러한 것이 아니라 만물의 기는 흩어지면 차가워지고 모이면 열이 나게 된다. 풀이 쌓이면 열이 발생하고 똥이 쌓이면 저절로 타게 되니 기가 빽빽하여 펼쳐지지 못하여 그런 것이다.

양이 없는 사물은 없다. 물속에는 불이 있고, 돌 속에는 불꽃이 숨어 있다. 유황의 흙이 불을 만나면 폭발하고, 석회가 물을 만나면 끓게 되니 음은 양을 좇는 것이다. 샘이 양의 압박을 받으면 열이 난다. 불은 사물을 맞이할 수 있고 그 위력은 멀리 미치기 때문에 빛을 쏘아서 물을 말릴 수가 있다. 물은 사물을 맞이할 수 없다. 그래서 비록 불 가까이 있다 해도 작은 틈만 있어도[물이 불에 직접 닿지 않는다면] 불을 끌 수 없다.

불의 기는 허하다. 때문에 스스로 멈추거나 머물 수 없다. 사물에 붙어 머물러 있으면서도 사물에 닿자마자 모두 태워버리기에 음의 제재를 받는 바가 없다. 그래서 차가운 불은 없는 것이다. 물의 형체는 조금 실하다. 습기가 모이면 오래도록 흩어지지 않는다. 이미 형체가 있기 때문에 양에 의해 뜨거워진다.

양은 음을 아우르지만 음은 양을 아우를 수 없다. 그래서 양은 온전하고 음은 반쪽이다. 양은 풍요이고 음은 부족이다. 양은 귀하고 음은 낮다. 이것이 임금이 신하를 통제하고 지아비가 지어미를 거느리고 군자가 소인을 부리고, 중국이 이적을 복종시킬 수 있는 것이다. 어찌 양은 일에서 비롯되고 음은 십에서 끝맺음을 알지 못하는가. 이것이 음양의 다름이니 이치가 반드시 그러한 것이다.

대상 제도가 옛 법을 벗어났음을 인종대왕에게 올리는 상소[7]

초야에 있는 미천한 생원 서경덕이 삼가 목욕재계하고 엎드려 상중에 계신 주상전하에게 올립니다.

전하께서 태자로 동궁에 계실 때 학문이 날로 고명해지시고, 법도에 맞게 처신하셨고, 예법을 준수하셨으며, 간결하면서도 중후했고, 단정하면서도 위엄이 있으셔 성군의 재량이 있다고 들었습니다. 효인경의(孝仁敬義)를 내면에 갖추시고 그것을 밖으로도 잘 드러내시니 보잘것없는 선비일지라도 들은 바가 있다면 누가 충(忠)과 성(誠)을 다해 임금님에게 자신을 알리고 싶지 않겠습니까? 그럼에도 밭고랑 속에 있는 제가 국가의 일에 대해 의견을 개진하는 것이 진실로 분수를 뛰어넘는 것이겠지요. 하지만 신 같은 사람들도 삼 년간 백의(白衣)를 입어야 하는 반열이기에 말하지 않을 수 없습니다. 이에 오늘날 상례가 옛 법도를 잃어버린 것에 대하여 논하려 합니다. 한 마디라도 채택할 것이 있어 시행되는 은혜를 입게 된다면 어리석은 이 신하의 행복이며 곧 우리나라 사림의 행운이 아닐까 합니다.

신은 임금과 아버지의 상은 하늘의 경륜이요 땅의 의리이며 만고에 변하지 않는 것으로 알고 있습니다. 신이 살펴보니, 참최(斬衰)에 관해 "삼 년간 상을 치른다."고 했으니 이는 아들이 아버지를 위해 입는 옷입니다. 또, "바야흐로 삼 년간 상을 치른다."고 한 구절은 신하가 임금을 위해 입는 옷을 말합니다. 성인께서 하늘의 형상을 취하고 땅의 규범을 살펴 위아래에 맞는 옷의 법도를 정하셨습니다. 최(衰)를 부판(負版)에 맞춘 것은 슬픔에 잠겨 살이 베이는 아픔을 억누르고자 한 깊은 뜻이 있습니다. 형식은 감정에 근거해서 만들었고 그 형식으로 감정을 단속함으로써, 뛰어난 자는 지나치지 않게 하며 어리석은 자라도 힘쓰면 할 수 있게 하였으니 이것이 성현이 예를 활용함에 힘쓰는 바입니다.

지금은 이런 뜻을 모두 버리고 다만 장포(長布)만 쓰고 있습니다. 최를 맞추는 제도가 없어져 보통 사람들의 방식과 같아졌습니다. 그들과 다른 것은 옷깃이 둥글고 모자를 무명으로 쌌을 뿐입니다. 무명으로 싼 모자 안에 평소에 쓰는 검은 두건을 착용하고 있으니 어찌 임금의 상복을 입으면서 검은 두건을 벗지 않는 것입니까. 장지에서 물러나 가정으로 와서는 장포를 벗고 백의를 입지만 검은 두건은 그대로 두곤 합니다. 이는 평소의 모습으로 되돌아가는 것이지 상중에 있는 사람이 아닌 것입니다. 하얀 천으로 싼 무명 갓을 써야만 상중에 있는 몸임을 겨우 구별할 수 있으니, 슬픔의 표현이 봉분이 마르기도 전에 없어질 수 있는 것입니까.

옛날의 최에 관한 제도는 삼실의 수가 많고 성근 차이와, 삼을 날로 한 것과 마전한 것의 구별이 있었습니다. 옷에 등급이 있었고, 모자에도 차이가 있었습니다. 삼우제를 지내고 졸곡하면 여섯 새[한 새는 여든 올]로 된 옷과 일곱 새로 된 모자를 쓰는데 전날의 석 새의 상복과 여섯 새의 모자가 변한 것입니다. 칡으로 만든 질[머리와 허리에 두르는 띠]도 변한 것입니다. 일 년이 되면 누인 명주로 된 모자와 분홍 비단으로 만든 띠를 두르고 질은 벗습니다. 또 일 년이 되면 대상을 지내고, 대상 다음 달에 담(禫)을 지낼 때는 고운 비단을 입으니 높이고 낮추는 마땅함이 있는 것입니다. 또 죽음이 산 사람을 상하게 할 것을 걱정하여, 쉰 살이 된 사람은 상례의 전 과정에 다 참여하지 않을 수 있게 하고, 예순이 된 사람은 몸이 상하지 않도록 하며, 일흔이 된 사람은 상복만을 입으면 되고, 병이 있는 사람은 술과 고기를 먹을 수 있도록 하였습니다. 이는 모두 그 상황과 감정에 근거할 때 없앨 수 없는 것입니다. 제례는 변하여도 제도의 근본 뜻은 하늘이 내게 준 나의 떳떳한 덕으로부터 말미암는 것입니다. 성인은 후세에 모범을 보이고자 장례의 제도를 마련한 것입니다.

졸곡을 마친 후 전하께서는 검은 면류관에 검은 띠를 두르시고, 신하들은 검은 모자에 검은 띠를 두르고서 삼 년간 지낸다고 들었습니다. 신은 검은 면류관을 쓰는 근거가 무엇인지 알지 못하겠습니다. 검은 면류관은 제후의 제사에 쓰는 관입니다. 졸곡이 끝나자마자 임금과 신하가 모두 검은 관을 쓰고 일을 하는 것은 맞는 상례가 아닙니다. 『예기』에 "그해의 농사가 순조롭지 않으면 천자는 소복을 입고 흰 수레를 타며 음식을 먹으며 음악을 듣지 않는다." 했습니다. 이는 백성들의 근심을 근심하여서 스스로를 상례로 처신하여 자신의 부족함을 드러내 보이고자 하는 것입니다. 지금의 검은 면류관과 검은 띠는 임금과 아버지를 근심하는 것이 도리어 백성을 근심하는 것보다 아래라는 것입니까. 전하께서는 검은 면류관을 쓰는 것이 더 마음이 편하신지 알지 못하겠습니다. 하늘의 이치가 있으니 마음은 속일 수 없습니다. 어찌 마음을 거스르고 하늘을 등지고서 예에 맞지 않는 관을 쓰십니까. 검은 면류관이 예의라고 해설한 것은 정확하게 알지도 못하면서 지어낸 것이 아닌가 합니다. 성현도 아니면서 얕은 지혜를 사용하여 파고들어 예문을 더하고 빼고서도 후세의 비웃음을 사지 않는 이는 드물 것입니다. 대체 어떤 생각, 무슨 마음이었을까요. 성인의 가르침을 따르고 성왕의 법을 지키면 그뿐인데 말입니다.

초상을 당하게 되면 처음에는 흰 고깔에 질을 두르다가, 상복이 만들어지면 석 새로 된 최와 여섯 새로 된 관을 쓰며 졸곡한 후에는 여섯 새의 천으로 만든 옷과 일곱 새로 만든 관을 쓰고 칡으로 만든 질을 두릅니다. 사무를 볼 때는 임금과 신하가 흰 갓에 질을 두릅니다. 이와 같이 한다면 어찌 순리를 따르는 것이 아니겠습니까? 어찌 흰 갓을 검은 면류관으로 바꾸시는 것입니까? 조정에서 사신을 교외에서 맞이할 때 검은 모자와 검은 띠를 사용하는지는 알지 못하겠습니다. 『주례』에 "천자는 사대부를 위하여 의최(疑衰)를 입었다가 장사가 끝나면 그것을 벗는다."고 했습니다. 우리나라가 비록 바다 건너에 있기는 하지만 대부의 반열에 있으니 황제가 몸소 온다면 반드시 의최를 입으시거나 그렇지 않으면 흰 갓을 쓰고 조문할 것입니다. 또 "무릇 조문할 때는 흰 갓과 질을 두른다."고 했습니다. 사신이 흰 갓을 쓰지 않고 입국한다는 것을 어찌 알겠습니까? 저들은 흰 갓을 쓰고 우리는 검은 면류관을 쓴다면 그 예를 갖춘 모양이 또한 잘못이 아니겠습니까.

사신이 부의(賻儀)를 표하는 물품을 가져오면 마땅히 이 일을 맡은 관리에서 맡겨 외탕[궁중의 재물 창고]에 보관하여서 상사에 필요하면 쓸 수 있도록 비축해야 합니다. 예에 말하기를, "군자는 상사를 통해 가산을 불리지 않는다."라고 했습니다. 맹헌자의 상사에는 사방에서 들어온 예물을 돌려주게 하였습니다. 그것을 들은 공자는 그를 어질다고 했습니다. 하물며 임금인 전하께서 대부의 집안과 비교한다는 것입니까? 부의를 내탕[임금의 개인 곳간]에 맡겨 개인적으로 사용하기 위해 비축해서는 안 됩니다. 그리고 내탕도 사사로운 곳간이 아닙니다. 『주례』에 보면 총재[수상]는 천부[세금을 걷고 공공 비품을 사들이는 관청]도 감독하였습니다. 궁백이라는 관리를 두어 감독하니 비록 임금이라도 사사로이 사용할 수 없었습니다. 전하께서 새로 정치를 시작하심에 사람들에게 사사로움을 보여서는 마땅하지 않습니다. 재물을 절약하여 쓰고 염치를 엄하게 지키는 것은 이에 달려 있습니다.

최를 지으시는 날에 곤룡포를 입고 면류관도 쓰고 계셨다고 들었습니다. 길한 것과 흉한 것은 서로 멀리하는 것인데 같은 날 그것을 입으시는 게 옳은 것입니까? 세대가 바뀌는 것은 큰일이요 임금의 자리는 큰 보배입니다. 지금 큰 보배를 받으시고 큰일을 처리하는데 이와 같이 급박하게 하는 것이 옳은 것입니까? 전하께서 참으로 거부하고 받지 않으시려 해도 효경인의는 고유한 본성에서 나오는 것이어서 가릴 수 있는 것이 아니겠지요. 조정의 신하들이 반드시 그래야 한다고 버티니 전하 또한 그들의 감정이 크게 우울할까봐 부득이 그들을 따르셨을 것입니다. 그러나 그것은 임금과 신하의 체통, 귀하고 낮은 예법을 잃은 것이어서 후세에 웃음거리가 될 것이 분명하니 역사의 준엄한 비평을 아는 자가 있다고 하겠습니까? 오늘 요청하여 안 되면 또 내일 요청을 거듭해도 전하께서 결단하시고 내리는 뜻을 받들어 그렇게 한다면 그 아름다움을 따르는 것이고, 효성스런 생각에도 위안이 있을 것이며 또한 늦지도 않을 것입니다. 만사의 법통과 기강의 초석은 전하의 나아가고 물러남에 있습니다. 균형을 잡고 잘 살펴 활을 쏘아야 할 때이지 간언을 받아들여 머뭇거릴 때가 아닙니다. 여러 사람의 정에 쫓기어 따르는 것은 옳음으로부터 나오는 것이 없습니다. 어떤 이는 주나라 강왕의 일[아버지 성왕이 갑자기 돌아가자 상복도 길복도 아닌, 삼베 면류관을 쓰고 보무늬의 바지를 입고 즉위식을 거행한 것]로서 그것을 위탁하려고 하는데 그것은 일찍이 송나라의 주희가 논한 바가 있습니다. 강왕 때는 형세가 그렇게 하지 않을 수 없었습니다. 주나라가 은나라를 대신한 지 오래되지 않았고, 큰 나라와 강한 주변국들이 모여 함께 조문을 오니 성대한 예로 그들을 대하지 않을 수 없었던 것입니다.

지금 우리나라는 아득히 바다 건너에 있고 바깥으로 이웃하고 있는 큰 나라가 없으며, 온 나라 안이 한 집안과 같습니다. 그리고 신하와 백성, 사방이 전하의 동궁으로 돌아가고자 할 때입니다. 안팎이 엄하게 살펴보고 있으니 강왕의 조정을 본받아서는 안 됩니다. 졸곡한 후 흰 갓을 쓰고 조회를 하는 것은 괜찮습니다. 만일 어쩔 수 없이 강왕의 일을 따르게 된다

해도 "길한 옷과 흉한 옷을 한 날에 입을 수는 없으니, 경들은 물러갔다가 내일 조회를 합시다!"라고 한마디 말도 부르짖지 않으십니까. 그렇게 한다면 확실하게 행동을 경계하고 뭇 사람들이 경청하지 않겠습니까. 신이 가만히 생각하건데, 전하께서 동궁에 계실 때 성현의 일과 제왕의 학문에 뜻을 두지 않은 것이 아닌가 합니다. 학문함에 중요한 것은 이치를 밝게 보고 일을 처리함에 정밀하게 하는 데 있으니, 그리한다면 일을 함에 미혹되지 않을 것입니다. 전하의 연세가 한창이고 성군의 자질이 크고도 명확하니, 마땅히 성현의 일과 제왕의 학문에 뜻을 두신 후에야 대업을 일으킬 수 있고 지극한 정치를 기약할 수 있을 것입니다.

신이 흰 갓에 대해 한 말씀 올리겠습니다. 생원, 진사, 유생이 흰 갓을 삼 년간 쓰는 것은 경중을 잃어버린 윤리이지 성인이 제정하신 것이 아닙니다. 성인이 다섯 가지 상복을 제정하셨으니, 사대부 이상의 신하들은 참최 삼 년을 입어야 하고, 사대부 이하 서인들과 낮은 관직에 있는 서인들은 자최를 석 달 입고 벗어야 합니다. 서인들에게 중한 자최를 입게 하는 것은 은혜는 도탑고 엷음이 있으나 의리의 존귀함을 감히 깎아내릴 수 없기 때문입니다. 은혜에는 도탑고 엷음이 있으니 인정에 어찌 가볍고 무거운 정도가 없겠습니까. 석 달하는 상을 늘여 졸곡을 다섯 달에 하는 것은 그 법도를 잃은 것이고, 삼 년 상을 끌어대는 것도 마찬가지입니다. 자최의 무거움을 덜어서 흰옷으로 하고, 석 달하는 가벼움을 늘여서 삼 년이라는 오랜 기간으로 대치하는 것은 인정과 형식의 가볍고 무거움의 윤리를 헤아리지 않은 것입니다. 이렇게 되면 헛되게 나아가고 물러남이 있게 되니 스스로 성인보다 낫다고 여기는 것입니까?

형식은 지나쳐서는 안 되고 감정은 억지로 끌어낼 수 없는 것입니다. 서인들이 상을 치르고 석 달이 지나면 술을 마시고 고기를 먹는 것이 그들의 감정이요, 그들의 예절입니다. 그것을 삼 년으로 늘려 어진 사람과 군자가 술 마시고 고기 먹는 것을 또한 스스로 금하게 할 수 없는 것도 예이고 정입니다. 이미 장사를 지낸 후 고기를 먹는 것은 상황에 맞추는 것이고 삶을 도타워지도록 하는 것입니다. 하물며 서울에 살고 있는 유생과 선비는 많지 않고 먼 시골에 있는 선비는 수를 헤아릴 수 없습니다. 그들이 대궐과 멀리 떨어져 있으며 임금의 얼굴도 전혀 알지 못하지만, 상복을 입는 것은 의리가 있기 때문입니다. 낚싯대와 통발을 들고 강과 호수에서 물고기를 잡는 사람이 없을 수 없으며, 활과 그물을 들고 산과 숲에 사는 이가 없을 수 없는데 그들에게 삼 년 동안이나 상을 지내라고 하면, 그들은 먹을 것을 얻지 못할 것입니다. 소복을 입고 흰 갓을 쓴 채로 물고기 잡고 사냥하는 것은 하는 일과 의리가 배치되는 것이며, 인정과 형식이 어긋난 것이니 이치가 이래서야 되겠습니까? 생원, 진사, 유생을 사대부의 반열에 두고 서인에 두지 않는 것은 예문의 말씀을 살피지 않은 것입니다. 예에 가로되, "남의 나라에 살고 있는 제후가 그 나라의 임금을 위해 자최 석 달을 입는 것은 자신을 그 나라의 백성으로 여기기 때문이다."라고 했고, 또 "옛 임금을 위해 자최 석 달을 입는 사람들은 그에게 벼슬한 사람들이다."고 했습니다. 이 말은 서인들이 해야 할 행위를 말한 것이 아닙니다. 옛 임금을 위해서도 석 달 동안만 상복을 입는데 유생들에게 삼 년간 상복을 입게 하는 그것이 어찌 정에 맞겠습니까. 정이 진실하지 않으면 악이고, 형식이 적정하지 않으면 허물입니다. 이것을 어그러진 예라 이릅니다. 어그러진 예와 사특한 음악은 군자가 좇지 않습니다. 어찌하여 예에 맞지 않는 상을 위해 정에 맞지 않는 옷을 지어서, 옛것을 배우고 예를 논하는 의로운 선비로 하여금 그것을 따르도록 하십니까. 주변 신하들의 뜻은 선왕께서 40년간 보살펴 주신 은혜를 두텁게 갚지 않으면 안 된다는 것일 겁니다. 신은 옳지 않다고 말하겠습니다. 신하와 자식이 임금과 아비에 대해 그 은혜의 가볍고 무거움으로써 상의 기간을 늘리고 줄일 수 없습니다. 증자는 "살아 섬김에 예로써 하며, 돌아가셔서 장사지냄에 예로써 하며, 제사를 예로써 하는 것이 효이다."라고 하였습니다. 바야흐로 전하께서 효를 다스림으로 삼고자 하시면서 예가 아닌 상을 따르고 유사들로 하여금 그것을 입게 하는 것이 옳겠습니까. 전하께서 결단하여 서둘러 책무를 내리시어 생원, 진사, 유생 및 관직에 있는 낮은 서인들이 삼 년간 흰 갓을 쓰게 하는 제도를 모두 파하는 것이 예에 맞게 하시는 것입니다. 전하께서 고하시면, 주변에서는 선왕에게 보답하고 멀리 추모하는 것을 두텁게 한다는 것만 알고 있기에 임금님의 뜻에 응하기 어려울 것입니다. 그렇지만 어찌 선왕을 예가 아닌 것으로 섬기겠습니까.

산에 봉분을 쌓는 것에 대해 한 말씀 올리겠습니다. 옛날에는 묘는 있었지만 봉분은 없었습니다. 주나라가 한창 번성할 때 언덕 같은 봉분을 만들고 주위에 나무를 심는 제도가 생겼습니다. 또 총인이라는 관직을 두어 왕실 묘역을 관리하게 했습니다. 무덤 주변을 살펴 각각의 위치를 상세하게 그려놓았는데, 선왕의 무덤을 중앙에 두고 좌우에 후세의 신주를 모셨습니다. 같은 성씨의 제후와 사대부는 앞뒤로 묻었는데, 공이 있는 자를 앞에 두었습니다. 하지만 전쟁에서 죽은 자는 능의 영역 안으로 들어오지 못하게 하였습니다. 총인이 공동의 묘역을 미리 선택하고 분석하여 지도를 만들어 놓고 후일의 장례에 대비케 하였습니다. 선왕 이하 모두 이곳에 묻혔습니다.

지금은 총인도 두지 않고 오로지 풍수를 좇아 세대마다 각각 땅을 차지하고 산릉을 조성했습니다. 그때그때 땅을 선택하므로 같은 성씨의 종실 묘도 모두 둘레에 도랑을 쳐놓고 백성을 묘역 밖으로 쫓아내니 주변 백성들의 밭이 모두 황폐해졌습니다. 능 하나가 들어오면 주변 땅을 넓게 차지하니 백성들이 꼴 베고 목축할 곳이 없어집니다. 나라의 운세가 융성하여 천 년이 이어진다면 경기도 밖까지 능과 능이 서로 마주하게 될 것이고, 밭과 들은 모두 황폐해져 농사지을 땅이 없어 백성들이 살 수 없게 될 것입니다. 백 리 안에 인적이 끊어지는 폐해가 이에까지 이르면 어떻게 처리해야 할지 신은 알지 못하겠습니다.

또 돌을 캐오는 사역이 경기 지역 백성들에게 해독을 끼치고 있습니다. 돌 하나를 천 명이 옮기기 힘들 정도로 무겁고, 천자의 관과 같은 길이로 캐옵니다. 네 조각으로 봉하지 않을 수 없기는 하지만 어찌 반드시 긴 것으로만 합니까? 옛날에는 묘역에 나무를 심기는 했지만 돌로 만든 말, 돌로 만든 양 등에 대해서는 들어보지 못했습니다. 돌로 만든 사람[석용(石俑)]을 여러 개나 사용하는 것도 문제이지만, 지나치게 크게 만들려고 하는 것이 더 문제입니다. 석용은 사람과 유사하게 하는 것이 중요한 것인데 어떤 것은 거의 수십 척이나 됩니다. 크게 만드는 것에만 힘쓰고 있으니 그 모양이 사람이 아니라 마치 귀신같습니다. 게다가 사대부의 집안도 다투어 그것을 본받아 따라하니 천 년을 넘지 않고도 돌은 모두 캐어질 것이고 산도 따라서 무너지게 될 것입니다. 돌을 캐는 사역은 감독이 지나치게 엄준하여 백성들은 채찍 끝에 매달려 있습니다. 단벌 베옷 속으로 눈보라가 찌르며 들어와 피부가 터서 괴로운데 저녁이 되어도 돌려보내지 않아서 얼음 벌판에서 죽는 자를 헤아릴 수 없을 만큼 많습니다. 급하게 몰아붙이지 말라는 지시를 내려도 일을 맡은 관리는 일 처리에 급급하여 백성들의 구휼은 돌아볼 겨를이 없으니 관리만의 책임이 아니라 형세가 그렇게 하는 것입니다. 임금과 아비에게 정성과 공경은 충분하지 않으면서 한갓 내용 없는 형식만 좇아 말폐를 일삼아 옛 법도를 뛰어넘으려 하니 어찌 현명하다고 하겠습니까. 이는 장례를 가볍게 하는 것만도 못합니다. 장례를 가볍게 하라는 말은 진실로 까닭이 있습니다. 총인을 두어 옛 제도에 근거한 묘역 조성의 법규를 세우고, 돌을 캐는 것도 줄일 것을 결단하면 해를 입는 백성이 거의 없을 것이라고 생각합니다.

신은 산에 사는 사람으로서 땅강아지와 개미와 같은 아주 미미한 정성이나마 전할 길이 없었습니다. 머리가 희끗희끗한 노인이 무엇을 바라겠습니까. 한마디 말로나마 전하에게 충성을 바치려고 합니다. 하지만 전하께서 상중에 계시는 때라 미천한 저의 말을 돌아볼 겨를이 없을 것이기도 할 겁니다. 그리고 시골 선비들이 항의하는 글을 올리면 한천한 말로 분류해버리는 것으로 알고 있습니다. 하지만 성인은 꼴 베는 사람과 나무꾼의 말이라도 귀담아듣는다고 했습니다. 허니 저의 이 글을 한천하다고 하여 버리지 않기를 엎드려 바라옵니다. 그것은 어리석은 신만의 행복이 아니고 사림의 행복입니다.

신은 병들고 산속에 묻혀있어 궁궐에서 친히 뵙지를 못하오나 떨리고 두려움을 참으로 감당할 수 없사옵니다. 삼가 절하며 아룁니다.

매듭지으며

이 책은 본격적인 학술 서적도 아니며, 체계를 갖춘 평전도 아니다. 화담 서경덕의 이런저런 모습을 자유분방하게 바라보고, 형식을 갖추지 않고 편안하게 쓴 글을 틀에 얽매이지 않고 나열했을 뿐이다. 따라서 명쾌한 결론도 없고, 심금을 울리는 감동도 없을 게 자명하다.

사실을 그대로 담은 사진도 대상의 '순간'을 보여줄 뿐이고, 아무리 뛰어난 초상화도 대상의 '이미지'를 담고 있을 뿐이지 대상의 전체를 담고 있지 못하다. 그렇지만 우리는 사진의 '순간'을 통해 대상의 나머지 시간을 그려내고, 초상화의 '이미지'를 통해 대상의 이러저러한 모습을 채워나간다.

이 글도 화담 서경덕의 '순간'과 '이미지'를 묘사했을 뿐이다. 그렇지만, 이 글을 읽는 사람들이 화담 서경덕의 나머지 시간과 모습을 그려나갈 수 있는 티끌 같은 계기라도 되었으면 하는 큰바람을 품고 있는 것을 고백한다.

글을 마치고 나니 능력의 모자람을 뼛속으로 느낀다. 더욱이 책으로 묶으니 이제 부끄러움이 몰아쳐 온다. 부디, 나의 부족과 맹랑함이 화담 서경덕에게 투영되지 않기를 바란다. 그저 화담 서경덕을 각자의 마음으로 한 번 되뇌어 보게 되었다면 더 없는 감사로 여기리라.

〈주〉

1부. 나, 서경덕의 일생

1『思齋言行錄』, 卷1, "問 自古帝王得失之所以然 對曰 涵養氣質 薰陶德性則 萬民歸仁 反是則萬民歸怨 以故接賢士大夫者 明主堯舜是也 親宦官宮妾者 庸主桀紂是也 上笑曰 予何如主 對曰 行堯則堯 行桀則桀 在殿下自顧其行 不必問臣 上曰 眞海東名士也 稱之孺孔不是過矣"

2 朴民獻 撰, 「神道碑銘」, 盖古人之格致 由大學之敎 先生之格致 由本性之妙 考之於外 雖似不同 要其所至 沕然同歸 何也 理一故也 先生有以自信 然後乃取四書六經性理大全等書讀之 與前日所得於格致者 恍然相契

3 신병주, 「화담학과 근기사림의 사상」, 『국학연구』 제7집, 42쪽에서 『연려실기술』 권11, 명종조유일, 「성제원」 내용 재인용

4 洪仁祐, 『恥齋遺稿』, 「日錄」, "庚子二月 往松都 遂傣花潭 訪處士徐敬德 數間草屋 搆在林下 其精舍也 余爲必未認姓名 將記之以作紹介事請筆則謂余速入速入 相與再拜 迎坐于室 則書一絶以示之 吟了有喜色 某曰 走有志學問 未知向方 願得指南 今將有年 聞公篤學力行 優入高明之域 思欲承顔以開平生之惑 尙未能也 今日得接辭 可償宿計也 曰 余有此名者虛也 君求道之志則實也 敢不竭素蘊 某問先天後天理氣體用終始之理 辨析詳明 有如破竹 又問處身立心之要 皆某所未歷到識了處 某欲聞其志 仍問士生天地間不偶然 致君澤民 分內事也 古君子有以宇宙綱常爲己任者 斯豈非得其道 不敢獨善而然耶 或有懷寶遯世 隱居而不仕者 無乃不可乎 曰 士之出處非一 或其道可行 而時不可也 則抱道而無悶者有之 或民雖可以新 而其德未新 則揣分而自處者有之 或明君在上 可試所學 而自放山林 從吾所好者有之 或其德未盡新 而生民失所 不可坐視 不得已有爲於世者亦有之 某曰 然則公必居一於此 願聞之 莞爾良久 乃曰 平生只讀聖賢書 不習時尙擧業 再不利於有司 年至知命 久隔城市志已在此 無敢望無敢望 其容貌高古 衣冠嚴偉 已爲山野間老翁 眞隱君子也 引余賞花潭 所謂別區佳地也 嘯詠徘徊 揖而退

5 洪仁祐, 『恥齋遺稿』, 「日錄」, "八月 再往松京 初六日 早向花潭先生家 家橐駝橋邊 僅蔽風雨 引坐柳陰敍寒暄 某欲學河圖洛書太極圖 請公勿辭 曰可矣 暫討中正二字 適以釋尊事 講明論說 不能悉也 初九日 花潭先生至余舍 遂學河圖洛書太極圖及正蒙二篇 討盡平生所抱 相與長歎 先生曰 生長山林 不得與同志者論討 足下去春來問 心甚自負 今又磨切如此 不意足下眞我友也 十二日 謁花潭先生學正蒙 自天道至大心篇 先生曰 此張子發洩神妙處 非初學能悟得也 吾所說 皆文字上糟粕 若喫緊地則須精思自得 余曰 金相慕齋薦先生 若官之則處之何居 曰 揣分量力 雖小官不堪任 幸蒙擢 姑拜命 若不敢當 亦可退也."

6 洪仁祐, 『恥齋遺稿』, 「日錄」, "嗚呼慟哉 一國不幸 哲人 云亡 斯文復喪 吾何所依歸 若愚者

幸於庚子年 兩度往來門下 豈盡遂平生之願乎 每欲再叨訓誨之列 庶悟迷晦之心 存誠不篤 立志未確 求道之懷 終至枉擲 泛泛悠悠 以迄于今 依前一般無狀人 罪曷有極耶 嗚呼已矣 天之不佑東人至此 痛哭奈何"

2부. 이야기 속의 서경덕

1 서경덕의 사상적 특성 가운데 도교사상과의 연관성이 후일 이야기 혹은 소설로 변용될 가능성을 지니고 있다고 보는 견해도 있지만(김용범, 「실존인물의 소설화과정 연구 - 서화담전을 중심으로」, 『한양어문연구』제9집), 서경덕의 이야기가 모두 도교적인 모티브만 있는 것은 아니다. 물론, 도교와 민중의 친근성, 도교의 비현실성적 측면이 이야기로서의 허구적 측면과 어울리는 것은 사실이다.

2 권성윤, 「서화담 전승의 양상과 문학적 성격 - 실기 · 설화 · 소설을 중심으로」, 경북대학교 석사학위논문, 1987, 5쪽

3 공임순, 「거울에 비친 조선, 조선적인 것 - 황진이라는 키워드」, 『문학과 경계』3, 2003, 279~291쪽. 이 글에서 공임순은 김탁환의 소설 『나, 황진이』는 서사의 심층에서 황진이를 견인하는 사실상의 주인은 서경덕이고, 황진이는 서경덕의 황진이로 투명한 아름다움을 뽐내고 있다고 비평하고 있다.

4 「五山說林草藁」, 40~41면 : 先生在智理山 將窮最上巔 詰朝卦之 謂從者曰 今日當逢異人 遂杖屨而上至絶頂 倚松而踞石 有頃有一丈夫 立在半空 長揖而言曰 吾知君之來也 先生曰 吾亦已知君之訪我也 其人曰 鍊氣頤神 上可以白日沖天 中可以揮斥八極 下可以靜坐千春 公能從我遊乎 先生曰 神仙黃白之術 雖或傳之 儒者所不道 余學{孔子者也 假之九轉妙訣 雖曰可學} 余不願也 其人笑曰 道不同不相爲謀 吾亦知子之高也 是日從者皆不見 而先生獨與酬答 從者皆怪之 已而一擧手而電滅

5 「東稗」, 454면 : 一日 禹治來拜徐花潭 辭退出門 萬山接天 荊棘鬱密 猛虎毒蛇 磨牙吮血 禹治多施{神術 終不得出 還入而免冠謝罪 花潭厲聲曰 汝以么麼妖術 敢試於長者之前 禹治叩頭謝罪 始開路而送歸云

6 권순긍(「서화담에 관한 '이야기 만들기'와 「서화담전」의 형성」, 『민족문화』48, 한국고전번역원)의 논문에서 재인용 하였음

7 권순긍, 전게논문, 117쪽

8 권성윤, 전게논문, 31쪽

9 권순긍, 전게논문 117쪽

10 황형식, 「서화담 전승의 유 · 도가적 양상과 인식」, 『우리말글』55, 2012, 180~204쪽

11 권성윤, 전게논문, 72쪽

12 권순긍, 전게논문, 138~139쪽

13 권성윤, 전게논문 84~85쪽

14 총 18편 설화가운데 30편이 도술 설화이다.(권순긍, 전게논문 117쪽)

15 권순긍, 전게논문, 119~121쪽

16 車天輅, 「五山說林草藁」, 한국고전번역원

17 권순긍, 전게논문, 120~123쪽

18 김일렬 역주, 『서화담전』, 고려대학교 민족문화연구소, 연강학술도서, 한국고전문학전집 25.

「서화담전」을 분석한 논문으로는 다음과 같은 것들이 있다. 권성윤, 전게논문. 황형식, 「「서화담전」 삽화의 변이 양상과 유 · 도가적 의식」, 대구대학교 인문과학연구소, 『인문과학연구』 32, 2008. 김용범, 「실존인물의 소설화과정 연구 - 서화담전을 중심으로」, 『한양어문연구』 제9집

19 1926년 광동서국에서 출간된 「도술이 유명한 서화담」을 고려대학교 민족문화연구소간 연강학술도서 한국고전문학전집 25, 「서화담전」, 김일렬 역주로 재출간하였고, 그것을 저본으로 각색하고 추가로 삽입하기도 하였음.

3부. 서경덕의 사람들

1 신병주, 「화담학과 근기사림의 사상」, 『국학연구』 7, 2005, 35~37쪽

2 원유한, 박재희, 「개경학의 성립 및 실학과 연계」, 『역사와 실학』 21, 2001, 152쪽

3 신병주, 전게논문

4 신병주, 전게논문. 원유한, 박재희 전게논문. 황광욱, 『화담 서경덕의 철학사상』, 심산, 2003, 41~47쪽

5 황광욱은 서경덕 이기론의 계승이라는 측면에서 이구(李球), 박순(朴淳)을, 서경덕 학풍의 다양성과 개방성이라는 측면에서 장가순, 홍인우, 남언경을 특징하여 다루기도 했다.(전게논문)

6 「次沈教授 名義 字義之 號大觀子 見贈韻」

7 「再次」

8 「沈教授携諸生訪花潭 卽席次其韻」

9 「沈教授遊滿月臺示一律 追次」

10 「慶德宮 次沈教授韻」

11 「送沈教授」

12 「送沈教授義序」, "送人以言 相厚之道也 顧余窮而囊無一金 請以止之一言獻也 夫天下之萬物庶事 莫不各有其止 天吾知其止於上 地吾知其止於下 山川之流峙 鳥獸之飛伏 吾知其各一其正而不亂 其在吾人 尤不能無其止 而止且非一端 當知各於其所而止之 如父子之止於恩 君臣之止於義 皆所性而物之則也 至於飮食衣服之用 視聽言動之施 豈止之無其所也 推以往之 動者之投靜 勞者之抵逸 執熱則就凉 乘困則打睡 夫動勞之不得不止於靜逸 熱困之不得不止於凉與睡 是則不待智者而後知所止也 君子之所貴乎學 以其可以知止也 學而不知止 與無學何異 文藝其亦一學也 當嚴立課程 盡其力量 必充吾所期之數 而其究也 視所攻之藝利鈍收功與不 而一切放下 退聽於無事 則豈非超然知所謂止者哉 事有紀極 不可漫無始卒之序而引之也 大觀子其於攻詩也 少而力 老不輟 其所著雅健著實 薄於風騷 今旣脫藁 可謂勤矣

其於仕也 不卑小官 委質聽天 白首爲郎 終無慍色 可謂恭矣 及知開城敎 無日不視學 授其業勉其成 使後進小子 豹變蠖伸而鼓舞也 可謂勞矣 以余觀之 七十康强 不可謂不壽 官居下大夫之後 不可謂不貴 又以能詩聞也 不可謂無成 旣壽且貴 又敎餘事 垂於不朽 則向所謂充吾所期之數者 似可謂滿足矣 過此以往 吾知先生之不能力也 然則捿身於逍遙之地 遊身於澹泊之所 不其時乎 易曰 時止則止 時行則行 盖時行而行則行而止也 時止而止則止而止也 旣坐止止之域則詩不必苦吟 仕不必馳騖 形亦不必抖擻煩動而思 烏可憧憧往來而不止乎 孔子旣衰矣 則不復周夢 知其止止也 邵子之詩曰 不讀書來十二年 知其止讀也 又曰閒而不淸是一惑 老而不歇是二惑 是知閒宜止於淸 老宜止於休 閒不淸老不休 非惑而何 吾先生旣已抵老而投閒 正可坐忘而不走 作把來身心 都止於無思無爲之地之時也 所謂無思無爲者 異乎瞿曇之寂滅 老聃之虛無 禦寇之潛九觀 莊周之御六氣 伯陽之服鉛汞 彼雖自以爲天下之學莫尙於吾術 而夷考其所爲 則率未免滯止於一隅 豈吾儒大中至正 該體用一動靜 顯微無間之道也 凡吾所當止者 在此而不在彼也 然則如何用功 而可止於無思無過之地也 曰持敬觀理 其方也 敬者 主一無適之謂也 接一物則止於所接 應一事則止於所應 無間以他也則心能一 及事過物去而便收斂 湛然當如明鑑之空也 然而顧吾 持敬未熟 則方其主一之時 不爲泥止者鮮矣 泥止則亦爲累爾 必持敬之久 而能主靜而御動 外不泥止而內無滯止 然後無思無爲者 可幾也 先生有齋 扁以大觀 所謂大觀 恐無大於止止也 先生頗有古人之風 其於處世 毁方而■合 不爲崖異絶俗之行 苟能知所謂止止之所與其止止之時而止之 則可與衛武而並驅 亦未晩也 若乃長趨濶步 窺躋於李杜之壇 而覓句之癖猶在 則殆不類於昭氏之鼓琴也哉 如曰 詩可以娛情性 惟在勿喪其志 仕當安於義命 斃而後已云爾則其亦可也 余方讀易 得止字於艮之繇辭 於先生之行 推廣其說 以爲贐也."

13 「次留守朴相國祐韻」

14 「以桃獻留守朴相國」

15 「謝張敎授綸 惠桃樹」

16 신병주, 전게 논문 54쪽

17 「謝金相國名安國字國卿號慕齋惠扇二首」

18 「願韻用先生曾寄慕齋謝惠扇詩韻」

19 「又奉贈一首」

20 「次留守沈相國彦慶韻」, 「送留守沈相國罷歸江陵」

21 「次韻答留守李相國龜齡」, 「奉贈留守李相國」, 「謝留守李相國龜齡屛騎從訪花潭」

22 「次申企齋名光漢字漢之時爲吏判兼大提學韻」, 「次企齋韻贈其子壻」

23 신병주, 전게 논문. 황광욱, 『화담 서경덕의 철학사상』, 심산, 2003

24 황광욱, 전게서

25 신병주, 전게 논문

26 황광욱의 전게서에서 재인용

27 이에 대한 일화는 별도로 소개함

28 『人事尋緖目』, 序, "花潭徐文康公 非苟譽人者 而嘗尊閣斯編 贊歎名理 其爲書可知也"

29 『人事尋緖目』, 序, "吾友之所著 人事尋緖目之書 其所以爲說者 爲如何哉 皆天人一理 循天

理爲人事 因微闡顯 由體達用 凡君臣官職刑政之具 禮樂射御書數之法 灑掃應對進退之節 與夫學者 窮理正心修己治人之道 莫不備在於一篇之中 條理粲然 支分節解 脈絡貫通 詳略相因 巨細畢擧焉 其一篇之規模 廣大而本末不遺 節目詳盡而始終不紊 其他諸說之同異得失多少發明者 未有若是之至矣盡者矣 第四篇以上 言天地事物之自然生出於天者 四篇以下 言天地事物之自然修成於人者也 若非自得於理者 豈能如此哉 況又篇末時世事物譬圖之兪 乃是學者入道之切要言也 其於世敎可以有補 其於後學可以爲法 觀此書者 熟讀詳味則自當得之矣"

30 황광욱, 전게서

31 『言行錄』, 卷2, "徐先生曰 賢哉張友也 常以溫恭慈愛惠人濟物爲心 若其害物侵人之事 一毫不可留於胸次之間 且於凡事義所當行之者則行之 義所當止之者則止之 處於利害之際 惟其義而已矣 其孰能敢侮哉"

32 신병주, 전게논문 61~65쪽. 손찬식, 「수암 박지화의 도가적 면모」, 『도교문화연구』4, 1990

33 「答朴君實書」

34 「復朴頤正朴君實帖」

35 "病困 承問兼藥物 便覺醒蘇 僕 年前來氣衰 寒齋短褐 得寒疾固其所矣 乍寒乍熱乍汗 一日之中四五 不能飯月餘 殘軀虛竭 勢似不能久留 莫非天也 示服制 三月當除 不得一日引之也 五服 月數外不得加也 今國制 白衣冠終三年 已立法矣 除正服後著白衣冠可矣 時先生持靖陵喪服 依禮制 僕 幸保得到花潭 可一枉 敬德 復"

36 손찬식, 전게논문. 59쪽

37 손찬식, 전게논문, 60~64, 94~95쪽

38 신병주, 전게논문, 63쪽

39 황광욱, 전게서, 221~229쪽 요약

40 「朴頤正字詞幷書」

41 『五山說林草藁』

42 『土亭集』, 鄭澔, 「土亭先生遺稿序」, "學無師承 神解宏博 凡天文地理 醫藥卜筮 律呂算數 知音察色 神方秘訣 無不通曉" 본고에서는 여강출판사에서 1985년에 출간한 『花潭及門諸賢集』에 게재되어 있는 것을 底本으로 하였다. 이하 각주에서 卷上과 卷下만 표기하고 『土亭集』은 생략하기로 한다.

43 『花潭集』, 卷四, 「門人錄」에 이지함이 올라있으며, 서경덕의 다른 문인들과 폭넓은 교유를 한다. 이지함 사상의 도가적 성향이 서경덕의 학풍에 영향받은 바가 있다는 주장이 있는데(신병주, 『남명학파와 화담학파 연구』, 일지사, 2000.』, 이 주장이 타당성을 가지려면 두 가지 문제를 해결해야 한다. 첫째는 서경덕의 학풍에서 도가적 요소가 있는가, 있다면 그것이 서경덕 사상의 핵심인가 언저리인가가 밝혀져야 한다. 둘째는 이지함 사상이 내용상에 있어 도가적 경향이 있는가 하는 것이다.

44 卷下, 李珥, 「石潭日記」, "萬曆元年癸酉五月宣祖朝 命薦卓行之士 吏曹以先生 氣度異常 孝友出人 擧之"

45 상동, “萬曆二年甲戌八月 先生以抱川縣監棄官歸 〈중략〉 先生初無久於作邑之計 只遊戲耳旋棄官”

46 신병주, 『이지함 평전』, 2011, 글항아리

47 신병주, 전게서, 75쪽

48 「擬上 仁宗大王論 國朝大喪 喪制不古之失疏」, “又以山陵一事言之 古者 墓而不墳 至於成周 立丘封兆樹之制 設冢人之官 掌公墓之地 辨其兆域而爲之圖 先王之葬居中 昭穆爲左右 又令同姓諸侯大夫士 葬於前後 凡有功者居前 唯死於兵者 不令入兆域之內 是則冢人預擇公墓之地於一處 旣辨其兆 爲之圖而葬之 以備他日之葬 自先王以下 皆於是而占之, 今不立冢人之官 一從風水之說 世各占地 山陵每開一所 且臨時擇地 雖同姓宗室之墓 皆今溝之而去山庭之外 民田亦皆荒之 一陵之入 地亦廣占 民無芻牧之所 隆運至於千年之遠 則園陵相望於畿郊之外 田野盡荒 不容餘地 民不得居焉 百里之內 夐絶人跡 弊至於此 臣不知何以處之 伐石之役 流毒畿內之民 一石之重 千人不能移 一片之長 幷與梓棺之長而伐之 猶未免四片之封則何必以長爲哉 古者立樹兆之制 未聞石馬石羊等之物 石俑取其象人而用之 則貴於近似 徒以夸大爲事 高幾數丈 頑焉奰屭 有同鬼神 今士大夫之家 爭慕效之 不出千百年之外 石椰盡拔 而山從而頹矣 伐石之役 程督嚴峻 民縻鞭末 短褐衝雪 擧皆皸疾 竟夕未退 抱凍原野而死者 不知幾人 勿亟之旨雖下 有司急於集事 未暇恤顧 非獨有司之責 勢使之然也”

49 李之菡, 『土亭遺稿』, 「莅牙山時陳弊上疏」, “臣聞 帝王之府庫 有三 人心者 藏道德之府庫也 其大無外 萬物備焉 苟能發此 則無以尙矣 一人立極 先開其府 用敷錫厥庶民 厥庶民亦各自開其府 于汝極錫汝保極 然則時和世豐 皞皞熙熙 吾民之財與南風 而俱阜菽粟之多 如水火之至足 夫如是則 豈獨富一縣之民哉 擧國之民 莫不含哺鼓腹 爭發華封之祝 此非上策乎 銓曹者 藏人材之府庫也 人材之會 如百川之朝宗于海 車載斗量 不可勝數 苟能發此 則亦何有不可平之事乎 元首明哉 股肱良哉 庶事康哉 大而用后稷 則黎民不至於阻飢 小而用張堪 則麥穗可見其兩岐 清風宇宙 貪泉自渴 甘雨邇遐 寃草自甦 夫如是則 豈獨救一縣之民哉 擧國之民 莫不歌之舞之於至治之中矣 此非中策乎 陸海者 藏百用之府庫也 此則形而下者也 然不資乎此 而能爲國家者未之有也 苟能發此 則其利澤之施于人者 曷其有極 若稼穡種樹之事 固爲生民之根本 至於銀可鑄也 玉可採也 鱗可網也 鹹可煮也 營私而好利 貪嬴而嗇厚者 雖是小人之所喩 而君子之所不屑 當取而取之 救元元之命者 亦是聖人之權也 此非下策乎 〈중략〉 殿下 好生之德 洽乎民心 形氣之私 宜若不能閉之 而道德之府 不能大開者 何歟 此臣之所未喩一也 殿下 太平之治 可復見於今日邪妄之臣 宜若不能閉之 而人才之府 不能大開者 何歟 此臣之所未喩二也 殿下山林川澤 與民共之 猜忌之徒 宜若不能閉之 而百用之府 不能大開者 何歟 此臣之所未喩三也 〈중략〉 又曰 人才之府 自古不開 但府庫之中無才也 已久 今之所藏者 皆是不才 雖發而用之 亦不足爲一世之富 臣意以爲大不然 府庫之中焉 有無人才之時乎…有天則必有星辰 有地則必有草木 有國則必有人才…忠信之人 求於十室之邑 亦無不得之理 〈중략〉 古人有言曰 不在其位 不謀其政 上中二策… 姑舍是不言 擧下策切於縣邑者”

50 卷上, 「莅抱川時上疏」, “大抵德者本也 財者末也 而本末不可偏廢 以本制末 以末制本 然後人道不窮”

51 황광욱, 「토정 이지함의 인간관과 도덕적 경세론」, 『한국철학논집』 19, 한국철학사연구회, 2006

52 『花潭集』, 「遺事」, "上謂侍臣曰 敬德所著書 予取而觀之 則多論氣數 而不及於修身之事 無乃是數學也 且其工夫 多有可疑處 (中略) 李珥曰 此工夫 固非學者所當法 敬德之學 出於橫渠 其所著書 若謂之脗合 聖賢之旨 則臣不知也 但世之所謂學者 只依倣聖賢之說以爲言 中心多無所得 敬德則深思遠詣 多有自得之妙 非文字言語之學也 許曄每尊敬德 以爲可繼 箕子之統 聞珥論敬德之學出於橫渠 責珥曰 君言如此 僕所深憂 若曰花潭之學 兼邵張程朱則可矣 君精專讀書 十餘年後 可論花潭地位 珥曰 恐珥讀書 愈久而愈 與公見背馳也."

53 『退溪全書』, 卷14, 「答南時甫」, "太輝所云 雖不敢輕議 然花潭何敢望白沙也 白沙雖亦虛蕩入禪窟去 其人品超邁爽徹 詩亦高妙 花潭其質似朴而實誕 其學似高而實駁 其論理氣處 出入連累 全不分曉 原頭處如此 下學處可以類推 其詩文好處好 不好處亦多 若擬於白沙 恐失其倫也 大抵近世諸人 於其師門 務極推尊 更不論當與不當 欲以之誇耀世俗 其用意不公如此 衆人且不可斯 況後世豈無具眼人能覷破眞贗者耶 甚可畏也"

54 황광욱, 『화담 서경덕의 철학사상』, 심산, 2003, 14~15쪽

55 신병주, 전게논문, 54~55쪽

56 『思菴集』, 卷5, 附錄, 「行狀」, "澤堂又曰 吾詩不過傳數百年 若思菴七絶十數篇則 當與天壤俱弊"

57 이황의 「心無體用辨」은 이구의 글과 그림을 보고 비판한 글이다.

58 「原理氣」, "太虛湛然無形 號之曰先天 其大無外 其先無始 其來不可究 其湛然虛靜 氣之原也 (中略) 湛然爲一者也 一氣之分 爲陰陽 陽極其鼓而爲天 陰極其聚而爲地 陽鼓之極 結其精者爲日 陰聚之極 結其精者爲月 餘精之散 爲星辰 其在地 爲水火焉 是謂之後天 乃用事者也"

59 「太虛說」, "太虛 虛而不虛 虛卽氣 虛無窮無外 氣亦無窮無外"

60 「鬼神死生論」, "氣之湛一淸虛者 彌漫無外之虛 大小之聚散於太虛 以大小有殊 雖一草一木之微者 其氣終亦不散 况人之精神知覺 聚之大且久者哉"

61 『思菴集』, 卷4, 「答李叔獻書」 "冲漠無朕者 理與氣也 動而陽 靜而陰者 理與氣也 冲漠無朕之理氣 爲天地萬物之理氣 本是一也 有何疑焉"

62 『思菴集』, 卷4, 「答李叔獻書」, "天地未生之前 可謂之陰 而不可謂之陽也 然則此亦一陰一陽 非陰非陽也 方其太虛寂然 太極未動 理固冲漠而氣無形象之可指 澹一虛靜 安得亦可謂之冲漠乎 若曰 安有太虛澹一之氣 則太極懸空獨立而生陰陽乎 理氣本無先後也"

63 『思菴集』, 卷4, 「答李叔獻書」, "天地有限 而太虛無窮無外 天地未生之前 太虛澹一之氣 寂然不動 只是忠漠無朕 而太極在其中"

64 『思庵集』, 卷4, 「答李叔獻」 二書, "天地分 而萬物形 四時運 從天地已生而言之 一陰一陽者 小闔闢也 從天地未生而言之 太虛冲漠無朕而動者 此天地大闔闢也"

65 『思庵集』, 卷4, 「答李叔獻」 一書, "冲漠無朕者 理與氣也"

66 上同 二書, "若曰安有太虛澹一之氣 則太極顯空獨立而生陰陽乎 理氣本無先後也"

67 「日記」, "丙午正月十八日 行妹氏納采禮于季父宅 卽寶城郡守南某之子彦綸也", "十一月初

六日 行妹氏醮禮"

68 尹南漢 선생은 宜寧南氏家乘의 「通政大夫守全州府尹南東岡先生行狀」을 근거로 하여 남언경의 생애를 추적하고 있다. 그 행장에 화담과 남언경을 처음 보았을 때 "當以正志先立爲本 不立志 則學無可居之地 立志當以聖賢爲期 居敬窮理 初學下手之地 應事接物 要在集義爲心" 이라고 되어 있다.

69 「日記」, "乙巳六月二十一日 訪太輝 討論孟子浩然章及心經附註 有南君彦綸 年纔十九 氣宇弘毅 而學亦有就 可愛也 亦與話"

70 「通政大夫守全州府尹南東岡先生行狀」, "早悟心學 與朴思菴 許草堂 朴正菴 諸人 受學於花潭先生 博通經史 學業日就"

71 황광욱, 전게서, 229~231쪽

4부. 서경덕의 발길이 머문 곳

1 강학순, 「네트워크 공간의 '존재론' 탐구 - '존재의 장소론' 과 '구조존재론' 을 중심으로」, 한국하이데거학회, 『현대유럽철학연구』29, 2012, 156쪽

2 강학순, 「한국 전통문화 속에 나타난 '장소론' 읽기 - 하이데거의 '존재의 장소론' 과의 대화의 시도」, 한국하이데거학회, 『현대유럽철학연구』31, 2013, 6쪽

3 강학순, 「네트워크 공간의 '존재론' 탐구 - '존재의 장소론' 과 '구조존재론' 을 중심으로」, 한국하이데거학회, 『현대유럽철학연구』29, 2012, 158쪽

4 서도식, 위 논문, 347쪽

5 제프 말라스 지음, 김지혜 옮김, 『장소와 경험』, 에코, 2014, 18쪽

6 상게서, 228쪽

7 상게서, 237쪽

8 여기서는 『화담집』에서 찾을 수 있는 장소에 국한하였다. 여러 설화에서는 서경덕의 장소가 추가될 수 있으나, 전거를 확인할 수 없기에 포함하지 않았다. 서경덕에 관한 이야기 전승은 별도로 논하고자 한다.

9 서경덕의 문인들도 주자학자로서의 측면을 계승한 제자군과 자유성(개방성)을 이은 제자군으로 분류될 수 있다. 어찌 되었든 서경덕 자신은 주자학의 간섭과 탈피는 두 면이 동시에 있었던 것은 확실하다.

10 이석환, 황기원, 「장소와 장소성의 다의적 개념에 관한 연구」, 대한국토 · 도시계획학회, 『국토계획』32, 1997, 177쪽

11 홍영의, 「조선후기 회화와 지도에 기록된 개성의 유적과 경관」, 한국역사연구회, 『역사와 현실』79, 2011, 138쪽

12 개경과 한양의 비교에 대해서는 허경진, 「문학에 나타난 개경과 한양의 심상 비교」, 『서울학연구』 LVIII, 2015, 2. 김창현, 「고려 개경과 조선 한성의 구조 비교」, 『서울학연구』 LVIII, 2015, 3.를 참조했음

13 원유한, 박재희, 「개경학의 성립 및 실학과 연계」, 『역사와 실학』21, 2011

14 『화담집』에 남아있는 서경덕의 추모시의 지은이 중 개성 유수가 50%나 된다.(원유한, 박재희, 앞의 논문, 175쪽). 개성 유수는 화담을 꼭 방문했고, 추모시의 제목도 '화담' 이거나 화담과의 연관성을 가진 것이 대부분이다. 즉 화담이라는 장소에는 서경덕이라는 인물이 담겨있는 것이다.

15 작자 미상. 1612년 송도의 네 명의 동료들이 모두 장원 급제한 사실을 기념해 제작한 그림이 손실된 후 160년이 지난 1772년에 당시 참석했던 개성 유수 홍이상의 7세손 홍명한이 개성 유수로 있으면서 중수한 6폭 병풍이다. 1폭은 태평관, 2폭부터 5폭은 개성 일대의 사계절 풍광을 그려 넣은 화곡심방, 박연관폭, 만월회고, 지족문종이고 6폭은 발문으로 구성되어 있다.(홍영의, 앞의 논문 142~145쪽)

16 강학순, 「네트워크 공간의 '존재론' 탐구 - '존재의 장소론' 과 '구조존재론' 을 중심으로」, 한국하이데거학회, 『현대유럽철학연구』29, 2012, 171쪽

17 홍영의, 전게 논문, 157~169쪽

18 황진이가 박연폭포의 절경에 감탄해 머리채를 붓 삼아 써 내려갔다는 시구가 못 속의 바위(용바위)에 새겨져 있다고 한다. 이 시구는 이백의 「망노산폭포(望盧山瀑布)」의 '나는 듯 곧게 삼천 척을 떨어지나니, 하늘에서 은하수가 떨어지는 것 아닌지 모르겠구나.(飛流直下三天尺 , 疑視銀河洛九天)' 라고 한다.(홍영의, 전게 논문 161쪽)

19 서경덕, 박연폭포와 함께 황진이 자신을 송도삼절(松都三絶)이라고 칭한 것,

20 서경덕의 '박연에서 노닐며' 의 원 제목은 '임정자회, 박참봉개와 함께 박연에서 노닐며' 이다. 박참봉은 박개(朴漑)인데, 박개는 박우(朴祐)의 아들이며 박순(朴淳)의 형이다. 서경덕과 관련된 인물에 대해서는 별도로 논하기로 한다.

21 홍영의, 전게 논문, 142~144쪽

22 홍영의, 전게 논문, 153쪽

23 서경덕의 여행에 이지함이 동행하였고 충청도에서는 성제원, 전라도에서는 조식을 만나 교유했다는 전승이 있다.

24 서경덕이 지리산에서 신선을 만나 교유했다는 전승도 있다.

5부. 서경덕의 사물들

1 물건과 사물은 일반적으로 뜻이 넘나든다. 영어로는 물건이든 사물이든 모두 things, objects이고, 한자로는 물건은 물질적 대상이지만, 사물은 일과 물건을 아우른다. 정적이고 물리적인 단일성과 공간성에 머무는 물건은 things, objects에 머물지만, 동적이고 시간적이며 관계적인 사태를 포함하는 사물은 의미체이다.(함돈균, 『사물의 철학』, 세종서적, 2015, 4쪽)

2 천지인(天地人) 삼재(三才)에서의 '지' 가 물질세계를 상징하기는 하지만 사물이라고 보기는 어렵다.

3 로제 폴 드두아, 이나무 옮김, 『사물들과 함께 하는 51가지 철학 체험』, 이숲, 2014, 73~76쪽

4 장석주, 『철학자의 사물들』, 동녘, 2013, 5쪽

5 유발 하라리, 조현욱 옮김, 『호모 사피엔스』, 김영사, 2015

6 신두환, 「퇴계의 한시에 나타난 대나무의 미의식 연구」, 『한자한문교육』 제24집, 557쪽

7 로제 폴 드두아, 이나무 옮김, 『사물들과 함께 하는 51가지 철학 체험』, 이숲, 2014, 17. "사물은 오로지 그 사물 고유의 절대적인 유일성을 통해서만 존재할 수 있다. 다른 형태가 아니라 바로 그 형태로, 다른 색깔이 아닌 바로 그 색깔로, 다른 질감이 아닌 바로 그 질감으로. (중략) 이제는 단순히 '램프'나 '신발'이라고 부르지 말고, 각각의 사물이 서로 다른 존재라는 사실을 말해주는 고유한 이름으로 불러야 할까?"

8 탕(湯)의 반명(盤銘)이 대표적이다. 『大學』의 "湯之盤銘曰 苟日新 日日新 又日新"에 대해 주희(朱熹)는 "盤 沐浴之盤也 銘 名其器以自警之辭也"라고 한다. 명(銘)은 사물에 빗대어 스스로를 경계하는 말이다.

9 허균, 「惺所覆部藁」, "先大夫學於花潭先生最久. 嘗於七月. 往就先生之家. 則云往花潭已六日. 卽往潭墅. 則秋潦方漲不得渡. 日夕湍稍減. 僅涉而至. 先生方鼓琴高詠. 先人請炊夕飯. 先生曰. 吾亦不食. 可竝炊之. 僕入廚則苔滿鼎中. 先人怪問其故. 先生曰. 阻水六日. 家人不能至. 吾久廢食. 故鼎必生蘚也. 仰覩其容. 了無飢乏之色. 此與曾子七日不食. 曳履謳商聲若金石者. 何以異哉." 원문은 '한국고전번역원'에서 차용.

10 『花潭集』, 「桃竹杖賦」, 「謝金相國 名安國 字國卿 號慕齋 惠扇 二首」, 「無絃琴銘」, 「琴銘」

11 『杜少陵集』, 12권. "두공부가 난리를 만나 재주에 오래 머물러 고향을 그리워하니, 사군(使君)인 장이(章彝)가 도죽장 두 개를 주었다. 도죽은 파주(巴州)와 투주(渝州)에서 생산되는데 물건이 신령스럽고 기이하므로 인(引)을 지어 사례했다."

12 이병한, 「중국 시사를 빛낸 두 거인, 이백과 두보」, 『지식의 지평』 13, 대우재단, 2012, 220~221쪽.

13 차주환, 「두보의 시세계」, 『동아문화』 19, 서울대학교 동아문화연구소, 1981, 202~208쪽.

14 이소연, 「사군자 시조의 상징과 자연관」, 2001, 숙명여자대학교 석사논문, 43~69쪽

15 신두환, 「퇴계의 한시에 나타난 대나무의 미의식 연구」, 『한자한문교육』 제24집, 555쪽

16 정약용은 "백공(百工)의 온갖 기교와 이용의 기구가 대나무가 아니면 만들어지지 못하니 대의 쓰임이 중요하지 않겠는가. 이 때문에 대나무를 재배하는 정사를 게을리하지 않았다."[「다산시문집」, 제9권, 한국고전번역원]고 하였다. 즉 대나무는 좋은 정치의 재료이며 상징이다.

17 금광복, 「부채, 그 시원한 바람의 샘터」, 『미술세계』, 1999, 127쪽

18 금복현, 『전통 부채』, 대원사, 2006, 11쪽. 호북성 강릉 마왕전창 제1호 초나라 무덤에서 발굴된 대나무 부채가 가장 오래된 부채라는 주장도 있다.(김윤희, 「朝鮮時代 扇面畵 硏究」, 이화여대 석사논문, 2008, 6쪽.

19 금광복, 128쪽

20 김윤희, 11쪽

21 『論語』, 「顔淵」, "君子之德風 小人之德草 草上之風 必偃"

22 이에 대해서는 '서경덕의 철학' 부분에서 자세하게 논의함

23 황광욱, 『화담 서경덕의 철학사상』, 심산, 2003, 참조.

24 서경덕의 몇 안 되는 논문의 많은 부분이 이 문제를 파헤치는 데 집중하고 있다. 그런 의미에서 서경덕을 기철학자(氣哲學者)라고 하는 것이 틀린 말은 아니다. 다만, 기를 물질 또는 유사 물질로 규정하려 해서는 안 될 일이다.

25 대표적인 시가 「만물이 있음[유물(有物)]」이다. "물(物)이 오고 또 와도 다 오지 않으니 / 옴이 가까스로 다한 것 같아도 또 좇아 나온다./ 오고 또 옴은 본래 시작 없음으로부터 오니/ 묻노니 그대는 처음에 어느 곳에서 왔는가./ 물이 있음에 가고 또 가도 다 가지 않으니/ 감이 가까스로 다한 것 같아도 아직 다 가지 않았다./ 가고 또 가서 끝까지 가도 감은 마치지 않으니/ 묻노니 그대는 마침내 어느 곳으로 돌아가는가." 이 시는 질문만 있고 답은 없다. 그리고 「천지조화의 비밀[天機]」라는 시에서는 대답만 있다. "(상략)/ 보건대, 하나는 둘과 한 쌍이고/ 사물마다 기대고 서로 의지하니/ 그윽한 하늘의 기밀을 꿰뚫는다면/ 빈방에 앉아있어도 빛이 납니다."

26 조유미, 「조선시대 琴道에 대한 연구」, 성균관대 박사논문, 2008, 25쪽

27 강유경, 「朝鮮時代 '琴銘' 의 美學的 境界 硏究」, 성균관대 박사논문, 2010, 19쪽 참조

28 『樂書』 卷120, 「樂圖論」. 강유경, 23쪽. 재인용

29 李得胤, 『玄琴東文類記』, "회헌 안향은 항상 거문고 한 벌을 비치해두었다. 매양 학문을 할 만한 선비를 보면 그것을 권했다.", 조유미, 62쪽. 재인용

이득윤[본명은 이덕윤(李德胤)이나 만년에 이득윤으로 개명함]의 『현금동문유기』는 현금(玄琴)에 대한 다양한 방면의 자료들을 수록하여 금도(琴道)를 후세까지 계승시키는 데 매우 큰 공헌을 하였다.[정화순, 「李德胤의 생애와 업적」, 『淸藝論叢』 12, 1997, 154쪽] 그런데 이득윤은 서기(徐起)와 박지화(朴枝華)에게서 수학을 했다. 서기는 이지함(李之菡)의 제자이고, 이지함과 박지화는 서경덕의 제자이다.이지함은 기행과 선행으로 유명하며 민중과 친화적인 학자이고, 박지화는 선비와 도사(道士)로서의 면모를 동시에 지닌 학자이다. 서경덕에게서 가장 오랫동안 수업한 문인이면서 단학(丹學)으로 알려진 정렴(鄭磏), 정작(鄭碏) 형제와 교유하기도 했다. 이득윤은 서경덕의 재전제자인 셈인데, 서경덕 학파에서 금도의 전승이 이어지고 있다는 것은 우연한 일은 아닐 수도 있다.

또 홍대용은 "검지 박종현은 나의 고조모 박부인의 조고이니, 초당 허엽의 외손이다. 검지공은 천부의 재질을 갖추었을 뿐만 아니라 초당의 전수까지 받음으로써 음악에 통하지 않는 것이 없었으며 특히 금에 정통했다. 소장한 것 중에 명재도 많았으니 봉래금이 그 하나다."(류속영, 「16세기 士大夫 계층의 彈琴 趣味와 거문고 - 『默齋日記』를 중심으로」, 『민족문화』 43, 2014, 222쪽. 재인용)라고 하고 있다. 여기서도 서경덕의 제자인 허엽(許曄)이 등장한다. 허엽은 정치적으로 동인(東人)의 영수이면서 서경덕의 학설을 극력 옹위한 인물이다. 그를 통해 거문고의 전승이 계승되고 있으니 이 또한 우연한 일이 아닐 수 있다. 즉 거문고와 서경덕 또는 서경덕 학파의 연관성은 매

우 깊다고 할 수 있다.

30 강유경, 39쪽

31 주희, 「紫陽琴銘」. 강유경, 64쪽. 재인용

32 이이, 「사암금명(思庵琴銘)」. 강유경, 78쪽. 재인용. 사암은 박순(朴淳)의 호인데, 박순은 서경덕의 제자이다.

33 이런 의미에서 이득윤의 『현금동문유기』는 매우 중요한 자료이다. 강유경의 「朝鮮時代 '琴銘'의 美學的 境界 硏究」 또한 의미 있는 논문으로 여겨진다.

34 도연명은 전원(田園)을 노래한 시인의 표상이다. 세속적 다툼에서 벗어나 은일(隱逸)을 지향한다. 그래서 사상적으로는 도가적 경향의 시인이라고 한다. 전원으로 돌아가고자 한 대표작으로 「귀거래사(歸去來辭)」가 있다. 그런데 이지함은 「차도정절귀거래사(次陶靖節歸去來辭)」를 지어 도연명의 현실 도피를 비판하고 있다. [황광욱, 「토정 이지함의 인간관과 도덕적 경제론」, 『근세 한국철학의 재조명』, 심산, 2007] 그런데 서경덕의 제자 이지함이 도연명을 비판한 것과 달리, 서경덕은 도연명의 '무현금'을 사상적으로 포섭하는 것이 특징적이다.

35 강유경은 「무현금명」을 악기 형태와 관련지어 구분하여 서경덕 이외에 김정(金淨), 이언적(李彦迪), 엄흔(嚴昕), 윤현(尹鉉), 이용휴(李用休) 등의 「무현금명」을 소개, 분석하고 있다.

36 李彦迪, 「無絃琴銘」, "理契天載 樂寓吾心 妙得其趣 不假於音 冥然寂然 萬物皆春 神遊太古 手憮天眞". 강유경, 68쪽. 원문 재인용. 해석은 약간의 수정을 했음

37 『老子』, 41, "大音希聖"

38 『莊子』, 「齊物」, "有成與虧 故昭氏之鼓琴也 無成與虧 故昭氏之不鼓琴也"

39 『莊子』, 「人間世」, "无聽之以耳而聽之以心 无聽之以心而聽之以氣 耳止於聽 心止於符 氣也者 虛而待物者也 唯道集虛 虛者,心齋也"

40 조유미, 96쪽

41 황광욱, 『화담 서경덕의 철학사상』, 심산, 2003, 참조

6부. 서경덕의 철학

1 『論語』 「述而」, '天生德於予'

2 『周易』 「繫辭上」, '形以上者謂之道, 形以下者謂之器'

3 「復其見天地之心說」, "一陽之復 倏爾而躍 其不自容已之妙 是可見天地之心也 無改移者何謂也 周天三百六十五度四分度之一 朞歲三百六十五日四分日一 至日候之以漏箭 測之以臬表 度與日之分 恰周得本數 若合符契 未嘗盈縮些一毫 萬古常常如此 可見其心之無改移也 天地之中庸至善至信之德 於此而識之 神易之無方體 於此而見之 日軌回南 春輝北陸 陽吹九地 氣應黃宮 可不謂之無方也乎 晝夜改度 寒暑相禪 無一刻停留 可不謂之無體也乎"

4 「復其見天地之心說」, "或曰 至中至善至信之德 只得於至日上語之 其於他不得語之乎 曰 無時不然 無物不有 三百六旬之運 二十四氣之分 無非至日之流行者 所謂時中也

5 황광욱, 『화담 서경덕의 철학사상』, 141~142쪽

6 「原理氣」, "理之一其虛 氣之一其粗 合之則妙乎妙"

7 『孟子』 「告子上」, "耳目之官不思, 而蔽於物, 物交物, 則引之而已矣. 心之官則思, 思則得之, 不思則不得也"

8 『莊子』 「人間世」, "无聽之以耳而聽之以心,无聽之以心而聽之以氣! 耳止於聽,心止於符.氣也者,虛而待物者也"

9 마음이 기관인지 아닌지는 물리적이고 생물학적인 문제일 뿐이다. 마음이 기관이든 아니든, 마음을 그렇게 여겼다는 것에 주목해야 한다. 유학에서의 마음은 너무 다양하게 읽힌다. 그렇지만 마음이 인간다움의 조건이나 특징이라는 것에는 이견이 없다.

10 「送沈敎授義序」, "所謂無思無爲者 異乎瞿曇之寂滅 老聃之虛無 禦寇之潛九觀 莊周之御六氣 伯陽之服鉛汞 彼雖自以爲天下之學莫尙於吾術 而夷考其所爲 則率未免滯止於一隅"

11 물론, 이에 대해 서경덕이 별도의 문건을 남긴 것은 아니다. 몇 편 되지 않지만 그의 논문과 시편들에서 유추하여 재구성한 것이다.

12 「東儒師友錄」, "人惑以我爲治數學 我非由數學而悟 蓋不可不知耳"

13 「神道碑銘」, "理之錯綜處 在數上分曉"

14 「神道碑銘」, "人之外象外數之可知 不知內象內數之難知"

15 「聲音解」, "原本以推體, 推體以致用"

16 「無題」, "眼垂簾箔耳關門 松籟溪聲亦做喧 到得忘吾能物物 靈臺隨處自淸溫"

17 『栗谷全書』, 卷10, 「答成浩原」, "近觀整庵退溪花潭三先生之說 整庵最高 退溪次之 花潭又次之 就中整庵花潭 多自得之味 退溪多依樣之味"

18 '일기장존(一氣長存)' 은 이이가 서경덕 학설의 특징을 명명한 것이다. 그러나 서경덕 학설의 특징을 더 정확하게 표현하려면 '일기항존(一氣恒存)' 이라고 해야 옳다.

19 元仁孫, 「重刊花潭先生集序」, "栗谷嘗以退溪之依樣 勝於花潭之自得 有所軒輊 而此責賢者備也"

20 『栗谷全書』, 卷10, 「答成浩原」, "雖然偏全間花潭是自得之見也 今之學者 開口便說 理無形而氣有形 理氣別非一物 此非自言也 傳人之言也 何足以敵花潭之口 而服花潭之心哉"

21 洪仁祐, 『恥齋遺稿』, "先生曰 此張子發洩神妙處 非初學能悟得也 吾所說 皆文字上糟粕 若喫緊地則須精思自得"

22 『東儒錄』, "徐先生講學 或問大學 先生曰 義理見存文字上 都是這古人末梢緊要也 是在得底"

23 朴民獻 撰, 「神道碑銘」, "盖古人之格致 由大學之敎 先生之格致 由本性之妙 考之於外 雖似不同 要其所至 沕然同歸 何也 理一故也"

24 「笑戲」, "旣知性處宜溫養"

25 「開窓」, "湛湛天光依舊遠 始知吾性所從來"

26 「送沈敎授序」, "易曰 時止則止 時行則行 盖時行而行則行而止也 時止而止則止而止也"

27 「送沈敎授序」, "夫天下之萬物庶事 莫不各有其止 天吾知其止於上 地吾知其止於下 山川之流峙 鳥獸之飛伏 吾知其各一其正而不亂 其在吾人 尤不能無其止 而止此非一端 當知各於

其所而止之 如父子之止於恩 君臣之止於義 皆所性而物之則也"

7부. 서경덕의 글 몇 편

1「原理氣」, "太虛湛然無形 號之曰先天 其大無外 其先無始 其來不可究 其湛然虛靜 氣之原也 彌漫無外之遠 逼塞充實 無有空闕 無一毫可容間也 然挹之則虛 執之則無 然而却實 不得謂之無也 到此田地 無聲可耳 無臭可接 千聖不下語 周張引不發 邵翁不得下一字處也 摭聖賢之語 泝而原之 易所謂寂然不動 庸所謂誠者自成 語其湛然之體 曰一氣 語其混然之周 曰太一 濂溪於此不奈何 只消下語曰無極而太極 是則先天 不其奇乎 奇乎奇 不其妙乎 妙乎妙 倏而躍 忽爾闢 孰使之乎 自能爾也 亦自不得不爾 是謂理之時也 易所謂感而遂通 庸所謂道自道 周所謂太極動而生陽者也 不能無動靜 無闔闢 其何故哉 機自爾也 既曰一氣 一自含二 既曰太一 一便涵二 一不得不生二 二者能生克 生則克 克則生 氣之自微 以至鼓盪 其生克使之也 一生二 二者何謂也 陰陽也 動靜也 亦曰坎離也 一者何謂也 陰陽之始 坎離之體 湛然爲一者也 一氣之分 爲陰陽 陽極其鼓而爲天 陰極其聚而爲地 陽鼓之極 結其精者爲日 陰聚之極 結其精者爲月 餘精之散 爲星辰 其在地 爲水火焉 是謂之後天 乃用事者也 天運其氣 一主乎動而圜轉不息 地凝其形 一主乎靜而榷在中間 氣之性動 騰上者也 形之質重 墜下者也 氣包形外 形載氣中 騰上墜下之相停 是則懸於太虛之中而不上不下 左右圜轉 亙古今而不墜者也 邵所謂天依形 地附氣 自相依附者 依附之機 其妙矣乎 風族飛族之羽載形 皆此理也. 先生曰 虛者 氣之淵也 又曰 一非數也 數之體也 又曰 理之一其虛 氣之一其粗 合之則妙乎妙 又曰 易曰 不疾而速 不行而至 氣無乎不在 何所疾哉 氣無乎不到 何所行哉 氣之湛然無形之妙曰神 既曰氣 便有粗涉於迹 神不囿於粗迹 果何所方哉 何所測哉 語其所以曰理 語其所以妙曰神 語其自然眞實者曰誠 語其能躍以流行曰道 總以無不具曰太極 動靜之不能不相禪 而用事之機自爾 所謂一陰一陽之謂道 是也 又曰 程張謂天大無外 卽太虛無外者也 知太虛爲一 則知餘皆非一者也 邵子曰 或謂天地之外 別有天地萬物 異乎此天地萬物 吾不得以知之也 非惟吾不得以知之 聖人亦不得以知之也 邵子此語 當更致思 又曰 禪家云 空生大覺中 如海一漚發 有曰眞空頑空者 非知天大無外 非知虛卽氣者也 空生眞頑之云 非知理氣之所以爲理氣者也 安得謂之知性 又安得謂之知道"

2「理氣說」, "無外曰太虛 無始者曰氣 虛卽氣也 虛本無窮 氣亦無窮 氣之源 其初一也 既曰氣 一便涵二 太虛爲一 其中涵二 既二也 斯不能無闔闢 無動靜 無生克也 原其所以能闔壁 能動靜 能生克者而名之曰太極 氣外無理 理者氣之宰也 所謂宰 非自外來而宰之 指其氣之用事能不失所以然之正者而謂之宰 理不先於氣 氣無始 理固無始 若曰 理先於氣 則是氣有始也 老氏曰 虛能生氣 是則氣有始有限也 又曰 易者 陰陽之變 陰陽 二氣也 一陰一陽者 太一也 二故化 一故妙 非化之外別有所謂妙者 二氣之所以能生生化化而不已者 卽其太極之妙 若外化而語妙 非知易者也"

3「太虛說」, "太虛 虛而不虛 虛卽氣 虛無窮無外 氣亦無窮無外 既曰虛 安得謂之氣 曰 虛靜卽氣之體 聚散 其用也 知虛之不爲虛則不得謂之無 老氏曰 有生於無 不知虛卽氣也 又曰 虛能生氣 非也 若曰 虛能生氣則方其未生 是無有氣而虛爲死也 既無有氣 又何自而生氣 無始也

無生也 旣無始 何所終 旣無生 何所滅 老氏言虛無 佛氏言寂滅 是不識理氣之源 又烏得知道"

4 「鬼神死生論」, "程張朱說 極備死生鬼神之情狀 然亦未有說破所以然之極致 皆引而不發 令學者自得 此後學之所以得其一而不得其二 傳其粗而不見十分之精 某欲採三先生之微旨 以爲鶻突之論 亦足以破千古之疑 程曰 死生人鬼 一而二 二而一 此盡之矣 吾亦曰 死生人鬼 只是氣之聚散而已 有聚散而無有無 氣之本體然矣 氣之湛一淸虛者 彌漫無外之虛 聚之大者爲天地 聚之小者爲萬物 聚散之勢 有微著久速耳 大小之聚散於太虛 以大小有殊 雖一草一木之微者 其氣終亦不散 况人之精神知覺 聚之大且久者哉 形魄見其有散 似歸於盡沒於無 此處率皆不得致思 雖三先生之門下 亦莫能皆詣其極 皆惙拾粗粕爲說爾 氣之湛一淸虛者 原於太虛之動而生陽 靜而生陰之始 聚之有漸 以至博厚爲天地 爲吾人 人之散也 形魄散耳 聚之湛一淸虛者 終亦不散 散於太虛湛一之中 同一氣也 其知覺之聚散 只有久速耳 雖散之最速 有日月期者 乃物之微者爾 其氣終亦不散 何者 氣之湛一淸虛者 旣無其始 又無其終 此理氣所以極妙底 學者苟能做工 到此地頭 始得覷破千聖不盡傳之微旨矣 雖一片香燭之氣 見其有散於目前 其餘氣終亦不散 烏得謂之盡於無耶 往者 某與朴先生光佑 討論及此 朴乃耳輒明快 不知其後朴果能致力於十分盡頭否也 粗述獨見 貽朴公頤正 許君太輝 及諸來遊於門者 此論雖辭拙 然見到千聖不盡傳之地頭爾 勿令中失 可傳之後學 遍諸華夷遠邇 知東方有學者出焉 又曰 造化鬼神 神易陰陽之極致處 後學有多得於繫辭傳周程張朱之說 要在做工不輟 大段著力然後乃有見爾 又曰 嘗欲發揮繫辭微旨 程朱皆極其力 然略說破 後學無疏可尋 類皆見得粗處不見底蘊 某欲加數衍淺見 令後學沿流利深其源 竣吾精力盡時著書 有志未就 良亦一恨 然不足恨也 註脚更添註脚 奈後學苦其繁複 亦莫之致思 何 乙巳閏正月初五夜 秉燭而書焉"

5 「復其見天地之心說」, "古之聖賢於至 皆嘗致意 堯陳朞閏之數 孔論天地之心 程邵亦皆有說後之學者 須大段著力於至日上做工夫 所得甚廣 非如格一物致一知之比也 若於一物上 十分格得破則亦見得至理 顧於至日 則所該廣大耳 至日乃天地始回旋 陰陽初變化之日也 故曰復其見天地之心乎 先儒皆以靜見天地之心 程子獨謂動之端乃天地之心 邵子則以動靜之間言之 程邵立言有異 初無二見 皆就一動靜兼陰陽之上而語之 似邵指太極之體 程謂太極之用也 反本復靜 坤之時也 陽氣發動 復之機也 有無之極 於此擬之 而先後天之說 從可知也 易所謂 寂然不動 感而遂通者謂此也 庸所謂誠自成 道自道者謂此也 孟子所謂必有事焉而勿正 心勿忘勿助長 亦於此而體之 方天地淨洒洒 玄酒之味淡 大音之聲希 漠然虛靜 若無所事 一陽之復倏爾而躍 其不自容已之妙 是可見天地之心也 無改移者何謂也 周天三百六十五度四分度之一 朞歲三百六十五日四分日之一 至日 候之以漏箭 測之以臬表 度與日之分 恰周得本數 若合符契 未嘗盈縮些一毫 萬古常常如此 可見其心之無改移也 天地之中庸至善至信之德 於此而識之 神易之無方體 於此而見之 日軌回南 春輝北陸 陽吹九地 氣應黃宮 可不謂之無方也乎 晝夜改度 寒暑相禪 無一刻停留 可不謂之無體也乎 一陰一陽之謂道 繼之者善 此語盡至日之理也 一陰一陽 一動一靜 此本非兩事 只是天之一事 陰陽一用 動靜一機 此所以流行循環不能自已者也 或曰 至中至善至信之德 只得於至日上語之 其於他不得語之乎 曰 無時不然無物不有 三百六旬之運 二十四氣之分 無非至日之流行者 所謂時中也 然不比至日則天地更始 陰陽之際 動靜之交 辰宿之躔 陸野之分 皆得復其本位 十分齊整者也 萬化之所自 萬殊之所本 此陰陽大頭臚處 可以一貫之者也 反於吾身 仁智之性 忠恕之道 無非至日之理 暫於動

靜 微於瞬息”

6「溫泉辨」, “天則主陽 地則主陰 火熱而水凉 其性也 火則未聞有寒者 而泉或有溫者何也 邵子曰 一氣之分而爲陰陽 陰陽半而形質具焉 陰陽偏而性情分焉 知此則泉之溫 無足怪也 天未始無陰 地未始無陽 水火互藏其宅 且天之陽 當貫乎地之虛 而地不得而不受 故曰 天一而實 地二而虛 陽蘊於地中 氣或輻湊於一處 積而蒸鬱 泉脈被他蒸薄而熱 坎之中實 亦見其陽潛於水中 水生於天一 而成於地六 土生於天五 而成於地十 是則水與土未必無陽也 況日之出入於地之上下 陽之融會 初無內外 渾然爲一則地豈得不蒸薄而或鍾其熱乎 泉於是滲漉 其流不得不沸蒸也 不獨泉爲然 凡物之氣 散則凉 聚則熱 故草積則生熱 糞積則自焚 氣鬱不舒而然也 無物無陽者也 水中有火 石裏藏焰 硫之土 得火而爆 石之灰 得水則沸 陰從陽者也 泉爲陽迫則熱 火能迎物而威遠 故可以照射而涸水 水不能迎物 故雖近於火 少有間則不得滅火 火之氣虛故不自停留 著物而留 然隨焚隨盡 不爲陰所制 故無寒火 水之形稍實 潤以既聚則久而不散 既有形 故爲陽所移而熱 陽得兼陰 而陰不得兼陽 故陽全而陰半 陽饒而陰乏 陽尊而陰卑 是乃君統臣 夫制婦 而君子得以役小人 中國得以服夷狄 豈不知陽始於一 而陰終於十 此陰陽之分 而理之必然者也”

7「擬上仁宗大王論國朝大喪喪制不古之失疏」, “草茅下賤生員臣徐敬德 謹齋沐拜疏上聞于主上殿下倚廬之次 臣聞 殿下儲貳東殿 學問日進於高明 處己以道 動遵禮法 簡重端莊 有上聖之度 孝仁敬義 有孚于中 而聞達於外 一命之士 苟有知見 孰不欲披忠瀝誠 以達天聽哉 臣在畎畝之中 疏陳國家之事 誠爲越分 臣聞 臣等亦在白衣三年之列 不得不言 因論今日喪制不古之失 有一言可採 獲蒙施行則不惟愚臣之幸 乃大東士林之幸也 臣謂君父之喪 天之經地之義亙萬古而不易者也 臣謹按 斬衰一章 有曰致喪三年 謂子爲父服也 有曰方喪三年 謂臣爲君服也 聖人既取象於天 觀法於地 制上下衣裳之度 裁衰適負版之數 寓哀推斬絶之容 皆有深意因情以飾其文 因文以檢其情 使賢者不過 不肖者跂而及之 乃聖賢用禮之勤也 今皆掃之 只用長布之衣 漫無衰適負袵之制 有同庶人喪服之規 其不同者 團圓其領 布裹其帽而已 布帽之內著前日烏巾 安有服君之衰而不去烏巾者乎 及退燕私 免長布披白衣 烏巾猶在 乃復平昔之容非喪人也 及戴尺布之笠 然後僅表一身喪容之形 安有攢塗未乾 遽形無衰戚之容也 古之制衰有麻縷多寡之差 有麻材生錫之別 服既有等 冠亦有差 既虞卒哭 受以成布六升冠七升則前日之衰三升冠六升 於此變矣 服葛絰則絰亦變矣 期而練冠縓緣去其絰 又期而大祥 祥而禫 禫而纖文 既有隆殺之宜 又慮其有以死傷生者 則有五十不成喪 六十不毁 七十唯衰麻在身 有疾者飮酒食肉之文 皆因其情之不可無者 而制禮之變 皆自吾秉彝之天有敍也 聖人制喪之意 有以垂後世也 臣聞 既卒哭 殿下玄冕烏帶羣臣烏帽烏帶 以此行之於三年之內 臣未知玄冕之制 何所據也 玄冕乃諸侯祭祀之冠也 卒哭纔過 君臣皆玄冠視事 是不以喪禮自處也 禮 年不順成則天子素服 乘素車 食無樂 是憂民之憂 而以喪禮自處 示自貶也 今者玄冕烏帶 是憂君父反出於憂民之下者耶 臣未知玄冕之制 其於殿下 爲安之乎 天理所在 人心不可誣也 奈何逆於心反於天 服非禮之冠乎 臣恐儀註之書 是不知而作者也 自非聖賢而用智穿鑿 損益於禮文 鮮不爲後世之嗤笑矣 夫何思何慮 從聖人之訓 遵聖王之法 如斯而已矣 遇初終 素升絰 既制服 斬衰三升冠六升 既卒哭 成布六升冠七升 服葛絰 視事則君臣素升環絰 如此 豈非順乎 何必變素升爲玄冕之制乎 未知朝廷郊迎使命 用烏帽烏帶乎 禮 天子爲大夫士疑衰 既葬除之 我國雖

在海外 其在大夫之班則皇帝親臨 必以疑衰 不爾則素弁而吊 禮曰 凡吊事 素弁絰 安知使不以素弁入國乎 彼素弁 我烏帽 其於禮貌 不亦謬乎 凡使致賵賻之物 宜付之有司 藏之外帑 以備喪用之需 禮曰 君子不家於喪 獻子之喪 旅歸四布 孔子聞而賢之 況我殿下 不比大夫之家者乎 固不宜付之內帑以備內用 內帑亦非爲私儲 周禮天官冢宰 兼典泉府之用 使宮伯之官 相參出入 雖王者不得以私之 殿下新政之始 固不宜示人以私 節財用 厲廉恥 其在此一事也 臣聞 制喪之日 旋被袞戴冕 是吉凶相遠之大者 而同日服之可乎 易世 大事也 君位 大寶也 今受大寶處大事 如是其卒迫可乎 殿下之固拒不受 其孝仁敬義 有出於所性之固有 而不得以揜者存也 在廷之臣 猶持固必 殿下亦以輿情大鬱 有不得已而從之 是大失君臣之體 尊卑之禮 貽笑於後世 謂今日有知春秋之義者乎 今日請之不得 則又明日請之 待殿下斷自聖衷降旨 然後爲之則旣有以將順其美 又有以慰安孝思 亦未晩也 萬事之統 綱紀之寄 亦有殿下之所進退 此持匀弩審發之日 非納諫轉圜之時 有迫於輿情而從之 其於首出之義 未有也 或以周康王之事諉之者 是則宋臣朱熹固嘗有論 康王之朝 勢不得不爾 以周代殷未久也 大國强藩 旣會同來吊 不得不盛禮以見之 今我國邈在海外 無大國隣接於外 四境之內 卷爲一家 臣民之所屬望 四方之所歸鄕 擧在儲貳東殿之日 內外顯然 固不可以康王之朝班之則旣卒哭 素弁視朝 其可也 如不得已而爲康王之事 殿下胡不以一言麾之曰 吉凶不可同日服 卿等且退 明當視朝 則豈不裁然有以警動羣聽哉 臣竊恐殿下在東殿之日 其於聖賢之業 帝王之學 未嘗留意也 凡貴於學問者 在我見理明處事精 則及臨事不眩也 殿下春秋鼎盛 聖資高明 當志於聖賢之業 帝王之學 然後大業可興 至治可期也 臣以白笠一事言之 生員進士儒生白笠三年之制 失輕重之倫 非聖人之制也 聖人制五服 自士以上羣臣 應服斬衰三年 士以下庶人及庶人在官者 應服齊衰三月而除 庶人之喪 月則從緦衰之數而服則從齊衰之重者 以恩則有厚薄 以義則不敢降其尊也 恩其有厚薄 情豈無輕重之等也 今移三月之喪 引之於卒哭五月之數 旣失其經也 又引之於三年之喪而同之 殊無意謂 降制衰之重 爲吊服白衣 引三月之輕 置之三年之久 皆不揣情文輕重之倫 妄有所進退 自以爲有加於聖人耶 文不可過也 情不可引也 在庶人之行者 三月之外 飮酒食肉 其情也其禮也 今引之於三年 自仁人君子 其飮酒食肉 亦不得自禁也 禮也情也 其有引之於旣葬之後而食肉者 其權也厚也 況儒士之生於京師者無幾 而其在遐遠之鄕 無慮千百 族迹邈夐天門 生不識天顔 如此而服之者 徒有義存也 引之於三年之久則居江湖者 手竿背笱之不能無也 處山籔者 臂弓持罝不能無也 彼不自漁獵則無得而食也 披素戴白而爲是事 事與義睽 情與文違 理不當有如是耶 其有以生員進士儒生班之士 而不置庶人之行者 是不考禮文之言也 禮曰 寓公爲國君齊衰三月 與民同也 有曰 爲舊君齊衰三月 仕而已者也 此不在庶人之行明矣 爲舊君猶止服三月之喪 其在儒生 服三年之喪 豈其情乎 情不忠 惡也 文不中 愆也 是謂愆禮 愆禮慝樂 君子不由也 奈之何制不情之服 爲非禮之喪 使學古談禮義之士由之也 左右之意必曰 以先王四十年休養之恩 不可不厚報也 臣謂不可也 臣子之於君父 不得以恩之輕重而進退其喪期也 曾子曰 生事之以禮 死葬之以禮 祭之以禮 可謂孝矣 殿下方欲以孝爲治 其可以制非禮之喪 使儒士服之乎 此在殿下裁自聖斷 早賜降責 生員進士儒生凡庶人在官者白笠三年之制 一皆從罷 於禮爲便 殿下問諸左右 左右唯知篤於報先追遠而難於應旨 然是爲苟也 豈可以非禮事我先王乎 又以山陵一事言之 古者 墓而不墳 至於成周 立丘封兆樹之制 設冢人之官 掌公墓之地 辨其兆域而爲之圖 先王之葬居中 昭穆爲左右 又令同姓諸侯大夫士 葬

於前後 凡有功者居前 唯死於兵者 不令入兆域之內 是則冢人預擇公墓之地於一處 旣辨其兆爲之圖而葬之 以備他日之葬 自先王以下 皆於是而占之 今不立冢人之官 一從風水之說 世各占地 山陵每開一所 且臨時擇地 雖同姓宗室之墓 皆今溝之而去山庭之外 民田亦皆荒之 一陵之入 地亦廣占 民無芻牧之所 隆運至於千年之遠 則園陵相望於畿郊之外 田野盡荒 不容餘地民不得居焉 百里之內 敻絶人跡 弊至於此 臣不知何以處之 伐石之役 流毒畿內之民 一石之重 千人不能移 一片之長 幷與梓棺之長而伐之 猶未免四片之封則何必以長爲哉 古者立樹兆之制 未聞石馬石羊等之物 石俑取其象人而用之 則貴於近似 徒以夸大爲事 高幾數丈 頑焉奰屭 有同鬼神 今士大夫之家 爭慕效之 不出千百年之外 石槨盡拔 而山從而頹矣 伐石之役 程督嚴峻 民糜鞭末 短褐衝雪 擧皆皸瘃 竟夕未退 抱凍原野而死者 不知幾人 勿亟之旨雖下 有司急於集事 未暇恤顧 非獨有司之責 勢使之然也 流俗之弊 其於君父 誠敬有未足 而徒事浮文之末 欲出古法之上 其獨賢乎哉 不如速朽之言 雖出於一時 聖人亦豈有爲一時立無用之訓哉 不如之言 誠有以也 臣謂冢人之官 當依古制 立爲經遠之規 伐石之制 亦宜加裁減 庶幾無流害於民也 臣山野之人 螻蟻微誠 無路自遠 白首頹齡 更何望哉 欲一言致忠於殿下 臣之所抱 又豈止此 値殿下諒闇之日 未暇及之 臣近見韋布之士抗章者有之 類以寒賤之言無適用者而棄之 臣謂芻蕘之言 聖人擇之 伏願殿下勿以寒賤而棄之 非獨愚臣之幸 士林之幸也 臣病伏山野 未獲親拜闕下 無任悃愊戰懼之至 謹拜疏以聞'

〈주요 참고 문헌〉

『花潭及門諸賢集』, 『老子』, 『論語』, 『孟子』, 『莊子』, 『周易』
『東儒錄』, 『杜少陵集』, 『思庵集』, 「惺所覆部藁」, 『栗谷全書』
『五山說林草藁』, 『恥齋遺稿』

강유경, 「朝鮮時代 '琴銘' 의 美學的 境界 硏究」, 성균관대 박사논문, 2010
강학순, 「네트워크 공간의 '존재론' 탐구 – '존재의 장소론' 과 '구조존재론' 을 중심으로」, 한국하이데거학회, 『현대유럽철학연구』 29, 2012
강학순, 「한국 전통문화 속에 나타난 '장소론' 읽기 – 하이데거의 '존재의 장소론' 과의 대화의 시도」, 한국하이데거학회, 『현대유럽철학연구』 31, 2013
공임순, 「거울에 비친 조선, 조선적인 것-황진이라는 키워드」, 『문학과 경계』 3, 2003
권성윤, 「서화담 전승의 양상과 문학적 성격 – 실기 · 설화 · 소설을 중심으로」, 경북대학교 석사학위논문, 1987,
권순긍, 「서화담에 관한 '이야기 만들기' 와 「서화담전」의 형성」, 『민족문화』 48, 한국고전번역원
금광복, 「부채, 그 시원한 바람의 샘터」, 『미술세계』, 1999
금복현, 『전통 부채』, 대원사, 2006
김용범, 「실존인물의 소설화과정 연구 – 서화담전을 중심으로」, 『한양어문연구』 제9집
김윤희, 「朝鮮時代 扇面畵 硏究」, 이화여대 석사논문, 2008
김일렬 역주, 『서화담전』, 고려대학교 민족문화연구소, 연강학술도서, 한국고전문학전집 25
김창현, 「고려 개경과 조선 한성의 구조 비교」, 『서울학연구』 LVIII, 2015
로제 폴 드두아, 이나무 옮김, 『사물들과 함께 하는 51가지 철학 체험』, 이숲, 2014
서도식, 「공간의 현상학」, 새한철학회, 『철학논총』 54, 2008
손찬식, 「수암 박지화의 도가적 면모」, 『도교문화연구』 4, 1990
신두환, 「퇴계의 한시에 나타난 대나무의 미의식 연구」, 『한자한문교육』 제24집
신병주, 「화담학과 근기사림의 사상」, 『국학연구』 제7집
신병주, 『이지함 평전』, 글항아리, 2008
원유한, 박재희, 「개경학의 성립 및 실학과 연계」, 『역사와 실학』 21, 2011
유발 하라리, 조현욱 옮김, 『호모 사피엔스』, 김영사, 2015
이병한, 「중국 시사를 빛낸 두 거인, 이백과 두보」, 『지식의 지평』 13, 대우재단, 2012

이석환, 황기원, 「장소와 장소성의 다의적 개념에 관한 연구」, 대한국토 · 도시계획학회, 『국토계획』 32, 1997
이소연, 「사군자 시조의 상징과 자연관」, 숙명여자대학교 석사논문, 2001
장석주, 『철학자의 사물들』, 동녘, 2013
제프 말라스 지음, 김지혜 옮김, 『장소와 경험』, 에코, 2014,
조유미, 「조선시대 琴道에 대한 연구」, 성균관대 박사논문, 2008
차주환, 「두보의 시세계」, 『동아문화』 19, 서울대학교 동아문화연구소, 1981
함돈균, 『사물의 철학』, 세종서적, 2015
허경진, 「문학에 나타난 개경과 한양의 심상 비교」, 『서울학연구』 LVIII, 2015
홍영의, 「조선후기 회화와 지도에 기록된 개성의 유적과 경관」, 한국역사연구회, 『역사와 현실』 79, 2011
황광욱, 『역주 화담집』, 심산, 2004
황광욱, 「토정 이지함의 인간관과 도덕적 경세론」, 『한국철학논집』 19, 한국철학사연구회, 2006
황광욱, 『화담 서경덕의 철학사상』, 심산, 2003
황형식, 「「서화담전」 삽화의 변이 양상과 유 · 도가적 의식」, 대구대학교 인문과학연구소, 『인문과학연구』 32, 2008
황형식, 「서화담 전승의 유 · 도가적 양상과 인식」, 『우리말글』 55, 2012

■ **著者 略歷**

황광욱

성균관대학교 재학 중 은사님의 권유와 지도로 화담 서경덕을 공부하기 시작해서 서경덕의 철학으로 석사와 박사 학위를 받았다. 고등학교 윤리 교사로 재직하며『윤리와 사상』,『생활과 윤리』 등의 교과서 집필에 참여했으며 성균관대학교, 홍익대학교, 가톨릭대학교 등에서 한국철학과 동양철학을 가르쳤다. 현재 경성고등학교 교장으로 재직 중이다.
서경덕 관련 저서로는 서경덕 철학을 종합적으로 조망한『화담 서경덕의 철학사상』과 화담집을 최초로 완역하고 해설한『역주 화담집』이 있다.
『동양철학 콘서트』,『청소년을 위한 맹자』,『중용 - 하늘의 소리, 사람의 길』 등의 교양서와 시집『길, 아직 가지 않은』을 지었다.
여럿이 함께 쓴 책으로『한 권으로 읽는 한국철학』,『한국철학사상사』,『한국실학사상사』,『주자학의 형성과 전개』,『한국 사상의 씬스틸러』 등이 있음.

선비, 철학자 그리고 화담 서경덕

초판 1쇄 발행일 2020년 09월 30일

지은이 | 황광욱
발행인 | 최원필
발행처 | 심산출판사
주 소 | 서울시 은평구 불광로 13가길 18, 101호
전 화 | 02-357-0633
팩시밀리 | 02-357-0631
E-mail | simsan21c@hanmail.net
등록번호 | 제1-2114호(1996년 11월 28일)

ISBN 978-89-94844-67-1 03150

* 책값은 뒤표지에 표시되어 있습니다.